中式体育教学研究

李庆兵　著

东北林业大学出版社
Northeast Forestry University Press

·哈尔滨·

图书在版编目（CIP）数据

中式体育教学研究 / 李庆兵著. –– 哈尔滨 : 东北
林业大学出版社, 2021.9

ISBN 978-7-5674-2580-4

Ⅰ.①中… Ⅱ.①李… Ⅲ.①体育教学—教学研究—
中国 Ⅳ.①G807.01

中国版本图书馆CIP数据核字(2021)第187382号

责任编辑： 姚大彬
封面设计： 海图航轩
出版发行： 哈尔滨东北林业大学出版社（哈尔滨市香坊区哈平六道街6号邮编：150040)
印　　刷： 北京佳顺印务有限公司
规　　格： 170mm x 240mm　　　1/16
印　　张： 11.5
字　　数： 270千字
版　　次： 2021年9月第 1 版
印　　次： 2022年9月第 2 次印刷
定　　价： 68.00元

前 言 //////////

　　本书对中式体育教学的概念、功能、原则、规律以及教学思想、教学内容、教学设计、教学评价进行了梳理。本书想向读者展示中式体育教学的独特风采，这是作为一名大学体育教师义不容辞的责任。另外，从中国体育教学历史脉络中汲取营养，力争更好的为社会主义新时代的体育事业贡献力量。

　　由于作者写作水平和经验有限，加之中国体育教学的思想和内容等的博大精深，并不是一本书就可以表述的完全，由于种种原因，还有中式体育教学模式、中式体育教学风格等一系列的课题并未做过多涉及。

　　在写作过程中，难免出现一些错误和争议，甚至会出现疏漏和偏差，敬请各位同行和专家批评指正。

目 录

第一章　中式体育教学的概述

第一节　体育课程的概念

课程其实是我们学校教育的核心，课程也是实现我们的教育目标的基本途径，所以人们一直对于学校的课程是十分重视的。而我们体育课程在学校的课程体系之中自然是一个重要的、不可或缺的组成部分，无论我们是从理论上还是实践中想要对体育课程进行一系列相对深刻的把握的话，我们自然就很有必要的先对体育课程的相关概念有一个相对清晰的认识。自所以说是相对而言，是因为很多学者对于同一件事物的观察角度以及观察的研究对象不一样，所以得出来的结论也是有所区别的。在我国的唐、宋年间开始"课程"这一个词就已经出现了，在唐代《诗经·小雅》中就有"教护课程，必君子监之"这样的句子出现，当然这个课程并不是我们今天要讨论的课程的概念，我们也不能用今天相关课程的概念去理解这句话的含义。其实关于"课程"这一个词的研究还是很多的，只不过在世界各个国家的学者对课程这个词解释上众说纷纭、结论不一。像国外的学者康纳利等，他们就归纳了九种"课程"的相关定义，而在我国，施良方总结出了六种课程定义。可见对于课程这样个词进行一个统一的概念的话，还是有比较大的困难的。尽管含义不一样，但我们在整个研究的过程中还是抽象出一个基本的共识。那就是我们"课程"这一个词的含义有广义的课程和相对狭义的课程之分，所谓广义的课程指的是我们的学生从学校之中所获得的一切经验的总和，这里甚至包括了在学校里的课余生活经验在内。而狭义的课程指的是，学校根据自己的特点和级别、类别，为了达成自己预设的培养目标方案，所开设的各类学科，比如体育课等，以及这些学科所要达成的教学目标、教学内容、教学实践等的总和。狭义的课程可以通过教学大纲、教学计划、教案、教科书、等进行集中体现。在这里我们讨论的体育课程，就是指的狭义的课程概念，体育课程，它和学校的其他课程是有很大的区别的，或者说，体育课程由运动器官引起的神经反射和那些感觉器官引发思维活动的学科类课程是不一样的。我们不去讨论它是否有可能在未来向综合体验课程的方向发展的问题，我们知道体育课程是需要学生支配着自己的身体直接参与教学活动中的。所以说学生在体育课上的机体适应和情感体验，是课学校所开设的其他课程中所能得到要强烈的多。这一点我们是可以明确的。从以上的角度而言，我们就可以认为，体育课程可以从两个方面来把握，第一个方面，体育课程是一门完整的、科学的、实践的、成体系的学科，有较完整理论体系、有完整的课程目标体系、有独特的教材、教学内容和教学方式体系、和独特的考核评价体系等的比较完善的系统性学科。第二个方面，我们的体育课程具有"人体直接参与运动、知识与技能融为一体，体现生活、心理、社会适应和多元道德教育价值"这一特性，体育课程所具有的人体直接参与教学、知识与技能完美的融合，在体育课程中掌握知识与技能后可以直接促进身体、心理、社会等经验，而这些都是依靠直接感知获得，其它任何学科是完全无法比拟体育课程这一特点和功能的。

总之一句话，体育课程通过身体的直接活动，对于人的身体健康、心理健康、社会适应能力、情绪、人格、规则意识等都有很大的促进作用。在我国，目前的体育课程有两大特点，第一是在世界各国中，我们的体育课程是为数不多的从小学导大学都为必修课程的学科。第二我国的体育课程在教学目标上以'健康第一'为指导思想，追求学生在课堂上的运动参与、运动技能、身体健康、心理健康、社会适应的统合。要求学生从身体到心理都要全面的发展。

第二节　中式体育教学的概念

世界上任何的一种教育活动，无论是什么学科，都需要通过实际的教学过程进行有效实施和落实。体育课程无论它有多么的独特，它的实施过程也是需要体育教学活动来完成的。一个学科的教学是该学科的教师和其所教授的学生共同参与，以该学科的特定的课程内容为媒介的，为了达成特定的教学目的教师的教和学生的学的双边活动，我们本书主要介绍的体育教学特指就是在体育课堂上进行的教和学双边活动，体育教学是构成和完成学校体育的目标的非常重要组成部分之一。这一双边活动的目的是为了让学生掌握既不只是、基本技能的同时，在能力和方法层面，比如合作能力、交流能力等，有所促进和发展，另外在情感态度价值观等方面更加的明确，在世界观、人生观和一些良好的社会道德品质方面有所增进。而中式体育教学的概念，不是指的中国民族传统体育的教学，关于中式体育的相关文献不多，但是其主要意思就是说中式体育指的中国民族传统体育项目。而本文的中式是体育教学的前缀，是为了形容体育教学的，全称应该是中国式体育教学，而不是中国体育的教学，这是两个完全不相同的概念。区分于中式体育教学的就是一般教学。因为中式教学指的就是中国根据自己的国家的教学实际，结合体育教学的理论，形成的具有中国特色的体育教学的概念。

一、体育教学的本质

（一）教学的本质

虽然之前我们大概的介绍了体育教学的概念，但是这不是唯一的和真理性的。因为教学这个名词的概念不是永恒不变的、它是在伴随着时间不同而随之动态变化的，之所以会这样，最主要的原因是在理解教学的本质这一块在不同的时代所有差异。曾经在 2001 年我国学者李定仁先生就在他《教学论研究二十年》这本书中，汇总了十种教学的本质。他们分别是认识——实践学说，认识学说、交往学说、发展学说、层次类型学说、统一学说、传递学说、实践学说、价值增殖学说以及学习学说十大类。如果要是将这十大类分别按照哲学、心理学和教学本体论的观点角度进行有区分度的分类的话，就可以将他们分成三大类：

第一类那就是在哲学层面上可以包括实践学说和价值增殖学说。

第二类在心理学层面上就有学习学说以及发展学说。这两个都是从学生的角度出发考虑学生的学习和发展。这两个有时候我们觉得是互补的，不可能为了学习而学习，学习就是为了发展，所有说发展是学习的目的，学习是发展的一种途径和方式。

第三类就是在教学本体论层面的，包括统一学说、认识学说、学习学说（这个是从教学的构成要素角度来解释的，教学包括教师的教和学生的学。）交往学说、传递学说、认识一到实践学说、层次类型学说。

以上这些观点其实不用分类，依旧可以从不同的侧重点展现出教学本质其各有不同独特性，如交往学说主要侧重的是教学过程中的人与人之间的交际方面，比如"师生关系""生生关系"等，学习学说就主要侧重于学生的学的这一块，传递学说侧重的主要就是教师的教这一块。无论是侧重什么，学者的观点都从不同侧面揭示了教学本质所蕴涵的一些根本特点，

新时代我们重新的谈教学的本质，应当站在新高度重新审视它。在新时代教学的主要目的就是育人，这是教学存在的本质价值，要是学生通过教学没有任何成长和发展变化，教学的意义就不复存在了。

从育人的角度出发，我们就可以感受到，教学的过程中要强调学生的主体地位，围绕这学生这个主体，教师开展教的部分、学生进行学的部分，无论是理论的教学还是实践技能教学，我们都要强调学生通过课的学习体验，在基本知识和基本技能方面的掌握情况，在学习和掌握这些基本知识和基本能力的过程中学生的相关核心能力和核心素养的提高和

促进，并且在情感态度、价值观等方面的落实情况，是否能落实到育人二字上，让学生真正的成为一个实实在在的全面发展的人。

（二）中式体育教学的本质

教育本质是体育教学本质的基础。了解了教育的本质，对于体育教学本质的了解应该就不难了。但是在学界在关于体育教学的本质这个知识点上的认识也是不一样。综述下来有两种基本观点，第一个观点就是体育教学的本质是传授体育运动技能、强化体能、强健体魄。例如 2008 年张洪潭先生就提出体育的本质是永无止境地强化体能。其实一个事物的本质和另外一个事物的本质是不能一样的，不然就就问题。但是强调技能练习、不断强化身体素质，这一块在运动训练中也是可以达成的，这样的话体育教学和运动训练就有所重合了。而运动训练的本质目的是为了取得比赛的胜利。所以这个观点还是可以讨论的。第二个观点是说体育教学的本质是认知和身体发展的过程。从教育心理学的角度上看的时候，体育教学就是就是发展学生的认知为基础和全面心理活动的过程。要是从认识论的角度上说，体育教学就是一个特殊的认知过程。像这样的横看成岭侧成峰，仿佛距离这体育教学的本质越来越远了。我们认为体育教学的本质和教学本质是具有一致性的，体育教学的本质是育人。而和其他学科教学唯一的差异性体现在，用什么去达成教学的本质。我想这样我们就很容易解释体育教学的本质了。体育教学是一个育人的过程，这个过程是以教师为主导，引导作为教学主体的学生，通过教学目标、教学计划、教学手段、教学器材、教师和学生等一切体育教学过程的构成因素，让学生在基本的体育与健康知识、基本体育与健康技能、各种体育核心素养、体育能力、思考、交流、团队等社会适应能力全面的到发展，从而落实到学生得到全面的发展。这就要求我们在进行基本知识和基本技能、基本原理和方式方法的传授的时候，更要重视体育教学在"育"这一块。从而实现学校体育目标，促进学生身心的健康成长。中式体育教学的本质就是体育教学的本质。

二、中式体育教学的性质

体育教学的性质从学界已经发表的论文来看还是得到了国内一些专家学者的重视。很多专家教授甚至一线的学者都在一定程度上对于体育教学的性质进行了相关研究和讨论。很多人认为体育教学是一个复杂、无法预测的、多种可能性的、不受线性的因果关系支配的、开放而多变的过程。当然我们不可否认体育教学场地等的开放性特点导致了体育教学出现了诸多不确定性因素，但是盲目的或者只是将这种琢磨不定又不可预测的方面当做体育教学的特性，就使得体育教学的性质不好把握了。但是我们在谈论体育教学的时候，不能逾越过体育教学性质这一个关键的问题。况且体育教学的性质的研究也是我们体育学科科学研究的一个十分重要的基础性研究课题。我国学者毛振明先生就提出体育与其他学科的最大不同就是通过身体活动进行教学和教育的，所以从教学效果的行为判断性、人际交流的便利性、身体活动的空间自由性，就构成了体育教学的独特性质。当然我们认为体育教学的性质还有以下几个方面：

（一）体育教师教学智慧的特性

体育教学的复杂性和开放性的特点使得体育教师在上课的过程中，教学组织等方面相对于其他文化课教师而言就复杂和困难的多，想要让整个体育课堂教学井井有条，作为一名体育教师的确是需要一些智慧的。这里说的体育教学智慧不是说的投机取巧的小聪明，而相反是一种敬业精神的体现、是一种全身心投入的体现、是一名体育教师在生理和心理、从理论到实践的综合展现，它是一名体育教师通过长年累月的专业理论学习的学养和实践经验的综合能力。体育教师的教学智慧是在体育教学中不可或缺的，它要比教学方法更抽象，但是能够更好的协调和应用具体的教学方法。比如在一堂体育实践教学中，学生学习同一个动作，同时出现了不同的错误，在指导和纠正环节时，体育教师既要保证整堂课的正常运行还要让每一个学生的每一个错误得到不同方法的纠正。这种综合的应用实践能力诠释和体现的就是一名体育教师的教学智慧的一种客观体现。体育教师的教学智慧不是一个技能，但是它是一名体育教师通过体育教学过程的总结，融汇心理、身体、实践、感知、创新、抽象、归纳的综合之后，经过长期的实践和积累形成的一个相对稳定的、相对成熟的教学境界。有一个伟人曾经说过，他时站在巨人的肩膀上的。一名体育教师的教学智慧也不是天生而来的。体育教师的教学智慧主要是指的两个方面，第一个方面一名体育教师的教学智慧来源于，他自己在体育教学方面的专业知识方面的知识储备，总结前人的实践经验、教训总结已经成功感悟，在经过学习之后的成功驾驭和应用，这种方法能够快速的提高一名体育教师的教学智慧。第二方面一名体育教师的教学智慧主要是指的这名体育教师通过体育教学实践活动，在具体的体育教学情景过程、现实状况的自我感受和个人领悟。这种感受和领悟需要体育教师长期的自我总结。实践性就是体育教师的教学智慧本质属性。没有体育教学实践，体育教师教学智慧就不复存在。也就是说体育教师的教学智慧需要体育教学实践予以展现出来。体育教师的教学智慧教师在教学实践时或者实践之后对于教学实践的关注和行动而形成的、是实践性存在方式的一种表达。体育教师的教学智慧一般能够表现在体育教师的语言表达智慧上，特别是在基本概念、基本理念或者基本观念的时候，体现出来来一名教师的自如随心的表达状态，这种状态是在教师刻苦的练习之后的自然流露、运用的状态、这是一个体育教师教学素养在体育教学实践中的重要支撑，是一个体育教师对于体育教育教学经验以及新的体育教育教学理念学习的有力基础。另一个方面，我们常说的体育教师的教学智慧更多的应该是在体育教学实践过程的具体情形下，根据具体的课堂实际情况，体现出来的一名体育教师的实际合理有效的执教行为能力和随机应变的水平。还是说那句话，只有在体育教学现场、只有在体育教学课堂上，一个体育教师的教学智慧才能体现出来。它体现出来的是一个体育教师的理性的教育实践，尽管有不确定性，但是由于教师通过长期的教学实践和教学反思，以及教学经验的积累和感悟体会，逐渐的形成了一种相对稳定的执教经验、思维方式的反应、教学能力的综合体现。这种理性的实践活动是通过课堂的实际效果已经教师自身的理性控制而得出的。这样的课堂是充分的发挥了一名体育教师的主观能动性的体育课堂，是一种履行教师理性实践智慧的体育课堂，这是我们每一位体育教师都应该追求和发展的方向。

（二）体育教师教学语言的特性

体育教师的教学语言分成两块，第一个就是体育教师的肢体语言，小学生写作文的时候常常说的老师的眼睛会说话，就是说着这一块。在这一块我们要注意体育教师的实际肢体语言不仅仅是眼神、还要有手势、标准漂亮的身体动作等。这些无声的语言可以在体育教学中传递更多的通过语言无法传递的东西。比如一个体育教师说我们在跑步过程中要注意摆臂这个动作，但是体育老师跑步的时候或者讲解示范的时候，并没有摆臂，这样就会对教学的效果产生不好的影响。另外漂亮的教师示范可以直接的引起学生学习的兴趣，调动学生学习的积极性。第二个体育教师的语言就是指的体育教师在课堂上通过嘴巴传递的声音。这是真实的语言。这种语言具有科学性、严谨性的特点。体育教师在课堂上的语言一定到规范和复合科学规律，关键是语言要准确。比如你不能你不能将跨栏说成跳栏，起跨腿说成起跳腿。一字之差就谬之千里。另外体育教师的语言要讲究逻辑性、要层次分明、要有根有据。不能张口就来，这就要求体育教师在上课之前在熟悉教材和学情的基础上，深入的研究教材教法，然后字斟句酌的去组织教学语言，认真备课，然后在课的实践过程中随机调整。做到有备无患。避免出现语言失误甚至是语言错误。同时教师还要对于教学内容的技术要领和教学方法等认真的研究，要做到知道怎么做，还要知道怎么说，在说的时候做到科学合理。在体育教学中体育教师教学语言也具有艺术性，在体育教学中体育教师的一举一动一言一行都是为了完成教学目标服务的。但是由于体育课的身体参与性，学生很容易感到疲劳，在这种情况下如何的去调动学生的积极性，提高学生上课的参与性，从而达到学生掌握基本知识基本技能，提高能力的目的，在这时体育教师生动形象、得体有趣、准确科学的语言就更能够让学生的注意力集中，更能够学生去参与学习。甚至恰到好处的幽默和娱乐语言能够使得体育课堂的气氛更加的融洽，从而产生意想不到的艺术化的效果，让学生愿意去听老师讲授的内容。这就要求教师要在语言表达方面刻苦的锻炼，而且要根据学生的心理情况和教学实际灵活的去应用，以达到理想的艺术效果。在体育教学中体育教师教学语言也具有情感性，俗话说得好，真心换真心四两换半斤。在体育教学中，如果教师的语言都是虚情假意的，自然学生也是更够感受得到的。学生在体育教学中虽然是主体地位，但是在学习过程中出了有学习的需要之外，还要有感情的需要。比如一个动作有的学生学会了，学的好了，教师要鼓励，要真诚的鼓励。但是由于某些原因，有的学生就是学不会，这时候教师的语言就要变成另外一种鼓励，那是一种让学生愿意继续坚持到取得成功的语言。而这些语言要让学生听到真情、温暖、尊重和理解。体育教师要根据教学内容、学生的实际情况不同而采用不同的语言进行。从而使得每一堂课的内一句话都能起到育人的目的。

（三）体育教学内容的特性

体育教学中的内容有理论内容，也有实践方面的内容，理论的部分是为了更好的服务实践，所以整体上而言，体育教学的内容具有实践性。这样的特性，就意味着通过体育教学的实践能起到健身的效果。而没有健身效果的一些项目或者技术可以适当的调整，比如推铅球这样的项目，即不能引起学生的学习兴趣，又不能更好更全面的提升学生的力量素质。所以体育教学中在内容的安排上要有健身的特性。所谓健身的特性就是指的，这些内容能够促进学生的身心全面发展、符合学生的生理特点和心理特点，更够改善学生的身体机能和增强学生的体质。只有选择出了这样的教学内容，通过教师的教学实践实施，才能够真正的达到提高学生身体素质的教育目标。如果教学的内容不具备有健身性，即便是有娱乐性、逻辑性等，那也不是好的体育教学内容，或者说不是合适的体育教学内容。体育教学本质是育人，我们要通过增强学生体质、提高学生的运动能力、培养学生的良好的思想品德，培养全面发展的社会主义建设者和接班人。为我们中华民族培养精力旺盛、身体强壮的新一代，这也是为什么体育课的名字改为《体育与健康》的初心，也是每一名体育教育工作者的使命。

体育教学内容本身就具有趣味性，比如说篮球、足球等，很多的运动项目的产生本身就是来源于游戏，这种具有器械的运动项目能够使学生快速的将注意力集中到器械上，让所有人按照规则去进行体育活动，从而在体育活动中既锻炼的身体，又学到了有意义的感受。所以很容易引起学生的兴趣。俗话说的好：最好的老师就是兴趣。体育课上学生的参与好坏也是主要源于学生的学习兴趣。当然体育教学内容中出了像篮球这种即有趣味、又有实际意义的运动项目之外。还有一些也是必不可少，比如柔韧素质、力量素质、速度素质、耐力素质等，这些身体素质的练习，就没有那么多的趣味性。但是他们才是体育的核心素养，这些才是我们需要在课堂上加强的部分，因为这才是我们体育教学的根本目的。那么在体育实践教学中，如何有效的使得这些择锻炼价值高，有利于身体全面发展的核心素养，使学生产生练习的持续冲动，那就要在教学方法和练习过程中，避免重复性，增强趣味性，降低练习难度。主要语言和时机，激发学生的热情。所以说体育教学的内容具有先天的趣味性，即便是一些练习不具有趣味性，但是依旧可以让教师通过教学方法和教学手段的调整使得该内容的趣味性增强。体育教学内容本身就具有实用性，正所谓学以致用，就像大学体育的教育目标就是让学生掌握1－2项身体锻炼的项目。所以说体育课上的内容要让学生去用，学生要能用。这些内容要在体育教学中通过刻意的练习逐渐的掌握。而中小学的体育教学也是为了提高学生的运动能力，为学生将来走上社会去运用，打基础的。所以体育教学的内容要具有实用性，如果教了没有用，学生很容易思考，我学这个干什么？当然有些课程内容自身具有很强的实用性，但是由于体育教师教学的设计和安排，使得该内容的实用性大大的下降了。例如篮球运动，篮球运动普及性很高，很多学生都喜欢，特别是男孩子在课下的篮球场上，简直就是挥汗如雨。但是但体育课上，从小学篮球就有原地运球和行进间运动，到了高中依旧是教原地运球和行进间运球，这样的运球和篮球场的挥汗如雨之间形成了强烈的对比，教师在进行教学的时候，应该从实用性的角度去设计教学，以让学生能用的角度去组织教学，以学生是否能用来检验教学，这也就是学以致用的原则。体育教学内容具有专业性，所谓的专业性，就是说体育教学内容很多都是专业的竞技运动项目，所有的技术、规则、战术等都是照搬竞技项目。在这种情况下，体育教学内容与生俱来的就是专业性。另外所有的体育教学内容都是符合运动生理学、运动生物力学、运动心理学、运动解剖学的相关理论要求。另外再加上教学论、课程论、教育学等理论的影响。体现出体育教学内容的专业性。当然这些专业性是否能够体现出来，需要体育教师的专业素养，这就要求每一个体育教师都要不断的加强自身专业能力的学习，不断的提高自己的专业性，让自己所教授的体育教学内容更专业，让自己的学生做出来的动作更专业，让体育教学出来的学生的身体素质和核心素养更专业。所以说专业的内容需要专业的教师用专业的方法去进行教授从而体现体育教学内容的专业性。为了实现这一点，教师除了学习之外，还要通过制定和修改教学目标、在体育教学中不断是实施和调整，依据相关理论和学生实际进行再提高。体育教学内容具有终身性，尽管体育项目在不断的变化，但是一个项目的基本技术和战术是相对稳定的，一旦学会之后，学生可以在终身体育理论的指引下终身受用。但是并不是说学生毕业之后没有再运动过，体育教学内容的终身性就不复存在了。不是的，体育教学内容说白了就是一种运动项目的某些技能，这些技能只能生疏，但是不会消失。所以说它是具有终身性的，永久伴随的内容。内容的终身性，要和终身锻炼密切的联系在一起，就会产生持续的教学增益。那就要求，教学内容再选择方面要有所侧重，要侧重那些终身受用的运动项目去强化练习，另外一点就是要给学生有意识的安排和突出讲授终身体育的相关概念，让学生在一开始就带着终身体育理念去进行体育学习和练习。

第三节 体育教学的功能

什么是功能？功能就是作用。但是作用是有好作用和坏作用之分的，而功能的意思是指的某些事物或方法所发挥的有利作用。体育教学的功能就是指的是体育教学中能给学生带来的有利作用。这些有利的作用是用是实实在在的看得见的效果来证明的，比如说，原来学生的原地的立定跳远的能力是 1 米，经过练习和训练达到了 1.5 米的距离，这说明该学生的弹跳能力有所提升。在比如学习原地定点投篮之前，学生是不会该技术的，当学习完成之后，学生能够使用该技术完成相应的进球目标。此时我们就说该教学有效果。当然这种效果知识体育教学功能的一部分。所以说体育教学的功能不是体育教学自身所具备的，不能单独的体现出来，它是需要通过教学实践活动，和班上的某一个或者全体学生通过互动才能产生作用。而作用的对象也不是体育教学，而是班里的学生。体育教学的功能从哲学的角度看来，就是体育教学本质的反应，该反应是通过社会需要的程度来决定反应程度和作用程度。我国的学者熊斗寅先生曾经提出过，体育的功能有两方面，一个是本质的功能，另外一个是非本质功能。那么本质功能包括三个方面，那就是娱乐功能、教育功能和健身功能。以上这三种功能的特点是他们都是体育所与生俱来的，不会因为其他什么原因而消失。而非本质的功能就多了，比如说像经济功能等。体育到底挣不挣钱的确不重要，因为体育的主要功能不是挣钱，不是搞经济。但是体育的确能够给经济建设带来一些正相关的促进作用，这是不假的。

体育是一种社会现象，这种社会现象在社会中存在，用社会上的一些经济指标去衡量，势必就能总结出它经济功能的一些数据来。但是体育最主要的还是本质功能，而不是非本质功能。而体育教学是体育的一个重要的组成部分，而体育可以分为大众体育、竞技体育、学校体育三个方面。体育教学就是学校体育的一部分。我国学者黄美好曾经在其著作中诠释说，大众体育、竞技体育和学校体育都有共同的功能，那就是健身功能、娱乐功能和教育功能。这三个基本功能就是学校体育的本质功能。体育教学也是学校体育的一部分，从本质功能上来说，体育教学也同样具有健身功能、娱乐功能和教育功能。这三大功能排在最前的，应该是教育功能，健身功能其次，而娱乐功能第三。体育教学就是在同学就学的活动完成教育目的的实践。所以说体育教学最前面的是教育功能。通过教育功能学生可以学到体育教学中的基本理论知识、基本运动技能、基本的运动方法，通过体育教育，使得学生通过体育规则懂得社会规则，通过体育的输赢看将来在社会上的胜败，这种社会适应能力的学习，也是体育教学的教育功能的一个重要的体现。其次是体育教学的健身功能。体育教学的健身功能是从体育教学的实践性上体现出来的，所谓的健身的功能就是通过体育教学中的身体活动增进健康，锻炼体质。正所谓流水不腐，只要让身体按照合理的方法运动起来，就能够起到促进血液循环，增进新陈代谢，提高免疫力，从而达到健身的目的。除此之外，体育教学中的一些技能或者一些训练，可以增强学生的力量素质、耐力素质、柔韧素质、协调素质等，这些身体素质的不断增强，学生的身体就在不断的增强，从而实现增强学生身体素质的目的。体育教学的交互性，可以促进学生之间人与人的沟通，通过体育的动作可以排解一些自己的压力，从而促进学生的身心健康。另外学生通过体育教学活动锻炼身体，增强体质，促进身体的生长发育，改善各个器官的机能，都是体育教学健身功能的体现。体育教学的实践活动主要教授的内容是一些运动项目的相关技术，学生在课上经过反复的练习，当达到一定程度了，教师所教授的技术在学生那里就变成了技能了。而提升学生的身体素质的主要手段就是要让学生积极的参与到各种运动项目中来，经过反复的练习，弹道促进学生的身体健康发展、增进学生的身体素质的这一目标。全民健身之所以取得广大人民群众的认可的主要原因就在于此。学校里开展体育教学活动的目的也是为了让学生变得更健康，毕业之后走入社会之后有一个更好的身板干好工作，拥有更好的未来。通过体育教学的实践活动，学生学习了基本技能，经过反复的练习，在教师的指导和帮助下，将技术掌握的更加专业、更加规范，从而更好、更科学、更有效的去进行体育锻炼。从生理学的角度出发，我们看体育教学，它不像其他的文化课那样，主要是通过视听觉系统的刺激大脑皮层，引起思维进行学习，使学生掌握基本的知识，体育课也有这方面的环节，但是核心的部分，主要是通过大脑指挥身体各个器官配合运动系统的各个肌肉对动作技能进行感受刺激，然后大脑的中枢神经将传来的相应的动作信息进行综合分析，然后是肢体做出相应的动作来。在机体通过如此的反复刺激，逐渐的形成了条件反射或者叫做肌肉记忆，这都是通过外在的条件刺激和内在的神经连接建立起来的，当神经建立完成，条件反射成立之后，就说明学生掌握了这节课所学习的教学内容。而这个过程，就是体育教学的过程，但主要是学生学习的过程。所以说体育教学具有健身功能。

体育教学的娱乐功能主要是包括两大块，第一个是从体育教学参与过程中生理上获得的愉悦，第二个是从体育教学参与过程中获得的心理上的快感，这些都是通过体育教学活动获得的非功利性的积极作用。有些人说每天下地劳作，流血流汗的也是有锻炼的作用的，但是劳作的主要目的是具有功利性的劳动成果，而获得健身是附加的，而劳动之后的收货带来的快乐，也是因为外在的事物影响内在感受的一种表现。而体育教学中的娱乐，指的是通过自身动作的习练所获得的快乐。

由于体育教学和其他学科之间的特殊区别决定的，体育教学和其他学生的教学不一样，最主要的区别是要通过身体的活动代替单纯的思维和记忆，一张一弛对于学生而言体育教学就是学习之余娱乐。但是这不是全部，娱乐功能的主要是有体育活动的游戏娱乐特性所决定的。目前而言人们对于娱乐的方式越来越多，这是时代的不断发展、人民物质生活的不断提高、精神娱乐需求的不断提高决定的。而体育运动是为数不多的既能够带来快乐又能够带来健康、社交、竞争、艺术等等多功能的活动形式。这也是很多选择健康选择体育的原因，体育娱乐功能是学生通过体育的规则限制之下，经历艰苦的配合努力之后，最终取得胜利结果带来的快乐。

体育教学的思想政治功能是体育教学与生俱来的一项特殊功能，第一体育教学的一些内容需要教师不断的提醒学生要刻苦、要坚持、要不放弃。所以说体育教学的思想政治功能是很正常的。体育教学过程可以促进学生人格品质的完善、引导学生对于体育价值的正确判断、强化学生运动习惯的养成、还有学生运动潜力的激发这些都是需要在体育教学完成。学生也可以在体育教学活动中去感受自己的呼吸和兴奋、流汗和疲劳，可以控制自己的肢体和情绪，可以调整自己的错误动作、错误认知以及错误意识等。往往很多的生活中人们不愿意面对或者不愿意接受的问题，在体育运动中有了可以更改的可能性。所以说体育教学活动的思想政治功能比单纯在思想政治课上说教要来的更快、效果更好、更容易让人接受一些。

我们总结了体育教学思想政治功能的五大方面，包括激励功能、塑造功能、规范功能、导向功能五大方面。

一、体育教学的思想政治教育激励功能

毛泽东主席曾经在《体育之研究》提到要通过体育文明其精神、野蛮其体魄。所谓激励就是激发精神、鼓励精神、使人们的精神奋发向上，使人们有用直面生活的不竭动力。在体育教学中，特别是体育教学比赛中，学生经常会遇到各样的问题，通过问题的解决，自然就使得学生拥有了动力。例如，作为学生而言，考试是属于经常有的，什么月考、周考、期中考试、期末考试。但是要是成绩下来，考了优秀，学生的心理就会很开心。要是及格了，心理就会有些低落。要是只考了一分，我想不会有学生会开心，更不会有学生拿着试卷一边欢呼一遍围着教室转圈跑，和全班同学热情拥抱，全体同学报以热烈的掌声。我想如果出现这种情况，大家一定以为这个学生是不是脑子出问题了。不过要是换一个场景，在体育场上，比如世界杯的足球赛场上，人们一次一次又一次的进攻射门都是进不

了，终于有一个球员突破了，射门得 1 分。这时候，你看那个的一分的人会全场跑，和全体队员拥抱，全场观众热情的鼓掌欢呼。这时候应该没有人会以为这个得 1 分的家伙脑子有问题。这就是体育，体育的特殊性就在于它是需要人们一次一次又一次的失败，千锤百炼的失败之后获得的一点点进步，一点一点的成功，这一点成功可能就是 1 分，但是就是这 1 分，不仅仅可以给自己带来激励，还可以给体育参与者带来激励作用。所以很多人为这 1 分充分的调动了自己的主动性、创造性以及积极性，它促使人们使用多种多样的手段，全身心的投入到其中。体育运动此时成了一个人强大的驱动力的来源。其实体育教学的激励功能不仅仅是在精神层面，它还包括物质的激励。幼儿教育心理学中提到正反馈也就是说的这样一个道理，比如说体育教学中教师给予的口头表扬、同伴之间的击掌鼓励、以及课堂表现的加分等。都能激励学生在课堂上再接再厉。通过体育教学的参与使得学生减少了学习和生活中的一些压力，帮助学生放松心情，使得更好的学习和生活，这本身就是一种隐形的物质奖励了。再加上学生体育教学活动感受更快更高更强的体育追求，一次激励他们在生活中奋发向上，再创新高，这是一场身体和心灵的洗礼，这就是体育教学的思想政治功能的激励功能。

二、体育教学的思想政治教育塑造功能

塑造功能就是在从内而外的去改善一个人的形象气质。特别是外在的改善是在体育教学活动中明显的能感受到的，这不像其他文化理论学科的课堂，学生的肢体一直坐着，只能通过表情、眼神、语言等进行掌握学生的注意力情况。只要对于体育教学稍微有一些了解的人都能知道，练习举重运动、铅球运动以及铁饼运动的人整体的形象就会比较的壮硕，而篮球、排球运动员的身材就相对比较高挑，而学习舞蹈、体操等体育运动运动员相对比较优雅，这些都是在体育项目的练习过程中不知不觉对人体的外形塑造出来的。这就是体育的塑造功能。在体育教学之中，学生在教师的积极引导下，主动参与体育教学的练习，通过不断的努力和锻炼，将技术转化为了技能，使自己的锻炼方法和健身方式更加的专业，从而养成了良好的生活和体育锻炼习惯。使得学生以正确的方式、方法尽最大的努力去提升自己的身体素质和健康水平。从而在强化自身体能的同事，不知不觉的塑造了自己吃苦耐劳、刻苦锻炼，不断追求更高、更快、更强的卓越的良好意志力，形成了坚韧不拔和勇于直面对抗和竞争、不惧失败的意志品质。而在速度和大汗之中，全身热血沸腾的人与人进行身体和身体的碰撞，在技战术的对抗时又能感受到心灵智慧和团结合作的力量，这样就是全体参与体育运动的学生们直接的从身体都到心理的充分唤醒和身心塑造，人们都会不约而同的去争抢一个稍纵即逝的宝贵机会，去遗忘一个已成定局的比赛结果，

在下场比赛开始之后，一切又一次的从头再来。这种高级人格和心理品质的塑造，只有在复杂的体育教学活动或者比赛中才能出现功效，这是一种高级的潜在的影响一个人的风度和外在穿着，使得参与者形体和心灵同时得到塑造，实现了美育。这就是我们说的在思想政治上体育教学的对人的塑造功能。

三、体育教学的思想政治教育规范功能

任何体育项目都有规则和玩法，即便是规则经常的改变，依旧是让比赛更好的进行。在体育教学活动和比赛中，学生必须要按照项目的规则进行肢体的运动，否则就会得到比赛规则的惩罚。相反，按照规则执行的好，还会有奖励。这里的奖励和惩罚都是对人的行为和思想的规范。这种让学生按照体育规则进行教学比赛的方法，在社会上就是要让人们按照法律法规进行生活，这些从规范人的行为而言是一致的。从社会的客观需求上而言也是需要规则来进行约束的，比如人们开汽车上马路，如果司机不按照汽车运行的规则开车，汽车就不能平稳的行走，如果司机在马路上不按照交通规则行走，安全事故和生命财产安全问题都会出现。所以规则、规范不是对人的思想的束缚，而是让社会更好的运转。思想政治本身就是具有规范人们行为和思想的作用，它约束人们遵循社会的规范。体育比赛的规则无法完成像法律一样的强制性作用。但是体育比赛中的规则，可以在人们进行体育活动的过程中，潜移默化的形成良好的规则意识，运动员和一切参加比赛的人员，都要按照比赛的章程和规则去做，遵守比赛规则、尊重裁判员、尊重对手、公平公正的比赛、不违背体育道德等，一旦学生掌握规则的法度，当毕业之后走上社会，也能很快的把握社会的规则，以积极良好的心理素养去面的复杂的社会环境。同时良好的规则意识在促进良好的运动行为上又有很大的促进作用，要取得胜利，还不犯规，只能不断的提高自己的运动能力和竞技水平，这样就不断提高竞赛水平的同时，还培养了学生公平竞争的良好意识，在体育比赛这个公共场合，人们懂得公平待人、接纳他们的优点和不足，理解他人，这样学生很容易在走上社会之后对社会交往中的各种与人接触时，就有了更好心理准备，对日常生活中出现的公共道德能够理解和履行。

四、体育教学的思想政治教育导向功能

把握住思想政治教育的导向功能可以利用好体育课堂这个爱国主义教育主阵地，开展一系列的爱国主义教育的活动。体育教学的思想政治教育导向功能可以分为舆论导向、政策导向以及目标导向。所谓舆论导向是指的就是在体育教学过程中推进学生正确和规范的思想和行为，营造良好而适宜的舆论气氛，通过正确恰当的环节，例如激励或者赞赏等的

方式，去营造适宜的舆论导向，从而推进在学校中的各方面的思想政治教育价值。这种气氛的营造出来需要教师很强语言表达能力以及课堂的随机应变和驾驭能力。在教学设计的时候，也可以提前在各个环节进行预设，正所谓有备无患。第二个是政策导向。政策导向也可以叫党的路线导向，就是在体育教学中引导学生理解和再学习党的路线、党的方针以及党的政策等，只有这样才能准确的回答为谁教的问题。体育课堂作为爱国主义教育的主阵地之一，应当明确为党育人、为国育才的导向，大力培养社会主义建设者和接班人。所谓的目标导向就是指的是通过引导学生向着提前设定好的目标努力前进。凡事预则立不预则废，做事情之前，一定要有目标，然后才能朝着目标去前进，最后以目标的完成情况来检测整个实践流程。这就要围绕这国家的教学指导纲要、学校的教学大纲为纲，按照教学计划，然后分解到自己的课程的每一堂课中去，最后通过每一个教学的环节去组织达标。在体育教学实践中，教师利用体育教学的各个环节，引导学生参与到课堂的丰富而精彩的内容安排中去，引导学生积极参与到这种阳光的、快乐的氛围中去、感受挥汗如雨和团结奋进的积极生活。在体育教学实践过程中，通过各种各样的形式让学生掌握和理解体育的基本知识和基本技能、基本方法，让同学们沉浸其中，从而丰富学生的体育核心素养。这是体育教学的思想政治教育的导向功能的主要依靠。没有学生的参与和配合，整个课的导向问题就无从谈起。第二通过在课程的实践中的各种活动，让学生参与体育运动，从而提升体育文化素养，在依靠体育教学计划的同时，教师要根据每堂课的教学内容的特点，设计不同的环节和情境预设，让学生在充分的体育练习和体育活动过程中，强身健体、增进交流、感悟团结实干、艰苦奋斗的优良革命传统和身心愉悦、积极向上的健康生活态度。另外学生需要对于党和国家的重大的政策方针等的了解，需要体育教学实践这一个平台。体育课不是说上来就是练习，一直练习到下课，不是这样的。在体育课中一般都会有开始部分、准备部分、基本部分和结束部分的，在各个部分可以进行有关体育的各种好的政策向同学们介绍、宣传，引导同学们进行学习，让同学们在重视程度和参与程度上进行针对性的提高，让国家颁布的种种和体育相关的优势方针政策大课堂上得以传播。在体育教学中的目标导向、舆论导向和政策导向的相互配合之后，就形成了体育教学的思想政治教育的导向功能。

第四节　中式体育教学的原则

体育教学的原则是一个十分重要的概念，对于体育教学原则的认识将直接影响在体育教学实践中的教学组织形式、教学方法的选用、教学内容抉择等，甚至说以上内容都是由体育教学原则在一定程度上决定的。因为这都是由原则的概念所决定的。所谓的原则就是对于某一事物和行为的评价的一种前提和价值观，是解决某一问题时候应当遵循的准则，是人们进行言行等所依据的准绳或准则。教学原则指的是教学时应当遵循的准则和依据。

目前虽然学界没有比较公认的体育教学原则的概念，但是体育作为有关于人的肢体的发展和身体素质的内容，教学作为有一定目的性的师生共同参与的双边活动，不难总结出体育教学的原则的概念。所谓体育教学原则，就是在发展人的身体基本素质和提高相关素质的教和学的双边活动中应当遵循的原则。或者简言之就是在体育教学过程中应当遵循的依据和准则。这个原则更多的强调的是教师的教这一块，因为体育教学原则将会从实际教学前的备课工作开始就已经起作用了。所以说作为一名体育教师对于体育教学原则的把握将会从体育教学的具体过程中反应出来。同时反过来对于体育教学过程的评价也可以从体育教学原则的视角进行切入和衡量。

一、直观性原则

在体育教学中首先要遵循的教学原则是直观性原则。所谓直观性原则就是体育教师在进行基本知识、基本技术和基本战术等的教学过程中应当为了帮助学生建立基本知识、基本技术和基本战术等的基本表象，此时采用能够刺激学生的身体触觉、耳朵听觉、眼睛视觉等，甚至包括鼻子的嗅觉和本体感知等的一系列的恰当的直观展示手段，使得学生的大脑皮层因为这些刺激而能直观感受和尽快达成学习目标。直观性原则是由于体育教学内容的特殊性以及人们对于客观事物学习的一般规律确定的。作为体育教学内容的各个体育项目，他们本身就具有观赏性，其次人们在学习这些动作的时候，单纯的用语言去进行表述是不利于动作记忆的快速形成的，甚至有些动作的体会和心得只可意会不可言传，比如教师在体育教学中经常讲的再快一点、再高一点等，这些都是无法用具体的数字来进行标注这个再快一点到底要快多少，但是学生再练习的过程中，通过自己的本体感知感受到自己的速度之后，在此基础上再快一点就有了实实在在的可行性。人类生下来之后首先是通过身体认知世界，等到开始学习理论知识起，才开始单纯的使用思维学习，但是有一种认识一直到去世都要用身体去感知学习，那就是身体，身体的一切动作感知，包括疾病和死亡，只有自己能直接感知，且他的望闻问切都是二手的。我们指导人的认识事物的过程是从表象到本质，从简单到复杂，从感性到理性，从直观到抽象的。体育教学的目的也是再通过动作的教学让学生建立正确的动作概念，但是也是要经历直观感知后，在不断的练习和运用的过程中中掌握动作技术要领和相关概念。体育教学内容的学习程序也是先直观感知到建立了概念再到掌握技能。在这个过程中起到最主要作用的或者最基础作用的是直观的感性认知，这是一切体育教学内容的开始。

在体育教学实践中学生为了掌握和学习一项技术，需要调动全身的所以的运动器官和感觉器官进行对动作技术的体验，特别是再一开始学习某一个项目的时候，如果你从来没有看过羽毛球的比赛或者练习，单纯的理论教学不如直接让学生看、练、改，再看、再练、再改来的实际。因为体育运动技术的学习的不是像文化课知识一般，简单的进行基本知识的记忆和复习考试，而是肢体的协调配合后对具体动作的肌肉记忆和神经连接的形成过程。通过视觉器官对于所学动作的基本认识，然后中枢神经系统支配运动器官去习练，最终形成运动技能，在这个过程中直观感知起到了非常重要的作用。

在体育教学的各个环节中，贯彻落实直观性原则，是有所侧重的，比如再开始部分，引起学生的学习兴趣是直观性原则的一个主要目的，很多人常说的学生喜欢体育，但是不喜欢体育课就是说的没有调动起学生的学习兴趣来。再基本部分的讲解示范环节落实直观性原则的目的是让学生建立直观的动作形象，再通过模仿练习等逐渐的深入学习。再不同的练习和手段使用过程中的主要目的就是通过适当的直观性原则的方法和手段，解决教学中的重难点问题。

1. 要注意在教学过程中教师要在讲解和示范的过程中注意直观性原则。教师在示范动作的时候，主要是通过自己的肢体动作吸引学生注意力，引起他们听觉器官、视觉器官和运动系统去参与学习感知。而在讲解的时候教师也是可以配合挂图、视频等内容进行讲授，让同学们尽可能多的调动视觉、听觉等感觉器官学习基本知识和基本技能。在此过程中教师要注意讲解示范的正确性，要是错误的讲解和动作示范，不但不会促进学生的技能学习，有可能会让学生建立错误的动作认知，在同样调动视觉系统、听觉系统等同时，得到却是错误的动作技法和要领。另外要注意，讲解示范的恰当和手段多样。以前经常说要注意动作的三面示范，这三面示范有些是可以，比如说体操或者武术动作等。但是像跳远入坑等技术的示范也按照三面示范的应用就不恰当了。而伴随着科学技术的发展，体育教学过程中讲解示范也不要知识单纯的依托教师的口才讲授的肢体动作的示范，还需要不断的学习现代教学技术，比如综合利用幻灯片、录像、视频、电影等可视化的一些电教手段进行授课。有条件的学校还可以利用带有视频录像的设备进行课程教学，例如在山羊分腿腾跃这一需要器械练习，又不好观察空中动作的技术，就可以使用标准动作录像让学生感知和学习。教师要做好课上的组织工作。这样就可以根据不同的教学内容的不同技术特点，让学生在直观感知方面尽可能的对动作细节进行感知，以促进学习效果。另外有一些教学内容单纯凭借教师一个人是无法完成讲解和示范的。例如跆拳道运动的垫上实战的战术分析教学，教师需要在讲解过程中有学生进行配合示范，但是这就是悖论，如果学生会了还需要教师的教吗？所以这时候如果学生能够通过教师准备的电教设备观看体育明星比赛或者专业规范的教学录像，以此弥补教师一个人讲解和示范的不足的问题，又能让学生感受该技战术的完整环节和要领。另外有些更高更专业的技术或者比赛，学生是无法到现场去参与比赛的，通过视频录像的应用可以解决时空所带来的不便，让学生能够通过观摩进行技战术分析、进行技术动作的学习和调整，让学生从多个角度多层面多视角进行感受和学习，帮助学生建立更为完善的动作概念。

2. 教师要在教学中依据直观性原则去调动学生的习练和参与的兴趣。体育教学实践是需要流汗和增加负荷量的，所以有些时候学生还没开始上课就已经不想练习了。从体育教学内容的角度上说体育教学中的有些练习是十分无趣甚至枯燥乏味的。比如说长跑运动，这个运动就是一次一次的循环左右脚，通过摆臂技术、呼吸节奏等关键技术，围绕着体育场地进行一圈一圈的跑动。尽管这项运动对于发展学生速度素质、耐力素质、心肺功能等都有很多的好处，但是它就是简单枯燥。但是教师要利用自己所学的本领，像厨师处理带有腥味的一样，教师要处理所要教授的基本技术，利用各种各样的方法和手段，变换着形式进行练习，避免千篇一律和枯燥无味，不然很容易让学生降低练习的动力。只有不断的调整各个环节的布局安排和教学实施，才能使得学生的学习兴趣和练习的积极性被调动起来，才能使得学生一直动力十足的完成教学设计和教学计划，才能够达成我们的既定教学目标。

另外调动学生学习兴趣，教师要注意语言和随机的鼓励，比如说排球发球技术，这个技术对于女生而言从发球线开始发球，一开始可能很多学生都是无法完成的，如果有学生发球之后教师就说该学生如何如何，倒不如为了提高教学的效果，改变教学的要求，让学生从发球线里面，接近拦网的位置，选择一个自己能发过去的位置，然后随着自己的不断的技术和力量的提升，不断的朝着发球线靠近，最终完成教学目标，其实这是一种简单分解的递进练习，这样的练习可以有效的避免学生由于连续的挫折而引起的厌学心理，而变成了每次都成功后的不断自我挑战。由此学生的主观能动性也被充分的调动了起来。

体育教学引起学生学习兴趣的方法最长使用的是游戏法等，这种方法能够让课堂的气氛快速的起来，但是教师要注意不要为了游戏而游戏，有些学生就抱怨曾经自己体育课上就是一个游戏用三年，这可就不是为了调动学生学习兴趣了，我们常说再好吃的东西顿顿都吃也会吃烦了，当然，在好玩的体育游戏每次课都玩，也会玩厌倦的。游戏的采用要对于体育教学的内容有直接或者间接的正相关的促进作用，比如在双手前置实心球这一技术的教学中，可以在讲解示范之前进行一个头后传球接力小游戏，这样的游戏是双手前置实心球这个技术的一个环节，能够很好调动学生学习兴趣的同时，又推动了技术的学习，这样的游戏环节的安排会让教学过程更符合直观性原则。

3. 在体育教学过程中的针对不同学生的不同学习阶段，教师要恰当运用不同的直观性原则的手段。一项体育技术的学习阶段，在体育教学中，比如讲解示范和整体感知阶段，这个时候教师要调动学生的视觉器官和听觉器官比较多。在这个过程中无论是什么水平的学生基本上都是相同的，教师只需要通过多面示范和讲授，关照到不同角落的学生的视角就可以了。当学生进入到模仿练习阶段，这时候学生就开始调动肌肉感知，学生可以通过反复的简单练习强化动作表象。此时学生的掌握速度就开始出现因人而异的不同。对于掌握较好的学生教师可以通过语言等鼓励手段刺激学生的听觉感知，使得学生增加成功感。而对于掌握较差的学生教师可以再一次进行示范和讲解，并且用手把手的指导帮助学生建立动作概念感知。再进一步巩固提高的阶段，教师要引导学生关注他们需要注意的地方，配合学生的本体感知，建立动作定性，如果有错误动作出现，教师要使用针对性的练习纠正手段帮助学生进行纠正，例如排球双手正面垫球技术的击球点的感知就可以采用击打固定球，再到一抛一垫练习，再过度到对垫练习。同时要针对不同的学生进行启发式引导，使得学生在会了动作练习的基础上能总结归纳出抽象的动作概念，使学生从动作的直观认识过度到思维抽象认知阶段。对于依旧无法掌握的学生，教师可以采用多方位、多讲解、多示范，变化讲授方式、调动其他教学手段，配合图像、录像、电影等让同学多练，多体会。而掌握较好的同学，可以安排进入到教学比赛中，以增加学生对于动作的实际应用能力。总之在不同的教学阶段教师要根据教学内容和教材进行针对的手段调整，已达成我们的教学目标。

二、系统性原则

在体育教学要遵守循序渐进的原则，就是一个动作的练习要从简单到复杂，而这种长时间的循序渐进的持续的体育教学过程就是系统性的教学原则。这个系统性原则一个说的教学内容，要一个技术一个技术的进行教授，在经历一个相对长的时期之后，学生能够掌握一个项目的完整技术技战术体系。其次系统性的原则说的是学生内在的负荷量不是一个突然的跳跃式的变化练习，而是一个循序渐进不断增加的过程。第三就是教学目标的达成是要分散到每一次的教学训练中的，学生在经过一个有计划，持续了一个长时期的训练之后，最终达成体育教学目标的过程。不遵守系统性原则就会使得学生学习的内容不完整、不成体系，就会使得教学过程的训练复合达不到健身效果，就会使得教学目标无法系统的完成。

系统性原则符合科学的依据，比如一次体育教学的过程，在开始阶段，学生的身体还没有预热，进行大强度的力量训练是不合时宜，是很容易导致学生身体受伤。所以在体育教学的开始阶段要通过告知学生本次课的内容是学生做好心理的准备，其次通过体育教学过程中热身跑和徒手操等热身活动，使得学生在身体上做好接下教学练习的准备。这种准备阶段能够很好使学生在学习前将状态调整的最好。再比如说在体育教学的素质练习阶段之后，学生的身体经历一场高度的紧张刺激之后，这是学生的身体和心理都需要通过放松来进行调整和恢复。这时候就很自然的进入到体育教学的结束部分了。当通过学生的超量恢复的休整之后，下一次课的负荷量又一次的开始对学生机体的刺激，如此周而复始叩叩提高学生身体素质的目的，这种科学的教学模式安排是体育教学系统性原则贯彻的一个保证。

学生对于在体育教学实践中获得的刺激之后，通过各个身体器官和肌肉系统的配合协调努力，最终落在生物适应上，在经过长期的训练之后，学生对于带有更高负荷量的练习就有了适应性，长期适应下来，学生的各方面身体素质都会得到改善。无论是从技能的掌握和应用上，体能的储备上、心理和生理的调节速度上，都会有所改观。当然体育教学训练对于一个人的体质改造也不是像神仙点石成金一般，出了受到先天个人因素影响之外，后天训练的过程需要一个相对较长的实践来进行，学生要通过长时间的刻苦努力练习之后，真正的通过练习改善了学生的身体的各项机能指标之后，才算使完成了学生身体机能的适宜性改造过程。所以也就体现了体育教学的系统性原则。

认真贯彻体育教学的系统性原则要注意以下几个方面：第一要根据学校的体育课程目标，制定详细的教学大纲、教学计划和教学方案。然后教师要严格的按照计划实施，进行有效的教学组织，并根据具体情况做适当的调整，以确保教学目标的不偏离。在教学思路是要尽一切努力引起学生学习的积极性、激发学生的学习兴趣，让学生充分的融入到教学的各个环节中。在教学过程的实施中要严格按照符合体育教学的一般规律的基本程序进行施教，要结合教学计划和学生的学情特点进行组织教学，从开始部分、准备部分、基本部分到结束部分的固定教学程序，有条理的按照步骤进行教学。这样的一种教学流程的原因是不可以出现调换的，比如先进行放松，然后继续素质练习，再进行体育技能教学是不可取的。

三、适宜负荷原则

体育教学的实践性决定了学生再教学活动中进行一系列的身体练习之后，就会对机体增加一定的负荷量，有一定的负荷量是对的，要是教学没有负荷量就等于是失败的，只有通过体育练习带来的负荷量才能够达到提高学生身体素质的目的。而适宜符合原则是指的为了达成提高学生身体素质的目的，教师要根据人体技能适应规律，进行有目的的安排学生的的负荷量，以达到提高学生运动能力的目标。虽然说只要有了身体训练就会增加负荷量，但这就像看病吃药一样，吃多了有可能就中毒，而负荷量一旦过度，也会给人体带来很大的麻烦，突然之间的乳酸堆积会让身体感到不适，同时要是符合强度过大很容易使学生出现损伤，使得学生的身体发生劣质的变化反应，而负荷量过小也是有问题的，因为那样就起不到刺激机体的作用。所以在教学实践中控制好教学练习中适宜的负荷量就变得十分关键了。机体的生物适应性现象是适宜的运动负荷安排的客观科学依据，当机体有了一定的负荷量之后，学生的应激水平和其他的身体技能都会发生很大的变化，而且关键是这些变化会相对稳定的保持一段时间，保持在一个相对稳定的区间内。所谓的适宜性原则适宜的就是这个区间，只要在这个区间内，那么训练的负荷量越大，那么对于机体的刺激效果也就强烈，这样机体的反应也就相对较为强烈。而只要超出这个区间，就会出现问题，这个时候的负荷量已经超出了机体的承受极限，机体很有可能发生运动损伤或者产生一系列的劣质变化。想要让机体通过运动负荷的不断的提高身体素质，就需要连续的对机体进行区间适宜的刺激，在恢复之后进行在一次的负荷量的刺激可以使得几次的符合水平再一次的提高，但是如果机体还没有恢复就开始再一次的负荷量刺激，就有可能使得学生的机体水平下降。所以在两次负荷量的刺激是需要严格的时间间隔的，当然间隔时间过程太漫长了也会出现负荷量消失的情况，也就是说上一次的训练刺激付水东流了。这样的时间间隔就不符合负荷量适宜原则。其实就负荷量而言，它也是包含有两个方面的，第一个方面是负荷的量，所谓的负荷量就是指的这种负荷对机体进行刺激的多少，要是刺激的次数多，我们就说负荷量大，要是刺激的次数少，我们就说负荷量小。而刺激的效果不一定就是越多了效果越好，而是还要考虑第二个方面那就是负荷强度。所谓负荷的强度就是负荷量的强弱，要是负荷量的强度越强，负荷次数越多，那么整个负荷量就大。其实负荷量和强度是学生负荷水平和身体素质的一个反应指标。相同负荷下刺激的重复次数、坚持的时间长短，以及训练量的大小，都是衡量一个学生负荷量的指标。我们这里说的时间除了说一次教学练习的时间，另外还包括一次课中、一个月、一年的训练总时间。而次数是指的一次练习的重复次数，比如说相同重量的杠铃，卧推 10 次要比 5 次的次数多，力量耐力素质更优。重量是指的学生在整个过程中完成负荷量的总和。重量越大，强度也就越大，完成的难度系数也就越大。在体育教学过程中一般不需要像运动队训练一样，要求极限挑战，只需要安排适宜的负荷了就可以了。所谓适宜并不是一成不变，它是一个变量，但是要注意负荷的量和强度这两个一对可以调整的变量，要根据训练目标的不同而灵活调整，比如训练速度，那么过大的负荷强度和负荷量都是不太明智的。而训练最大爆发力太多的次数和太清的重量都不会起到良好的效果。所以在教学中要根据学生的实际情况，结合教学目标，进行针对性的调整，以求达到比较好的教学效果。

四、适时恢复原则

学生在体育过程中，由于练习和比赛增加了负荷量，所以人容易导致学生的身体疲劳和乳酸堆积，这时候由于机体的供能系统的特点以及体育教学的实践性所决定的。这个时候在体育教学的最后一部分教师就会安排针对性的放松环节，比如双手前置实心球的动作的肩部和上臂的放松等。这一时段的放松知识恢复内容的一部分，其实从这时起，一直到下次练习的开始都是恢复期，在这个阶段开始，所有的恢复手段都可以进行应用，比如说积极休息、物理刺激等。身体恢复的手段选择建议根据学生的实际情况进行，恰当的回复方式能够帮助学生更好的恢复。人体机能的超量恢复理论是我们体育教学适时恢复原则的科学依据，在经过运动后，人体的供能系统的能量储备消耗之后，进入到了一个比较低的水平，而由于功能系统的能量不足导致机体的运动水平也有所下降，通过恢复之后，供能系统的能力储备和机体的运动能力达到了原来的水平，这个过程就叫做恢复。如果在恢复的过程中，一段时间内，学生的供能系统的能源储备或者学生的机体运动水平超过了之前的最高水平，这个过程叫做超量恢复。超量恢复是我们想要看到，就像我们存钱之后想看到利息增长一样。因为只有在一次一次的教学训练使得学生的身体素质达到原来的更高水平，这样才能够达到提高学生身体素质的教学目标。但是超量恢复是一个动态过程，有开始上升也有下降结束，当超量的状态在保持一段时间之后，又一次的恢复到了原来的水平，这说明这一次体育教学后的负荷量的恢复完成了。科学的进行保证体育教学的效果，需要在控制好恢复和再一次的进行负荷量练习的时间控制。这个需要教师的经验结合学生的实际进行调整。但整体而言，我们指导在一次教学负荷练习的时候，学生的量和强度越大，那么该次对于学生机体的刺激也就越强，那么整个过程的供能系统的消耗也是最多的，就像我们常说的很费劲，当然超量恢复的状态越明显，花费在恢复上的时间也就越长。但是不能为了追求超量恢复而进行无限制的负荷量增加。我们上边说的超量恢复效果一定是负荷量控制到一定区间范围内，要是超过了区间，就会给学生在身体上造成受伤或者在心理上造成心理畏惧等不利影响，当然没有达到刺激区间的练习，对于增加学生的超量恢复基本没有效果，但是也具有保持负荷的作用。心理疲劳有相对应的恢复方法，比如可以进行自我心理暗示等方法，听音乐、积极睡眠等也对于恢复有积极的帮助。对于身体上的乳酸堆积导致的酸疼，可以通过泡澡、积极休息、局部按摩、拉伸等辅助恢复。其实平时的饮食也是可以帮助身体的新陈代谢。另外低负荷量的慢走或者慢跑也可以缓解疼痛。关键是教师要在体育教学中有意识告知学生，乳酸堆积可能导致的情况，使得学生对接下来要发生的身体感觉做好充分的心理准备。

第五节　中式体育教学的规律

规律其实就是从哲学讲，就属于事物本质的范畴，这是列宁在哲学笔记中提出的观点，他说规律和本质是同等程度的概念。可见对于事物的不是表象的认识，而是更深层次的，到达本质那个层次的认识，这才是我们今天讲的规律。所以规律的更深刻意味着对弈事物的规律不是看事物的表象，而是要通过抽象的理性思维去认识和把握，而不能够通过直观的感受器官进行把握。当然说是规律而不是说本质，说明两个概念还是有区别的。本质在概念上是属于哲学范畴，指的是事物的根本性质、根本属性。而规律的概念指的是事物之间的内在的本质联系。这种联系不断重复出现，在一定条件下经常起作用，并且决定着事物必然向着某种趋向发展。规律是客观存在的，是不以人们的意志为转移的，但人们能够通过实践认识它，利用它。所以说规律和本质比较起来还是有其自己的本来特征的。第一我们说的规律是客观的，是存在的，是可以被人所发现的，人们可以发现它、理解它，然后可以掌握它，以至于掌握之后人可以利用它为人的意志去服务。但是规律的客观性决定了它是不可以因为人们的意识而改变，也不会因为人的意志而转移的存在。人对于规律的关系只能是发现、学习、掌握、利用，不存在人为的让规律消失、消灭或者创造和发明了某种规律。这是需要非常明确的。我们永远无法指导爱因斯坦发现了相对论的时候的心理感受，但是没有人会说爱因斯坦发明和创造了相对论。同理牛顿也不是创造出的万有引力，知识发现和揭示了这条客观规律。但是能打开让人们认识客观规律的人，是十分了不起的。第二规律意味着规则、法则、轨道，强调的是事物从一个阶段到另一个阶段的必然联系。这种必然的联系，说明了两个方面。第一个方面就是说的必然，所谓必然就是一定会发生。这里说的一定会发生是不会因为其他客观的影响而发生改变的。第二个方面说的是联系，强调的是事物的发展的结果的一定性。也就是说事物的开始发展之后一定会的事物的结果，这是因果关系。而规则就是这个因果关系一定会发生所遵循的路径和轨道。当然不可以反过来说，有因果关系的事物并不意味着一定有客观规律的存在，比如说蝴蝶效应其实就有十分强烈的偶然性，因为活的蝴蝶必然每天都煽动翅膀，但是世界上并不是每天都必然有飓风的发生。但并不是说蝴蝶效应的不存在。在这里我们强调的是规律的必然性。第三是说的规律的普遍性。所谓规律的普遍性，就是说规律不是单一性的，而是在相同事物上都会出现、都会存在、都可以重复引起必然的结果。所以说规律是普遍的，是可以重复出现的，是具有稳定性的。也就是说规律在任何时间对任何量的相同事物是都能发展出相同的结果，这里的量是无限量，可以少到 1 个，多到无数个，结果都是一定的。

体育教育规律这个词在上个世纪的 50 年代就有了，但是并没有引起人们的总是，其实只要谈到规律的时候，那就是就有根本法则性质的一些内容。任何事物都有自己的内在规律，并且都是可以被意识所感知。那么体育教育规律最早的提出就是巴甫洛夫的高级神经活动学说，是当时凯里舍夫在《苏联体育教育理论》这本讲义力提出的，主要是讲的技能动作的行程规律。这算是关于体育教育规律研究最早的提出。这个概念的提出其实在体育教学研究的角度上看，是具有划时代的意义的。从那时起伴随着国家的发展和社会的进步，以及对于体育教育教学规律的进一步深入研究和推进。在 80 年代的时候人们确定了人体适应环境能力的动态平衡、运动负荷的价值阈、锻炼过程的新陈代谢三大体育教育教育锻炼的基本规律。这三大规律给我们今后的体育教育教学规律的研究奠定了一个良好的基础。

一、体育教学过程规律

体育教学的过程，其实就是一个人的相关技能形成和发展的过程，在体育教学中教师主要教授的是技术。但是我们这里所说的技能，技能是从学生的角度而言，当技术在学生学习之后，学生对于该技能掌握程度和驾驭能力综合成为技能。技能不是一学就会的，那只能称之为知识，评价方式就是知道、理解。而技能是需要刻苦的练习的，是有一定的目标和任务标准的，是最终建立起来的大脑神经支配身体的各器官和各个系统最终形成一套神经连接体系。这里所说的一定的目标和任务是有一定的规则程序的，经过学习和练习，是能通过不同的熟练量表或者指标来进行衡量的，而技能一旦形成之后不会像知识的遗忘一样，而是伴随着神经和肌肉记忆而保持和减弱。当技能完全掌握之前，是需要通过不断改正和完善，再加上不断的练习巩固才能掌握，尽管在掌握速度上会因人而异，但是过程大致一样，最终都是拥有了一套神经操作系统。

技能习得的过程中，人的进步速度和练习次数之间是有一定的关系，但是并不是只要练习就能拥有同样的进步速度，所以技能学习过程中的进步速度有自己的客观规律存在。比如说在技能学习的开始阶段，伴随着练习着的练习次数的不断增加，这时候技能掌握的速度是十分快速的，动作从不会到会，是显而易见的，可以说是明显改善的。但是当技能掌握到一定的程度之后，同样的练习次数和付出，但是技能的进步速度确非常的缓慢，当然这里说的缓慢不是说不进步了，只是没有之前的快速了。这里就可以看出技能学习过程中是有一定的客观规律的。技能在分类上也是可以分为两部分的，一种叫做运动技能，另一种叫做认知技能，认知技能就是像文化课一样，考核结果就是看看知道了没有，知道了多少。而运动技能的考核就要看这个动作会不会做，做的熟不熟练，做出来的水平如何。这里可以看出两个不同技能的区别。运动技能中的单一技能很非常好理解的，但是在技能的组合上，有时就需要格外的关注，并不是所有的动作技能都可以组合在一起的，在组合上也是有自己的客观规律的，这也就是为什么体育教学过程中的技能基本都是固定的，因为这些技能的组合都是经过客观的实践检验是符合普遍的客观组合规律的。当然人们也可以根据这种组合的内在规律，进行根据实际情况和自身特点进行创造。但是在体育教学中一般只能在教学比赛中或者体育教学中的自主探索阶段可以去组织。

二、不同运动项目类对学生认知功能提升的规律

在技能学习过程，技能的形成是有客观的规律的。而在体育教学中，不同的运动项目在提升学生的认知方面也是有不同的客观规律的。学校体育教学的是对于人的身体健康、心理健康、社会适应、运动技能和运动参与全面参与和发展的一个课程，促进人的全面的发展是体育课程的终极目标和奋斗理想。这里所说的身体不仅仅是外在肌肉的发育，而是内在各种机体能力和脑神经的发展促进。在体育运动中，只要只要肢体在发生运动和位移，就能够造成相应的大脑区域的刺激。所以说体育教学的过程是要严格的按照脑神经科学进行，同时要清楚不同的运动项目对于不同的大脑区域产生不同的影响。这样的化不仅仅可以提高教学的效果，另外还可以增加体育教学的科学性。

（一）田径项目教学：提高的时间知觉

时间知觉是指对客观现象延续性和顺序性的感知。时间知觉的信息，既来自于外部，也来自内部。这里主要强调是，机体内部标尺，它是机体内部的一些有节奏的生理过程。时间其实是人们抽象出的一个概念，但是由于它的存在，给人们的生活带了很大的便利，比如人们经常会约定个时间去进行一系列的活动，这里的时间是指的某一个时刻。时间在人们生活的中的作用非常的大，甚至不可替代。人们在认知世界的时间的时候可以通过观看太阳的位置或着太阳照射的影子来判断时间，后来还研制出了表这种现代计时工具。而人的内部其实也在有类似于表这样的生物钟，这种体统能够帮助人们去感知时间，人们的时间处理系统功能强大，放到运动的过程中，就体现在对于外在环境的判读以及运动的有效控制上。田径运动的过程正好能够强化以上的功能，比如发令枪的判断以及快速的做出肢体反应的能力，就进一步的反作用到刺激相对应的大脑区域，使得该区域发生适应性的

变化，从而提高相关的能力。而在跑步练习过程中，由于快速的跑动过程中某个动作的时间是非常短的，而当达到一定的水平后，提高一点点的速度都是可以很好的改变运动成绩的，所以那时对于时间的感知已经无限的缩小，从另一个角度上也反映了田径运动对于相关系统的刺激作用是强大的。

（二）球类教学：提高学生本体感觉

球类在体育教学内容中一类非常特殊的内容，原因就是这些项目最大的特点出了要关注运动的人之外还要关注运动中的球，关键是不同球还有不同的自身特性，像羽毛球的球拍的弹性不同，球速也会发生相应的改变。在球类的运动中，技术繁多，要求人对于球性的了解是非常重要的，当人对于球性有了一定了解之后，一开始学习是像篮球的运球是需要看着球的位置变化的，目的是为了较好的掌控球，但是当球的掌握达到一定程度之后，这时就要眼观六路耳听八方，关注除了球之外的场地上的变化，而这时候的控球主要依靠着人的本体感觉了。类似的应用在足球运动、篮球运动、网球运动等球类项目中都可以出现，所以说球类可以提高学生的本体感觉。

（三）体操教学：锻炼学生的深度知觉

深度知觉指的人对于事物的立体和距离的感知的总称。人们依靠视觉、听觉、动觉等感觉统合的能力去协调判断不同类型的事物在距离上的远近和在立体上凹凸。感觉统合的能力好快将会直接影响人对外在环境中事物的判断，比如距离和高度。而体操运动的很多垫上动作和器械动作的完成都需要深度知觉的配合。比如体操中的山羊分腿腾跃，这是一项十分基础而且又非常重要的技术，该技术的助跑踏跳动作就需要在节奏和空间感知上有良好的把握，需要学生在跑动的过程中判断踏板的位置，通过自己节奏的控制寻求准确又有力的踏跳。这种及时的随着外在环境变化而变化的准确的判断和灵敏的身体协调能力，正是本体深度知觉协调作用的结果。所以说通过严格的体操练习，能够帮助学生提高深度知觉。

通过以上分析，我们就可以得出不同的体育项目对于人的在脑科学的视角上有不同的发展和促进作用。其实很多项目的不同动作对于人的促进作用是不一样的，或者说同一个项目的也可以在不同的动作上达到促进人的各方面发展的特点，并不是单一的，不是一个项目对应一种能力。这提醒我们在实施体育教学中可以考虑从提高学生不同能力的角度出发去设计和安排教学环节，促进学生各方面的全面协调发展。

三、体育锻炼过程规律

体育锻炼就是包括所有体育练习和比赛的总称，其实各个运动项目之所以能够起到运动健身的效果，主要原因就是体育可以通过各种身体活动让人们进行锻炼。当然不同的运动项目的特点不一样，所以锻炼的位置和效果也各有不同。只是根据自己身体条件的实际需要，结合外在的锻炼调节选择相对应的锻炼项目进行练习，都能够起到促进人体血液循环、增强体质健康、丰富精神文化生活的效果。不同年龄的人进行体育锻炼的特点不同，因为不同年龄又不同的身体发育的客观规律和心理成长特征，只有遵循这种客观的法则，在锻炼效果上才会更加的理想。在学校进行体育教学过程中应当遵循这些规律。

（一）不同时期体育锻炼的开展

我们知道，个体的生长发育遵循着身体发育的不均衡、生长发育的不等速、生长发育的两次交叉、身体各系统的协同发育四大规律。这四个规律使得我们在体育教学中有了可以遵循的客观法则。而在学龄和青春期这两个和学校体育教学密切相关的特殊阶段，正因为以上的四大法则，学生表现出了不同的特征。在体育教学中我们应当根据学生不同时期的不同特征进行遵循个体发展规律的科学化的体育教学活动。接下来就对这两个特殊的阶段的学生情况已经锻炼的注意事项进行展开。

1. 学龄期学校体育锻炼的开展

学龄前的学生，一般都是在 10 岁以下，男女进入青春期的时间有所不同，甚至伴随着物质生活的不断提高，学生进入青春期的年龄有所提前，但是大概时间都是在 10 岁左右。这个阶段的学生一般都是在小学。新课标将小学阶段分为水平一、水平二两个阶段。在这个阶段，除了生殖系统之外的其他各个系统基本发育完全。以至于这个阶段学生的生长发育的速度相对比较的迟缓一些。但是并不是学生这个时候不再生长发育，而是主要的发育转移到了认知和智力的提升上，所以这个阶段学生开始摆脱了幼儿园毕业前的用身体直接感知世界的学习方式，逐步的过度到用思维去记忆编码世界。在这个过程中会完成直观的具体思维和抽象的逻辑思维的转化。以至于学生可以学习系统的文化知识，可以接受抽象逻辑思辨，甚至是抽象的文字表达。这个时候学生的像自觉能力和自控能力等意志力这一块开始有了一定的显现，像气质、个性等自己的独具一格的心理学特质也开始逐渐的形成，像正义、道德、审美等更高级的情感类型也开始出现。这些新特点的出现能够给我们体育教学的设计带来一些更深层的思考。尽管以上的特点非常优秀，但是并不是已经完善，还是不稳定。而从体育运动的角度来看，学生的协调性已经开始发展，特别是粗大协调性，发展最为迅速，学生大肌肉群相对更加的发达，在大肌肉群参与的运动中学生表现的更加的灵活，感觉统合能力更加优异，平衡能力和空间知觉感知能力越发精细，四肢和身体的力量素质、灵敏素质、爆发力素质、协调素质等不断的提高。这个阶段的学生的学习方式已经发生了很大的变化，既能够借助直观思维的方式进行抽象的思维的一般学习，同时也可以在形成自己运动能力的时候借助于视觉系统、听觉系统和感觉系统等的信息处理。特别是这个阶段的学生记忆能力更加的变强，所以学起东西来更加的快速准确。

6岁到8岁以前的的学生，他们在体育运动的的学习和组织方面能力有了大幅度的提升，特别是在学习动作的步骤上，可以进行增加到几个步骤的动作或者多个步骤的动作习练，比如说武术或者体操的动作组合，都能够完成的较好。此时的学生在动作的连续性上也是可以完成更加优秀。比如跳绳的连续的次数等。

到了8岁以后至10岁以后，这个阶段的学生一般都是水平一，学生的力量素质的练习可以在练习效果上出现明显的好处，当然多多的进行体育锻炼不仅事增加肌肉，在骨骼的生长等方面也是有显著效果的。最主要的是这个时间段的学生在合作性练习上出现了一个大幅度的转折，学生能够按照既定的规则进行开展练习，在教学过程中，课堂的组织性更强，学生也能够学习和掌握更多不同的运动项目，掌握更多的运动技能。这个阶段可以开展像球类这样的运动，帮助学习更好在活动中进行互动、增强体质、增进伙伴关系。这个阶段学生在体育教学可以进一步的增加一些运动的强度，以增进学生的身体素质。其实像这种既能够锻炼身体又能够增进学生之间关系的体育项目很多，但是在教学比赛中要强调体育比赛的娱乐性，弱化比赛的竞技性，不进行比分评比，另外要引导学生了解体育对于健身和强身的重要性。

这种强调主要是强调此时的学生应当多参加一些能够增进沟通的集体项目，比如说小篮球、小足球等，这些项目中既可以玩好玩的球类游戏，锻炼身体，也可以通过互相的沟通增进表达能力和友谊。其实一个经常参加集体活动的学生，在很多方面都能更优越，比如在群体中的自信心方面，这类学生在群体中的受欢迎程度也是很高的，当然这个阶段的学生也是非常热衷于参加这类的运动活动，在这类活动中表现的优劣将会直接影响这个学生在群体中的伙伴关系。这个时候的学生喜欢群体类的项目也是有客观的原因的，由于年龄较小，身体发育的还不够完全，学生在做一些动作的时候，不能够像成人一样的流畅和自然，比如动作不是特别的直接干脆，协调性有待提高，所以学生需要在同伴的帮助下，更好的完成目标，这是一种客观需要。像这样的情况，教师也要在教学中进行针对性的设计，以帮助学生更好的完成学习任务。

2. 青春期学校体育锻炼的开展

在青春期这个阶段，是人的一生中最特殊，也是十分关键的一个阶段，这个阶段的学生正处于一个青苹果一样的过渡期，像苹果，但还没有成熟。这个阶段的学生的生长和发育也正在发生这很大变化，无论是在生理方面还是心理方面。从生理方面而言，这个时候的学生个体格和骨骼都会进一步的生长和发育，伴随着第二次高峰的出现，学生的各方面的素质能力也会发生大幅度的提高。这时候男生和女生的生长发育开始发生一些区别，比如男生的肩部逐渐的开始增宽等。这个时候的学生脑神经的发育进一步增进，学生记忆能力、感知觉等都会进一步的增长，学生精细动作和小肌肉的动作越来越精细，控制小肌肉群的能力也越来越强。学生开始出现自己独具特色的性格特征以及各种价值观念，在学习的思维方式上学生已经完全过度到使用抽象思维进行思考和认识世界。他们开始对自我有兴趣，开始在认知功能的生长发育帮助下，探索自我、认识自我、发现自我，这个时候他们的人生观和世界观也开始逐渐的形成。这些特点使得我们在体育教学设计的过程中注意男女之间的差异，最好进行男女分组定标准，同时又要注意男女混合促进交流。在这个阶段的学生，学习压力也是最大的时候，他们即将面对的是决定自己一生命运的中高考，所以上好体育课可以给他们带来很多的好处，第一就是放松功能，一张一弛的学习会有助于他们的学习成绩提高，如果一直紧张的学习文化课，容易疲劳，效果也会大打折扣。第二，这个阶段除了学习，学生还是生长发育的关键阶段，学生多参加体育运动可以促进骨骼的生长，提高学生自身免疫力、呼吸系统的心肺功能等。在这个阶段要注意有氧运动和无氧运动的结合，这样学生的骨骼中的矿物盐的沉淀就会增加更多，另外力量训练可以增强，能够使得学生进行在身体素质上更强壮。在这个阶段的体育教学设计要注意学生的参与性，特别是女生的参与习惯要培养起来，可以通过课程内容、教学方法等的改进，激发学生的学习参与兴趣。

（二）根据实际情况科学选择体育运动项目进行教学

1. 根据个体发育特点选择体育运动项目

体育教学的内容是有可选择性的，但是并不是没有根据的随便选择，在体育教学中应道考虑学生的实际情况，制定能够切实发展学生相关素质的运动项目，进行教学开展。首先在不同的年龄阶段，学生的各种身体素质的发展速度是不一样的，也就是说各种身体素质的发展次序是有现有后的。比如说在 16 岁之前，男子学生的速度素质是快速增长的阶段，但是 16 之后就会出现一个平稳发展的事情，再到 20 - 22、3 岁左右学生在发展的最高峰之前，还会有一个第二高峰。很多教师在教学中是碰不到 20 岁以后的学生的，但是我们可以把握 16 以前的时间，可以有意识的进行相关练习的发展，比如 30 米跑、15 米折返跑等距离短，强调反应和短时间内的快速跑动的有氧运动。而女子的力量素质在 18 岁以后才发展的比较迅速，也就是说在学校教学中，女生的力量素质的发展应当方法柔韧素质、灵敏素质、协调素质等的发展上，避免大运动量的练习，同时也要考虑青春期女孩的特殊性，进行相关的安排。而青春期过后，就可以开展力量、耐力等符合学生身体更像生理指标的运动项目。

2. 根据个体特征选择体育运动项目进行教学开展

①根据体质状况选择运动项目

在学校开展体育运动项目，在教师充足的情况下，尽可能让学生有更多的可选择性，比如有些学生喜欢全体性的活动，比如球类，但是有些学生就是喜欢简单重复性的比如耐力跑等，除了爱好不同之外，还有学生的身体状况也不一样，身体素质较好的学生，在选择体育运动项目的时候，就会相对比较宽泛一些，他们的可选择项较多，有一些运动强度和负荷量都比较大的运动项目，他们也可以顺利完成。但是有一些比如中长跑等运动，对于学生的身体素质要求的比较强，一些体质较弱的学生，在中长跑的项目中就不容易出现好的效果，倒不如让其选择更适合自己身体素质的、运动强度和负荷量都比较适宜的一些项目，比如武术中的太极拳等。

②根据学习和生活状况选择体育运动项目

我们在这里说选择，就是希望体育教师可以根据学生的实际，在体育课程中科学的去融入一些不同的运动项目，尽管你可能不是教这个项目的，但是可以在课的过程中体现以学生为中心，安排与学生实际相适应的项目开展体育教学。像水平三的学生，在这个时期，他们的学习压力比较大，在教室里坐着的时间比较长，白天学习一天，晚上还有晚自习。这样的长期休息可能都是问题的学习生活，体育运动其实是一个非常好的调节的。体育运动可以增进血液循环，让学生学习的那种紧张的状态进行缓解，同时缓解由于长期的静坐导致的气血不畅，在体育课上选择一些能够活动上下肢，提高心肺功能和身体力量的练习也是十分必要的。由于学生的长期端坐学习，由于后背的肌肉力量不足，很容易导致学生的弯腰驼背的这种情况出现，从而引发近视。良好的肌肉力量素质，可以让学生在学习中尽可能的保护肢体的状态。

③根据性格不同选择体育运动项目

体育教学有一个目标叫做社会适应，就是要增进学生的社会适应能力，通过众多的体育运动项目的体验，可以让学生的某些心理不足进行有效的发展。在对于性格上有不同的差异的学生，可以尽可能的让其参加不同的运动项目，比如性格上不太合群的，就让他们去参加群体性活动，群体性活动的意义就是让他们在一次一次的团体活动进行脱敏，使他们不再对群体活动有心理反抗情绪，自然就解决了学生性格不足的情况了。当然教师在进行有关项目的开展的过程中，要进行针对性的引导，学生本来就不合群，还让他们参加群体活动，这是一个逆风而上的工作，教师要通过教学智慧和针对性的环节预设，使得学生能够一步一步的融入到教学的过程中来，而不至于一开始就有很强的心理阻力，教师塑造良好的教学课堂气氛也是能够环节学生融入团队活动的心理波动的。另外在教学过程中，教师要做好随时的应急准备，做好判断，避免出现了问题之后，不知道如何继续应对。使得学生一次一次的参与，逐渐的完成脱敏任务。

（三）掌握科学体育教学的运动负荷

体育教学的密度和运动负荷量是评价体育教学质量的两个重要的指标。我们认为以上两个指标的执行都要符合科学的规律。首先说活动密度。活动的密度包括课下和课上的活动密度，课下的体育活动密度就是指的是一次体育活动与另一次体育活动的间隔，这种不同间隔的活动密度，对于一个人的锻炼效果是有影响的。一般来说间隔的时间控制在24个小时就可以，也就是说隔一天运动一次，这样下来一周能运动3次或者4次，都是可以起到很不错的健身效果的。但是要是每天都训练的话，也是可以的，只要能够产生机体适应，整体感觉比较舒适，没有明显的运动障碍就好。所以说这个课下的活动密度比较的随意，没有强制性，因人而异，也没有具体的规定。但我们这里主要说的是课上的活动密度。体育课上的活动密度是指的在体育教学课上，一堂课中的活动总时间和一堂课总时间的比例关系。比如一堂课分为开始部分、准备部分、基本部分和结束部分，那么整个教学过程中活动的时间和整堂课的总时间的比就是这节课的活动密度。这个活动的密度能够反应教师对于教材和教学设计的水平。这个活动密度不是一个准确的数字，要根据学生的实际情况，以及教学内容的实际进行针对性的调整，比如双手前置实心球这样的教学内容活动密度不宜过多，而比较轻松的比如基本操类的学习就可以安排的练习密度较为增多以下。另外练习的密度也要考虑上课的时间、气候的条件、场地的器材、教学目标的要求等等，为了上好一堂课，作为一名体育教师，要在课前进行周密而详实的设计和准备。体育课的运动负荷也是一个十分重要的指标，该指标是反应的学生通过一次教学活动的实践练习生理上所承担的负荷量和负荷强度。合理的安排运动负荷对于上好一堂课至关重要。安排负荷量要遵循从小到大、循序渐进、逐渐的增大的根本原则，要负荷机体的基本机能的变化规律。还要考虑教学内容的练习强度、难易程度，学生实际生理特点等。一般的体育课中学生的平均每分钟的心跳次数叫做平均心率，平均心率的适宜的心率小学在 120 到 130 次每分钟，中学在 130 到 140 次每分钟，高中可以适当提高到 130 到 150 次每分钟。如果持续的使得运动心率在 160 次每分钟以上的话，训练的效果就不会出现更好的变化，甚至会出现运动损伤的可能性，这时候要进行适当的调整。

第二章　中式体育教学思想

体育教学思想是一个动态的变化的过程，体育教学的思想变化是根据体育思想的变化而变化的，体育教学永远不会脱离体育思想，单独的去进行独立教学，独立的体育教学是没有灵魂的，也没有存在的实际意义。所以不能单独的谈体育教学思想演化。就像我们常说的，有什么样的体育思想，就有什么样的体育教学思想。我国的近现代体育教学思想的开端就是从19世纪五六十年代，体操课的出现而出现的，当时的体操课也只是在新式学堂和一些教会的学校里面出现，所以说体操课的开展范围不是特别的大。到了20世纪初，清政府开始在各级各类的学校里开设体育课，一直延续要今天。从20世纪初到现在已经是两个甲子的时光，我国的学校体育和体育教学工作也是发生了翻天覆地的变化，现在回顾体育教学思想的演化过程，也可以说是波澜壮阔的。

回首过去的这一个多世纪，指导我国的体育教学思想其实很多，但是从分类上来说，主要是分为体质论和技能论两个思想派别，技能论就是体育教学主要是为了传授给学生基本知识和基本技能。第二种体质论的观点是体育教学的根本目的为了增进学生的身体健康，改进学生的体质。其实这两个观点都有自己的道理。但是出现这两种思想的根本原因是体育教学目标的改变，也就是学校体育思想的变化。体育思想的演变过程有其特殊的脉络，内含着不同形式的土洋之争的体育教学思想演化脉络，其中技能论的思想源头是大体育观念，而体质论的思想根源是"真义体育"。围绕着完成体育教学目标，体质论和技能论开始了一段你方唱罢我登场的大戏，但是就两个观点而言，都是镜子的两面，没有运动技术的支撑，体质如何增进？没有体质的促进作用，学生学习这些运动技术还有什么意义？所以即便是有体质论或者技能论为主导的时候，而另一方也不会消失或者被完全被取代。这种或多或少的保留本身就体现出了这一种体育教学的一元两面的特征。其实当有学者将"体质论"和"技能论"提出来之后，这两个基本思想就左右着体育教学。在1961年"增强体质"的理念首次在中学体育教学大纲中提出来，这时候就引发了体育教育工作者对于体育教学的目标、目的、任务等的大讨论，因为"增强体质"的目的同当时正在大行其道的占有主要地位的注重体育运动技能的教学的思想发生了很大的冲突。这一次大讨论可以说是旷日持久，一下子就进行了好几个月，1961年那场讨论的主战场是在《文汇报》和《体育报》上，主要论点就是在体育教学中学生是要强度掌握体育运动知识与技能还是要强调发展学生的身体素质。这一次的大讨论是有胜利成果的，"技能论"的这一方大获全胜，主要原因是当时学校体育教学在实践中比较注重体育基本技能的传授与培养，这也是主要在学校体育教学模式上受到前苏联的影响比较大，而"体质论"的论点在此次的大讨论中并没有占上风。但是这场两个阵营的争论并没有结束，时间到了20世纪80年代初的时候，就关于这个"体质论"和"技能论"，在学校体育工作的核心问题，再一次的展开了新一轮的大讨论。这一次谈论的论点是如何理解锻炼身体和掌握体育的基本知识和基本技能的关系，如何处理体育锻炼身体和掌握体育的基本知识和基本技能的关系。这时候的理解上就出现了三种不同的观点。

第一种观点我们称之为"体质论"，体质论的主要观点是说体育教学的主要任务和存在的意义不在于体育知识与技能的教学，而主要应该是利用好体育教学的这一段宝贵的时间，通过各种各样的锻炼方法和教学手段，增进学生的身体素质，将如何较好学生基本技术，转变为如何增进学生身体素质，让学生利用体育课的时间充分的锻炼身体。这种思潮的支持者大有人在，而且他们被称为"体质派"之后，很多人也都是供认不讳的，他们愿意接受这样的称谓。这就要求体育课上所教授的内容不应当花里胡哨的，更应该追求实际效果，并且做到少而精，如此以来学生就可以在体质方面得到真正的促进，从而完成体育教学的目标。这个"体质论"的支持者的观点非常明确，就是锻炼身体，反对技术教学。教师只需要将自己所掌握的那些能够切实增进学生身体健康的练习应用到体育课上，就可以了，不需要再利用培养体育教师的方法去进一步的将全部学生都培养出既能够进行体育教学还能够体育比赛，更能够锻炼身体的体育全才。"体质论"主张手段不要多而要精，方法不用复杂，只要实用，对于学生技艺的形式大可不必追求过高的要求。

第二种观点我们称之为"技能论"，技能论的观点是体育课的根本任务是增强学生体质，但是绝对不是像健身房一样，让学生来了就练，练完就走。"技能论"认为体育教学根本任务的完成，也就是增强学生体质的根本任务，不能全部放在体育课上进行，应该是学生的课下体育活动和学生参与体育课的课上练习两部分组成，否则体育课就成了医院了，学生生病了来医院看病，医生给病人看病治疗，结束之后，等待着下一次的生病。绝对不是这样的。体育课是要在课上通过练习密度和运动负荷的练习达到增进学生健康，改善学生身体素质的目的，但是除此之外还要让学生学习一些能够在课下进行身体锻炼或者将来走上社会之后进行终身体育锻炼的一些锻炼方法、传授一些科学的体育知识和提供丰富多彩的运动项目供学生选择一两项或者多项，为将来的体育锻炼打好基础。"技能论"的根本观点是认同和支持体育教学能够增进学生身体素质的观点，也同意体育教学的根本任务是增强学生体质，但是也强调学生身体素质的提升是要通过体育的基本知识、基本技能、基本方法的反复练习和实践来实现的。也就是说"技能论"要求我们，即要授人以鱼也要授人以渔。"技能论"的观点其实是和"体质论"的观点是针锋对麦芒的，在不否定增强学生身体素质的根本任务的同时，特别突出体育基本知识、基本技能和基本方法的传授的特殊性。坚决的捍卫者体育教学中的知识、技能、方法的传授的合理性。有些人还称持有这种观点的叫做"三基派"。

第三种观点我们称之为叫"结合论"。这个观点说，体育教学中应该完成增进学生身体素质额根本目标，同时也应该完成体育基本知识、基本技能和基本方法的传授，因为这两块有相同点，但是又不可能同时兼得，既有联系又有很大的区别。比如说，在进行动作学习的时候，锻炼的效果就会有所下降，因为此时的主要目的是为了让学生能掌握教师所教授的动作技能。而在锻炼的时候，技能的难度等又有所限制。所以"结合论"的观点认为，这两块都很重要，要是能够在体育教学过程中进行有机的结合就好了。建议在每一次课的教学实践中可以进行两方面都存在的实践安排，或者根据不同的教学内容进行两方面的不同侧重的进行。"结合论"的观点在教学实践中仿佛也是有可行性的，它也讲出自己的道理。

以上这三种观点都有自己的一定的道理，而且自成学说。这三种观点的出现的根本原因就是他们都是围绕着"体质论"和"技能论"展开的。在这种情况下，看来是婆说婆有理，公说公有理。但是从议论的主要区别上还是能够看出一些问题来的。"体质论"和"技能论"是由"体质派"和"技能派"各自的支持者就关于体育教学中增强体质和基本知识和基本技能、基本方法的教授的关系，所展开的讨论。这种讨论中存在的矛盾，可以说是我国体育教学中存在的一个基本矛盾。就像马克思提出的关于哲学的基本问题一样，在体育教学中这个基本矛盾也是非常重要的。我们通过上边的讨论可以看出他们两方分歧的地方是两方都同意体育教学对于学生体质的促进作用，承认体育教学的根本任务是增强学生的身体素质。知识对于如何实现这个增进体质的目标的具体方法有了不同的看法，对于在体育教学过程中的体育教师所使用的教学手段有了不同的认识。在"体质论"的角度上看，体育教学就是为了体质的增长和改善，上体育课就是为了锻炼身体，锻炼身体的手段和方法上要精不要全，要少不要多，要实用，不能不实用，要简单，不能复杂。而"技能论"的观点是上体育课也是为了增进体质健康，但是增进体质健康不能全由体育课大包大揽，要通过课上课下全面协调，课上的练习可以能进学生的身体健康，同时课上学会的基本知识、基本技能和基本方法也可以指导和帮助学生在课下的体育锻炼。所以说到底，两方的主要分歧是对于体育运动技术在体育教学实践中的态度上。"体质论"的支持者对于体育运动技术的态度是相对排斥的，而"技能论"的支持者对于体育运动技术的态度是积极拥护的。"体质论"之所以拥有和"技能论"抗衡的力量的原因是，"体质论"的教学手段和方法和目标的一致性。也就是说按照"体质论"的教学目标开展教学实施，整个系统都是和谐的，目标是为了增强体质，在教学中开展的手段和措施也都是围绕着体质的改善而开展的。这样在逻辑上的指向性是非常明确的和实践上也都是非常合理的。所以说"体质论"的教学目标的单一性，使得"技能论"和其树立起了强烈对抗诉求。"体质论"是反对在体育教学的过程中浪费大量的时间进行运动技术的教学的，首先多次的技术教学课浪费大量时间的同时，在增进学生的身体素质方面效果并不明显。这个几乎毫无益处的教学环节很容易被"体质派"扣上不实用的帽子。所以与其在此浪费大量的时间，不如选择一些简单实用的锻炼手段，充分的利用好这宝贵的体育教学时光。

相对于"体质论"而言，"技能论"的观点就处于下风的。首先在教学目标上，技能论即要进行技能的教学，同时还要兼顾增进学生体质的目标，这样在整堂课就会被切分，整体感受就会不统一。虽然"技能论"也是支持体育教学要落实增进学生体质的根本目标的，但是熊掌和鱼两者不可兼得，在理论上就不占上风了。同时在具体实践上，"技能论"因为没有摆脱落实"增进体质"这一根本目标，所以，也无法将技能的传习变得完善。所以"技能论"如何辩解都有一些漏洞。所以在历史上，两方争辩中，如果有一方必须要居于下风的话，那一定就是"技能论"。技能论的问题就是无法像体质论一样的目标的实践的完全统一。但是不代表技能论的瓦解，因为通过技术的练习的确可以达到锻炼身体的目的，同时没有那些丰富多彩的项目技术作为支撑，体育的教学的体质论也是空中楼阁了。而技能论又无法摆脱增强体质这一目的的思想局限，如果不为了发展体质，只是为了传授体育技能，那么这时候的体育课就是专项技术辅导班了。无论如何，体育教学的中的技能论和体质论都是从实用主义出发而最终都落脚到实用上，这也是为什么技能论坚决不摆脱增强体质目标的原因，这个给我们体育教师一个非常深刻的思考。我们体育教学中如果对于学生的身体素质没有帮助的话，既不是技能论也不是体质论，而是耽误学生。势必要让自己看守这一块体育教室变成一块能帮助学生增强体质的沃土。最后一种结合论的观点就是要创造出一套技能健身教学论，那么用某些技能锻炼身体，以达到增进体质的目的，听上去堂而皇之其实就是一个改了名字的体质论的论调。因为只要是增进体质，就会因为体质论的导向弱化技能论的发展，当体质论和技能论再次发生冲突的时候，说好的技术健身教学论就一面的倒戈到了体质论去了。

第一节　军国民主义时期的体育教学思想

军国民主义是一种体育思想，在 19 世纪后期的德国开始出现，军国民主义主要主张的是将在学校体育教学中运用军事训练，教学的目标是将学生训练成士兵。军国民主义时期是在我国清末民初大概 20 年左右的时间，这一段时间的学校体育教学内容主要以兵操为主，所以这一段时间的主要主张就是培养要培养尚武精神，追求文武合一的教育，在学校学习文化课的同时，要求培养国民的军事技能素养。这种军国民思想当时是在德国和日本原来比较盛行的，后来中国的一些像蔡锷、蒋百里等留学生从日本留学回来之后，他们极力的倡导军国民主义。在他们的大力倡导之下，由于当时的清政府受到时局的压迫，加上 19 世纪末以来的种种危难，所以决定要进行实行新政，开始准备变法图强。在教学体制改革方面，晚晴的十年革新不像当初的百日维新，的确有了一些实际的意义。当时清政府也是有客观的清兵需求，所以这种推崇军国民主义的体育教学也就成了当时别具特色的新式教育。到了清朝结束，民国最初的前十年，在军国民主义的体育思想保留并运用到了一个新的高度，只是剔除了忠君、尊孔等部分条款。这是在学制上基本沿袭了晚清新政的结果。在学制方面，这一时期经过了的更替，壬寅癸卯学制和壬子癸丑学制两种学制。

（一）壬寅癸卯学制

清朝末年，由于时局动荡，清政府危在旦夕，特别是在甲午战争失败之后，整个社会都需要清政府给一个说话，在这种情况下，当时的清政府内也是朝野上下都要求进行学制改革。在那种情况下，清政府也只好开始进行需求革新自强的良方。但是当时满朝文武对于世界各国的教育了解并不像现在一样，所以可以学习和考察论证的，并且确实经过实证验证后有效的也只有东亚岛国日本比较合适了。他们打败了清政府的海军，证明他们的综合实力值得学习，所以经过考察和论证后，时局认为日本的确是值得学习的榜样。于是在 1902 年完全的模仿日本的学制仿造了一份《钦定学堂章程》，这部章程在立法上看，是中国历史上第一个由国家颁布的学校系统，它是由张百熙起草的，但是实际上并没有实行。尽管如此，并不代表前面的工作都白干了，因为两年之后，在《钦定学堂章程》的基础上，由张百熙、张之洞等人进行了稍微的修改，我国第一个经过立法公布，同时又正式的实行了的学校体系。史称"癸卯学制"。这个学制是我国从小学到大学的近代教育制度的基本建立的标志。所以说意义重大。《钦定学堂章程》相当详细的规定了当时整个国家的学校教育系统、学校管理、课程设置、教育行政等。在课程设置上，《钦定学堂章程》相当于中国第一部"体育课程标准"。因为这两个"章程"都规定了"体操"，体操就是体育，规定各级学堂都要开设"体操"。并且详细的规定了"体操的内容、课时数、课程宗旨等。"

"体操"科作为体育课的前身，在教学的内容上规定了两类体操，一类就是普通体操，另外一类就是兵式体操。虽然规定了两大类内容，但是有一个大问题，那就是各级各类学堂都学习一样的内容，不分年龄段，更不要谈什么学生特点了。不光内容上一样，教学方法和手段也是没有区分的。但是内容上可以说道就是普通体操，我国普通体操是从日本传入的。普通体操就是指美国的"新体操"，但是在动作上依旧是德国、瑞典的体操渊源，因为当时的军营里比较流行德国式、瑞典式的体操。所谓新体操也只是另外在徒手体操的基础上，增加了一些轻器械，像德国的体操就有器械体操和柔软体操两个部分。柔软体操就是要求全体士兵进行整齐划一的做操，在军营里的只需要有一个下口令的人，就可以完成这种培养集体主义精神和遵守纪律的士兵的任务。体操就是非常的枯燥和呆板的重复一些肢体动作，不大能引起学习者的兴趣，特别是重复的次数过多和练习时间久了，很容易让人产生厌学心理，但是对于练习者的力量和灵敏等身体素质总能起到一定的作用。德国式的体操在器械上主要是单杠、双杠等，这些常见的对于肢体的力量等素质有帮助的体操内容外，还有木马和吊环这种具有训练人的果敢精神的体操项目。像这样的项目如果能够在全国各个级别的学堂都开始安装器械，也是很有难度的。瑞典式体操的内容和德国式的体操还是有些不同的。比如说像柔软体操的训练内容就是在辅以一定的训练器械中，将能够侧重不同身体部位的动作，进行分类，分成若干个教程，这样的训练内容就有了在医疗矫正、注重姿势等方面体现出了特色。当然分解练习的好处就是动作较为简练，但是容易引起局部的疲劳酸疼，同时各个动作之间不能够连贯，所以会出现流畅性不好的停顿，并且动作也是比较呆板的。军事体操无论是瑞典式的还是德国式的，都是能够给士兵带来一定的身体和心理负荷的，比如说德国的双杠或者单杠，它的器械相对来说比较简单，同时对于人的协调、灵敏、力量等都有很好的促进作用。就在现在的学校或者军营中也是能够看到单杠的影子的，这些练习，对于需要保家卫国的士兵而言是非常重要的身体素质。从另一个角度来说，强健的体魄是军人这个天职的客观需要。另外强调整齐划一的体操动作对于培养军人的服从意识是具有非常大的作用的。在当时的军营里，大部分的军人也是通过体操的练习来训练士兵的服从命令，其实这些内容在军营之中没有什么不好。但是将这种训练军人的手段，以训练军人的标准，在学校体育课中开展，目的是为了培养强国强种的预备军人。虽然这些内容在训练正在长身体的学生时，对学生的身体负荷一定也能起到作用，但是原封不动的移到学校体育中的这种身体负荷，绝对不是从为了学生的身体健康出发的，在学校中使得学生遵守纪律，服从指挥，在学生身体上发达其体格，另外体操也很实用，这些都是值得肯定的，但是培养出来的都是符合军人要求的学生，都是以准军人的标准来教学和考核学生的。那么这些对于军人的要求指标放在学生身上，显然是不老合适的。当然这也体现了这一时期所谓军国民思想的基本特点，其教育宗旨就是为了推行"尚武"的军国民主义，其目的就是为了"强国强种"。这些相比以前，以文弱为美的那种风气还是有很多的改观的，这些都是具有积极的意义的。我们不能够全盘的抹杀。但是军国民主义在当时的实际推广情况也是有问题的，兵操是军国民教学的主要内容之一，它不仅仅像体操，同时还有更浓烈的军事特征，所以在当时的各个学校是非常重视的，由于当时学制中规定这是从小学到大学的必修课，所以在全国的如雨后春笋般的快速兴起的各个新式的学堂中的到了大力的推广，课程好推，但是需要有人会教，那个年月，能在学校进行教授这些内容的人还真不多，于是学校就开始聘请那些退伍的士兵进学校，这样的话退伍士兵就可以当体操老师了。这些退伍士兵在教育学、心理学等方面的知识应该不是特别的充分，另外除了兵操之外，关于体育方面的内容也是不甚了解，以至于整个学期都是军事训练，枯燥且单调，并且带有强制性。尤其是退伍军人的综合文化素质也是不怎么高，有些人的品行十分的恶劣，是的学校同仁在与其共事的时候都有所不耻，所以人品又不好、教师更是不专业教学质量又不好，所以体操教师这个职业在中国历史上一登场就差评如潮。

（二）壬子癸丑学制

壬子癸丑学制其实由"壬子学制"和其他的各种校令组合起来的一种学制系统。是壬子学制不完善的一个弥补的结果。当时 1912 年 9 月，中华民国政府颁发了《学校系统令》，这是在中华民国成立以后颁布的第一个学校系统令，也是辛亥革命在 1911 年结束了中国封建专制之后颁布的第一个学校系统令。这个学校系统令在历史上被称之为"壬子学制"。由于壬子学制不是特别的完善，在之后的时间里，原中华民国教育部，又陆陆续续的颁布了一系列的校令，这些校令各种各样、又和壬子学制有区别，所以后边将他们进行了系统性的综合，将其确定为一个被称为"壬子癸丑学制"的新的学制系统。壬子癸丑学制在当时来说是属于进步的，有很多都是体现了创新和发展的地方，比如在壬寅癸卯学制中的学堂，现在统一都改名为学校，这也是中国现在学校这个名称实用的开端。另外相比于壬寅癸卯学制，学制方面时间缩短了三年，在过去代表封建的那些忠君、尊孔、读经、讲经等封建教育内容也进行消除，这种消除体现了当时统治阶级的思想意志。除此之外，还取消了贵胄学堂，所谓的贵胄学堂就是满清政府时期的专门给那些王公贵族开设的学校，这些学校的存在，就对于教育公平方面提出了严峻的挑战。另外壬子癸丑学制中规定了男女受教育的机会是平等的。这也是对于教育公平这一块的一大推进，体现出了资产阶级统治者的科学与民主的一些教育思想。所以整体上而言对于之前的学制思想是呈现出了批判、否定的态度的。但是，在体育这一块，壬子癸丑学制和清朝的壬寅癸卯学制竟然出奇的一致，不仅一致，而且还有所发扬。也就是说，壬子癸丑学制在学校体育上依旧使用"体操"科进行开展体操课，也是尊崇军国民主义思想。很多人都会在这里产生疑问，朝代的更替，基本上就是摧枯拉朽的全盘否定的，为什么会在这里还要继承与发扬呢？其实他们当时能够以这样的态度对待"体操"，原因十分简单，因为他们需要这个，他们需要这个帮助他们成功的取得了推翻了清政府的统治，使得他们此时此刻的革命热情空前高涨到爆棚，他们是军国民主义的既得利益者，所以他们对于军国民主义情有独钟，他们只会去大力的去倡导和传扬，怎么可能自己革自己的命呢？尽管在壬子癸丑学制中，通过一系列的相应的规定，在行政管理、学习年限、教育宗旨、入学资格、课程设置等等对各类各级别的学校都做了相对应的规定，但是，作为军国民教育的重要一环，体育教学的内容还是主要以体操为主，依旧是大小学不作区分，尽管体操作为学校教育中，非常重要的一环，对学生的力量等都有一定促进作用，但是由于受军国民主义思想的影响，他们体育课自然要朝着明确的宗旨出发，在教材和有限的年限里，让学生集中观念学习当士兵的本事。所以说在体育教学的方面，民国初期做的并不比清朝末年好，可以说基本一致。这一方面能看出统治者的思想意图，同时也能看出时局的客观需要。当时需要这种遵纪协同、体格强健的体现军国民主义的兵操教育。证据就是当时上体育课的时间就可以看出来，当时每周能有 3－4 个小时的体育教学课时，这样的训练量，到目前为止，估计大多数的学校都是不可能达到的。足以看得出，现在的体育教学思想和当时是不一样的。当然当时的教学内容不仅仅是兵操，在教学内容上还是有普通体操可以供学生选择的，但是兵操的训练量和训练的课时数要占大多数，那普通体操只能是做旁衬的作用了。所以在军国民体育教学思想的指导下，想要在保健和卫士方面引导学生，还是有很大的困难的，毕竟那边太强势了。在军国民教育思想的肆意盛行，即便是有其他新的体育思想出现，也是无法与之抗衡。

主要原因后以下几个，第一，当时从体育教学这个角度看，我国的体育教学还是处于刚刚起步阶段，当然清朝时期也有骑马射箭等民族传统体育项目，但是，它并不具有普及性和针对性，算不上是实际意义上的体育教学，不能够给后边出现的学校教学作指导。所以满打满算到此时，中国的体育教学在发展了 20 年左右，相对而言还是比较年轻的。第二、当时人们的主要思想是家国天下思想的影响，应当凡事以民族大局为重，人人要有家国情怀，所以在当时时局不稳的情况下，政府的确需要更多的懂得兵式体操，能在基本战术、步兵战斗、射击技术和野外调度等方面有一定素养的士兵或者准士兵，这种情况下，个人的身体状态和国家的生死存亡相比，已经是微不足道了。当然我们说的兵操也好、普通体操也好，都属于技能论的范畴，在军国民的思想指导下，即便是学生的身体素质有所改善，其最初的目的也不是为此。因为在军国民思想的影响下，学生在体育课上需要像士兵一样进行严酷而激烈的军事技能习练，这对于中小学生而言，其实是不适合的，无论是从学生的生理角度还是心理角度出发。可以想象，当时的学生在那些退伍军人的耀武扬威的口令下，要保持长时间的军姿和一丝不苟的完成兵操动作，必须要整齐划一，必须要闻令而动，所以说，对于当时的孩子而言这样的教学也是比较单调和枯燥的。当时的学校对于学生的身体健康没有太多的顾及，强制推行统一的兵操内容，而受到大多数人的支持，原因就是当时国人对于体育课的认识就止于此，认为体育课不能增进学生的上战场的能力还能干什么？难不成体育课能教学生融入社会的能力吗？但是当时的人们的价值取向就反映了当时人们对于体育的认识水平。从晚晴开始，当时的执政者将这种外来的兵操和体操引进到国内，还是那种师夷长技以制夷的思想在支撑，他们希望能够达到"军国民""尚武"的民风。想改掉当时清政府那种步步败退，全民皆弱的局面。这种行为的选择是有一定的合理性的，同时也奠定了体育与民族国家、与爱国主义等核心的思想政治教育内容融合的基础。当然想法是有可取性的话，那么作为就是有局限性的，是一种理性思想支配下的非理性行为。这种实用主义至上的军国民操练，在"体操"的文化内涵和精神趣味方面全部都一无所有。这样的体育课，其实在阻碍学生全面发展的同时，也给体育课程的发展设置了思想壁垒。

举个例子，当时并不是全部学校都开展兵操为主的体育课，当时由于教会学校的快速的增多，那么教会学校里的课程教学内容也引起了人们的关注，人们就发现，教会学校教的体育课不是兵操、不是普通体操，更不是像这些因为体育教师的不足和由退役的军官做成体育教师队伍，使得即便由游戏的课程都无法开展，而教会学校一般不开设体操课，他们进行球类、田径类的活动，还进行体育比赛，这种内容和那些稍息、立正、托抢、举枪不一样，那边的体育课生动的多，活泼的多，不是这么死板和沉闷。在这些教会学校的影响下，学生课下的活动开始变得丰富多彩了，他们在课外进行各种球类的活动，还组织田径了活动，这样的运动项目在学校的开展，使得学校体育的气氛一下就豁然开朗了。这一段时间由于出现了体操课上练习兵操，而学生在课下各种各样的体育运动，形成了学生喜欢体育，但是不喜欢体育课的情况，这种课内课外截然不同的局面以及截然不同的活动内容，人们称之为双轨。这种双规情况的出现，反映出了在课程内容设置上的问题，因为课程内容的规定导致教师有了新的教学内容也无法在体育课上开展，另外也反映出了学生对于兵操内容的态度，他们并不是特别喜欢练习兵操，他们用自己的课下活动在呼吁，他们需要什么样的体育教学内容，在学生厌学的同时，其他体育项目的迅速兴起，这就为兵操的废除和停止奠定了学生基础。

第二节　自然主义时期的体育教学思想

波澜壮阔的五四新文化运动，高举着民主和科学大旗，对于当时由于的政治斗争，闹出了一些乌烟瘴气的丑闻和闹剧，所以人们开始在这种只进行了彻底的政治制度变革的社会，发现并提出了要进行社会文化的深层次的改造，从这一点上看，中国人就逐步的觉醒了。五四新文化运动，是在国外的大量的思想进入到国内，在近代中国知识分子的活跃兴中之中，进行了一系列的对我们中国具有启发性的思想启蒙运动，所以说五四运动是一场伟大的思想启蒙运动。原来的照搬日本的学制的情况，在受到了美国的实用主义的教育思想和自然主义思想的影响，中国教育体制也开始转向模仿美国的教育体制中的个性发展、平民教育和适应社会等。直到 1922 年，民国政府在外来思想的影响和内在社会舆论的双重影响下，开始实行新学制，历史上称这个学制叫做壬戌学制。这个学制和之前的学制有有了很大的变化。特别是在学校体育方面。壬戌学制直接废除了那个持续了 20 年的体育课主要习练内容"兵操"。将"体操"的名字也改变为"体育"，从字面上看，就是由原来的"操"朝着"育"开始进行转变。在教学内容方面，"兵操"被田径、球类等在体育教学中进行了替代性的变更。这一变革是十分重要的，但是直到新中国的成立，在学制方面，尽管民国政府 1928 年也颁布了戊辰学制，但是在实际内容方面并没有什么变化，以至于这一段可以称之为同一时期，历史上称之为"自然主义时期"，自然主义时期的意义就是在自然主义体育的思想下，指导体育教学工作的时期。直到 1949 年自然主义体育思想在中国主导了 27 年之久。自然主义体育思想并不是自然而然，什么都不管，而相反，自然主义体育思想是十分重视和崇尚竞技教学的。可以说自然主义体育思想是技能论的典型代表，自然主义体育思想其实并不是起源于美国，而是起源于欧洲，自然主义体育思想的原型是自然主义教育思想，卢梭和斐斯泰洛奇等是其代表人物。最早的开展自然体育的是在德国，1774 年巴泽多在自己所开设的博爱学校里进行了开展，经过古兹牟茨、施皮斯、高尔霍费尔等人一系列的不断丰富发展，在欧洲和美洲，自然主义开始产生了它独特的思想魅力。美国 20 世纪初的时候，原来的体育运动思想也受到了伍德、威廉姆斯和赫斯林顿等代表人物提出的想法的冲击，使得美国也掀起了一次的新体育革命，所谓的新体育也是反对原来的德国式体操和瑞典式体操的教学内容。他们提出的观念就是要在体育教学中强调体育教学活动的科学性和教育价值。自然体育教学思想的认为教学的内容是应该以竞技运动项目为主，而且体育教育的目的也不是仅仅为了健身，而是应该包括健身在内的使得学生的全面发展。这里就包括人的身体健康、人格的不断完善、心理和精神的意志品质等。这种思想是有十分全面性的，但是相对于体育这样一个单纯的课程而言，相对还是由很多的局限性的。但是在当时的美国为核心的影响下，这套起源于欧洲的自然主义体育思想，在经历了一百多年的演变和发展后，形成了一套较为完整的理论思想体系和实施方案、方法和手段等这一套思想和实践在当时以美国为核心的资本主义国家的宣扬下，在世界范围内进行了广泛的传播和扎根。自然主义体育教学思想相对于之前的以体操为主的教育思想都属于技能论的代表，但是又有一些区别，主要区别在于在培养学生的角度看，的确是要更加在于学生的身体和参与兴趣，另外在教学内容上也由于拜托了只能强身的思想，在课上融入了培养学生运动技能、培养学生的一些心理素养等方面的内容。在对于实现学生全面发展这个方向的确更近了一步。由于自然体育思想的一些合理性帮助它在世界范围内的影响也是比较深远的。在我国开展的自然主义体育指导思想就是以原来欧洲的自然主义体育思想为框架，以美国式自然体育的教育思想为范本，由欧洲自然主义结合美国实用主义思想，形成了一套相对比较完整的符合社会学、解剖学、人体动机学、生理学、心理学、教育学等科学理论的教育思想体系。该体系主要是承认以儿童为体育教学的中心，这是自然主义教育理念十分强调的，但是并不是说在课上学生想干什么就干什么，这里强调以儿童为中心，指的是围绕儿童的全面发展为中心去施展手段，在体育教学的内容、方法和手段上要适应儿童的兴趣，另外强调教学内容和教学的方法手段能够有效的解决学生当前的生活需要，不再强调为了为了培养在未来的某一个时间段随时上战场的准士兵，更不是为了迎合学生未来的需要，因为社会中在发展在不断的进步，有些在体育教学中的内容很容易在社会的发展中被淘汰下来。所以不如直接的将一些能够培养学"个性发展"的适应能力，有机的融合一些所谓的美国式的民主和自由的一些思想，用一些游戏化的体育教学内容，自然化的体育教学环境，体育教学理念的教育化，强调体育教学的科学化和教学环节中的个性化，以落实以儿童为中心，使得学生通过体育教学实践，让学生的个性得到充分发展、体育技能得到充分的提高，培养学生的全面发展。另外自然主义体育思想其中一条是承认体育其实是教育的一个环节，这是体育的本质，所以体育的目的应该是教育人，培养人，应该是文化和教育的一种形式。所以自然主义体育思想是反对功利主义的单纯强调人对于将来社会的劳动价值以及在保家卫国中强壮体质的积极作用。应当直面体育对于人的身体健康和全面发展的促进作用。自然主义体育思想强调体育是人类的一些生活习惯和生活经验，所以说体育就是生活，体育教学的内容离不开源自于生活的内容，生活中也少不了体育教学内容中的所教授的一些经验和习惯的内容。所以说体育教学应当是从丰富学生的生活的角度出发，从而改善学生的生活，娱乐学生的日常。所以体育是生活中不可或缺的一部分。也由于这个角度的原因，自然主义体育思想强调一些生活中的非人为的自然活动，他们在否定人为的同时，确并不是消极的任凭学生自己自然成长，而是应当利用那些能够激发学生本性的反应的一些内容，融入到一些可以利用或者去尽力模仿自然中的各种活动作为体育教学的情境，以促进学生从身体到心理的全方面的提高。如果说跑和跳是人类是人类自然的一些活动方式的化，自然主义所反对的所谓的"非自然主义"体操，就成了在教学内容中所反对的一部分，其实完全的否定体操等人为设计出的体育教学内容是太过于绝对化，和不利于体育的教学内容开发和体育的多元化发展的。对于体育的发展是有一定的阻碍作用的。另外在抢到以学生为中心的教学过程中，过分的强调让学生自己去体会和学习，忽略了教师的主观能动性，只是让教师在一旁单纯的引导，很多实用的前人总结出来的经验，并不能通过课堂的形式达到有效传播，减弱的文化传承的实际效果，其实对于学生的学习并不是促进，相反有故意不让学生发展之嫌疑。所以这种能够体现美国式的价值观的、刻意的融入美国定义的狭隘的自由和民主理念的自然主义体育思想，具有先天的一种纸老虎式的缺陷。

对于当时不假思索就全盘接收的民国而言，很快就引起了水土不服，使得美国式自然主义思想的弊病暴露无遗。首先中国是一个文明型的国家，中国的传统和深厚的文化不可能被一种新思想就吹灭的，这就要求这种外来的新型思想要和中国的固有的传统、特有的文化以及中国的实际情况相结合，并且经过社会基层人民的实践和感受才能有可能出现效果，所以当时的照搬，在中国的实践，导致的自然体育思想直接走样。这其实一方面体现的是外来文化的缺陷的客观性，一方面是展示了中华文明的独特性和美国狭隘思想的非普适性。当时美国自然主义学派的威廉姆斯，他是一位美国美国自然主义学派主要创始人之一，很多中国的留学生去到美国就是跟他学习，像20世纪20年代的中国留学生吴蕴瑞、袁敦礼等，这些人当时去了美国就是专门学习体育的，回国之后报效祖国，在体育领域大胆的著书立说，教授学生，很快他们就推动了自然主义体育在我国的传播，他们在自然主义体育传播和定型中起到作用使得他们很快成为了该领域的国内佼佼者。

在我国的自然主义体育教学相对于之前学习兵操这种枯燥和呆板的体育教学是有一定的进步性的，它使得体育教学的强制性减弱，而促进了体育内容的多元化发展。但是在自然主义体育思想的指导下，由于学生都有成为中心，教师主要在一旁执导，使得教师的作用几乎可以忽略了，在那种情况下，出现的和双规现象类似的"放羊"式教学。放羊这个词，在中国其实不是褒义词，在历史上留下的这个印象，可想而知当时体育教学的实际情况，应该式学生就像在草原上的羊群，自由、散漫，一会儿在这边，一会儿又去了那边，教学的课堂纪律性和原来强调呆板体操练习形成了强烈的对比，这种情况的出现一方面就是外来的自然主义体育思想的不足比较明显，另外就是体育教师的理解和执行上的偏差，体育教师为了养家糊口一般不会故意的放纵学生不好好上课，因为之前体操课的时候老师也在态度上是很认真的，所以能够造成"放羊"课的出现，一方面自然主要教育理念容易引起这方面的倾向，需要在教师引导的前提下，增加教师在教学管理的强调和课堂控制，另外民国政府的教育宗旨和理念其实并不在意什么自然主义体育教学思想，他们更多的是要照搬美国的体育学制，和全面发展学生的教育目标是有大的出入的，在体育教学的实际开展中尽管教育部颁布了新学制，但是课堂上并没有真落实，可见民国政府在对待自然主义体育教学思想的照搬和贯彻上还是有矛盾的。但是这也是一种典型的"中体西用"的代表。在中国的"自由主义体育"也就变成一个具有中国特色的杂糅文化。

（一）壬戌学制

壬戌学制的出现是以第一次世界大战为历史背景，这一段时间中国国内的发展起了一大批的近代工业的民族资产阶级，他们在第一次世界大战之后，想要得到在政治和经济方面得到进一步大发展的有利条件，另外在教育和人才方面，他们的经济领域扩张也需要有知识和相关技能的劳动力和具有相关技术的工作人员给予补充。这样的历史背景就会导致，有需求的民族资本主义阶级将会想尽一切办法推进自己的诉求。除此之外，第一次世界大战的战败国是德国、奥匈帝国、奥斯曼帝国和保加利亚组成的同盟国，而德国是军国民教育思想的倡导和发源国，在这种情况下，中国国人对于军国民教育思想的看法就开始发生变化。另外以英国、法国、俄罗斯帝国、意大利、美国为首的协约国是世界第一次大战的战胜国，此时美国的新文化运动以及其实用主义思想正在推广的如火如荼，所以军国民思想伴随着兵操的废除也开始不可避免的颓废下去。而作为知识精英们痛批的对象兵操退出教育舞台的同时也需要有一套较为进步的思想来接班，在这种背景下，1920 年 10 月，在江苏，北洋政府的全国教育会联合会召开了第六次代表大会，当然这些代表主要是资产阶级教育家，在这一次大会上，将改革学制系统案提了出来。1921 年 10 月，在广州召开了北洋政府全国教育会联合会，征询各省区的教育会和各高等教育机关对于通过的《学制系统草案》的意见。1922 年 9 月，在北洋政府召开的学制会议上，再一次修订了《学制系统草案》，1922 年 10 月，关于《学制系统草案》进行了大会讨论，该大会就是在济南召开的全国教育会联合会第八次代表大会。

最后，于 1922 年 11 月 1 日以大总统令公布了《学校系统改革案》。历史上称《学校系统改革案》为"壬戌学制"。"壬戌学制"为区别于壬子癸丑学制，又称新学制。此改革案由全国教育会联合会提出。1922 年制定的新学制，主要是采取当时美国一些州已经实行了 10 多年的六三三制，所以说"1922 年学制"，"壬戌学制"，"新学制""六三三学制"指的是同一个学制。壬戌学制的主要特点有：缩短小学修业年限，延长中学修业年限。若干措施注意根据地方实际需要，不作硬性规定。重视学生的职业训练和补习教育。课程和教材内容侧重实用。实行选科制和分科教育，兼顾学生升学和就业两种准备。新学制中还提出七项标准：适应社会之需要；发挥平民教育精神；谋个性之发展；注意国民经济力；注意生活教育；使教育易于普及；多留各地方伸缩余地。在体育方面也有许多的变化，学校的体操科正式的改名为体育科，在课程的学分设置上，新学制规定了小学的总课时中 10% 的都要是体育课，在初中体育上规定，每周要进行 2 学时的体育课，每周 1 学分。其中特别提出了要有 4 学分的生理学知识。在高中体育中规定，体育学分为 10 分，在教学内容上也进一步扩充，出了生理学知识之外，还要学习卫生知识，另外在完全废除兵式体操之外，在教学内容上增加以游戏、球类、田径、体操等为主要教学内容。在教学模式上，开始规定一堂体育课要按照准备运动、主运动和整理运动三个模块来进行课程的教授，这样的课程模式更加的符合体育教学的客观规律和学生身体活动的机能规律，在教学效果上也就更加有效果了。这种三分法被称为"三段式教学法"，目前很多的体育教学按照开始部分、准备部分和基本部分和结束部分的四分法，就是从三段式教学法的基础上进行的展开。甚至有些课堂的实际教学中到目前为止还在实用三段式进行。足以见得这种教学模式的科学性和实用性。深受广大体育教师的追捧。1922年壬戌学制在体育方面，废除了兵式体操，增加了较为学生喜爱的球类和田径运动，如此一来当初的"双轨"情况等到的消除性的控制，另外在在原来学习日本的情况改变为去模仿美国。在教育史上对于此次学制改革的评价史非常的高的，之所以出现这样的情况，并不见得该学制的原创性有多少创举，而是在全国学制改革的过程中，进行自下而上，让民间的知识分子在学制改革中扮演了重要的角色，这种经过中国教育的长期的实践总结，再加上大家的集思广益，势必新学制会与当时的中国国情相对切合一些，所以新学制的颁布和实施，也标志着中国近代以来的资产机制教育制度下的学制体系基本完成。这次学制中关于体育的改革方面更是如此，可以说完成了我国学校体育历史上关键变革。

（二）戊辰学制

戊辰学制是在1922年的新学制的基础上进行的修改，1928年5月，国民政府在南京召开的第一次的全国教育会议开始启动修定程序，与1922年新学制相比，1928年戊辰学制可以说是萧规曹随，并没有什么创举。这一问题的出现说明了中华民国学制在1922年新学制颁行时已基本定型，甚至接下来民国政府相继颁布的一些组织法和抗战时期的学制系统，也是按照"六三三四"的学制大框架下进行的。只是在局部的具体实施上做了一些调整和变通。由于在1937年前，国内的局势相对比较和平，所以在国内颁布了一系列的法律法规和课程标准之后，在学校体育和体育教学方面上都有很大的积极的促进作用，另外在学校内的体育活动开展上继承之前新学制带来的后续福利，使得学校的体育活动十分的活跃，可以说是达到了民国以来，甚至在清政府引进了"体操"以来，达到了学校体育发展的最高峰了。这个时期的体育教学模式相对比较定型，学校体育的整体在正规上运作，基本运转流畅。从法令上而言，这一段时期民国政府颁布了《国民体育法》《国民体育实施方案》。这些法律法规都是全国性的法律法规。民国政府颁布的《国民体育法》也是民国的第一部体育法，是一部国家级别的政策性纲领性的体育法令。这部体育法令详细的制定了一些列的国家体育政策。《国民体育法》在内容上涉及的内容非常多，所以波及面也非常广。《国民体育法》以法令的形式明确了学校教育目标中关于学校体育和军事体育课程的地位。《国民体育实施方案》也是有当时的一些体育专家和学者在一起共同起草的，其中就有郝更生、袁敦礼、吴蕴瑞等，《国民体育实施方案》提出了一些具体的发展国民体育的措施和办法，，同时对于像当时如何贯彻和实施《国民体育法》等问题，提出了很多直观的针对性强的解决实施方案。另外在其涉及的很多的问题方面也都起到了积极的促进作用。当时的知道中国体育的指导思想主要是自然主义体育思想，自然体育的主要思想和当时的《国民体育法》是并不一致的，比如在《民国体育法》明确规定了体育要和军事同时奉行，对于体育的定位也是应具有健康、体力以及抵抗力。也就是说体育要给予军事的抵抗力方面进行教学，并且还要在能力上让学生有所提高。可以看出这时候的体育的目的，或者说增强学生的目的并不是真的要以增进学生的身体，而是为了保家卫国，要有抵抗力。这是由于当时历史的阶段决定的。但是的确也是和自然主义体育的思想向矛盾的。体育固然是有增强学生体育的效果，但是主要还是应该落在体育上，不能只有体，增强体力和促进学生的身体健康发展并不是体育教学的本质追求，这是自然主义体育所不只支持的。增进学生的体力和健康应当是体育教学的附属品，是体育教育的附属品。关于抵抗力，更是无法评价和考核的体育教学目标。即便是用法律规定了，在具体的贯彻和落实上也是有问题的，除非在战场上进行考核，抵抗力方面是否有所增进。其实国人从清末开始引进"体操"开始，就是本着师夷长技以制夷的实用功利主义思想而引进的，人们对于体育的价值期许就是为了打仗的时候的用，只是用实用的角度看健身。学以致用是无可厚非的，但是过分的强调这一块，对于体育文化、体育本质、体育教学内涵等方面的关注确始终得不到重视，幸好在体育教学中融入了关于中国特有的传统养生理论和中国武术为代表的中国传统体育文化，使得体育教学中包含了文化的一些氛围。有学者人为体育中一旦融入了中国武术这种本土的体育文化，体育就变味了，其实这是一种文化不自信的表现，在世界体育大家庭之中，中国体育文化也是灿烂夺目的，甚至可以用辉煌来形容，在体育教学中为什么不能融入中国武术文化呢？在《国民体育实施方案》中就提出了提倡侠义勇敢，并将中国武术定位正式的教学内容。从这里开始也做出了体育文化中国化的第一步，这样就可以在同一个平台上将中国体育文化和外来体育文化进行交流和促进，而盲目的瞧不上"土体育"，一致的崇洋媚外，只会让中国传统的优秀体育文化在外来体育文化的冲击下，越来越淡。这种实用理性的"中体西用"在当前还是有一定的实用意义，作为一名体育教师要非常明确民族传统文化是一个民族的底色，永远不可以改变和消除。这也是中国历来的文化传统。尽管当时增加中国武术这样的具有代表性的中国传统体育文化，但是在教学内容、教学模式、教学理念等方面主要还是模仿学习，从清场末年开始先学习日本的模式，后来学习美国的体育模式，再到后来的自然主义体育理念，可以说整个过程就是一致的，没有走出一条符合中国实际具有中国特色的体育教学的体系出来。在指导思想是先是军国民体育思想，这一成就了北洋国民政府的思想，后来又变成了源自于欧洲的自然主义体育思想。这两个指导思想的本质和内涵是有很大的区别的，但是毫无例外的都属于技能论的范畴领域。所以技能论是从清末开始出现体育开始到民国结束这一段时期的主要指导思想。当然并不是说这一时期没有"体质论"的支持者，比如中国传统文化中的优秀体育文化，中国武术，就是在原来技击的基础上将经历了历史洗涤的传统养生保健思想提出，与之抗衡，形成了技能论和体质论的对立局面，这从立法中规定国术是体育的教学内容就可以看出，当时的体育思想还是非常活跃的。人们在这一时期经常将自然主义体育思想所提倡的体育教学内容叫做"洋体育"，另外称本土的，以中国优秀传统体育文化中国武术为代表的教学内容叫做"土体育"。在体育教学而言，无论是洋体育还是土体育都是一样的，都没有什么高低贵贱之分，从用词上就可以看出，只是一些崇洋媚外的人借着对外来体育的一知半解，盲目的打压和稀释中国民族体育文化。在体育领域看这场争议就是20世纪有名的"土洋之争"。土洋之争背后所代表就是技能论和体质论的对抗的显化。"洋体育"就是搞竞技，并不是为了健身，有点向我们现在常说的竞技体育的范畴，但是也没有达到我国当前的竞技体育的训练手段的高度。这样的竞技体育是可以增加人们的关注度和娱乐性，但是对于参与者而言，从健身的角度出发，好处没有，还容易出现损伤，这个用我们当前的眼光看，的确是有问题的，是不适合在学校体育中大规模的开展的。而"土体育"的代表武术，出了降低了技击的危险性之外，在技能创新的基础上，还融合中国传统养生文化，可以说将体育文化、体育技能都体现了，而且用自然主义体育思想看中国武术也是可以进行比赛的，在这种前提下，没有必要刻意的打压中国武术的发展。说中国武术是只有表演和健身功能的"特殊体操"更是对于中国武术文化的污蔑，武术就是武术，没有特殊不特殊。在这用对中国传统文化极度不自信的情况下，中国武术和西方体育进行对立是情理之中的事情了。

第三节　新中国成立的后的体育教育思想

1949年，毛主席在北京天安门城楼上向全世界宣告，中华人民共和国中央人们政府成立了，中国人民从此站起来了。从新中国建立初期，开始，在体育方面就发生翻天覆地的变化。首先从指导思想，国内的学习对象就改为全面学习苏联模式，当时苏联是我们学习的榜样，这一段时期是20世纪50年代初至70年代末，主要分为两个阶段，一个是以俄为师阶段，另一个就是以军代体阶段。由于苏联模式也是以技能教学培养为主，所以这一时期技能论也是依旧占上风。当时在《新民主主义的国民体育》第一次提出了新民主主义体育思想，新民主主义体育的主要特征是体育应当是民族的、科学的、大众的。新的体育方针就是新民主主义的。反对脱离实际脱离人民的思想和办法。所以在指导思想是第一次出现了以人民为核心的指导思想。由于现中国成立之初，但是的时局还不是特别稳定，所以在新体育的目标上提出：要为了增进国民的健康，要为了发展新中国的建设，要巩固新中国的国防。这些目标都是非常实事求是，符合当时的基本国情的。出了提出了新民主主义的思想，同时开始在国内进行系统有效的"旧体育"进行了一系列的新民主主义改造，主要改造的结果就是在学校体育方面要按照教育方针办，按照既定的体育教学目标确定，在体育教学内容上也开始朝着全面、多样化，教学内容单调和注重锦标等弊病开始得到了逐步的改善。在指导性文件方面，也将课程标准按照苏联的模式调整为教学大纲，体育教学大纲是体育教学的纲领性文件，从1956年开始，一直到2000年，中华人民共和国教育部先后颁布了七个体育教学大纲，但是只有一个过渡性的课程标准，新中国成立后很长一段时间，国内主要是按照教育部颁布的体育教学大纲来指导具体的体育教学实践的，在很长一段时间内，也没有专门的体育教科书。可见体育教学大纲是非常的细致和庞杂的，教学大纲直接指导体育教科书的编写指导。体育教学大纲一般都是由说明、大纲和附件三个部分组成的，中间的大纲文本是大纲的主要内容，附件部分会提供体育课成绩评分表、各年级的运动能力标准参照、体育器材设置设备的目录、还有身体素质以及运动技能考核项目。在说明部分包括体育教学的目的和任务，体育教学的内容方面的，确定内容的原则、内容的分类、各年级的体育教学内容的比重，还有关于体育课成绩的考核方式等。而最主要主体部分就是教学大纲大纲文本部分，这一部分详细的记录了更年级的教学目标、各种教材的处理和教学要求、教学内容的广度和深度，还有教学内容的范围，以及考核的项目内容。其实当有了大纲之后，很多时候不需要具体的教科书，教师可以在规定的范围内自由度更高的选择教学内容，然后进行有针对性的教学开展。

一、以俄为师时期

以俄为师的时期是新中国成立之后，开始全面向苏联学习一个时期，这个时期很多人开始提出，学习苏联和学习之前美国自然主义体育教育模式是一样的，都是换汤不换药的拿来主义。其实这样的否定是有问题的，有的时候换汤就是换药了。这里主要说的是体育无国界，但是练习体育的人是有国界的，中国人从新中国成立开始，走的就是社会主义道路，这是和之前的资产阶级所崇尚的所谓美国的自然主义体育思想是有本质的区别的，可能是同样的体育技能，但是目的是为了最广大的中国人民，而不是为了占少数的资产阶级。所以理所当然的要唾弃美国模式下的自然主义体育思想。从体育教学的本质上看，苏联的体育教学也是崇尚技能论的。从1952年下半年开始，全国统一的教学改革开始推行，全国的大中小学的教学工作都要全面性苏联学习。全面开始实行新的教学计划和教学大纲。学习苏联模式其实就是将其管理模式、教育理论、教学方法和手段、教材、教学大纲和计划等进行全面的学习。在这种情况下，新中国的体育教学理论体系开始逐步的建立了起来，建立新中国的体育教学理论体系是依据苏联的体育理论体系建立的，而苏联的体育理论体系是以马克思恩格斯列宁主义的思想为哲学思想基础建立的。从自然科学的角度出发苏联的体育理论体系也是以巴甫洛夫的学说和教育学原理作为基础的。所以说新中国的体育教学理论体系的总体特征是以马克思列宁主义为思想基础。以巴甫洛夫学说为自然科学基础，并依据教育学原理来指导。具体表现为：第一，从阶级性、工具性方面来界定体育的社会性质和社会职能；第二强调体育的国家性、统一性和人民性；第三，突出了体育和其他社会现象的不同之处就是发展人的体质，并确定体育是进行共产主义教育的手段；第四，重视教学过程以及运动技能技巧传授。苏联体育模式突出政治主导地位，也注重运动技能的培养，这对中国体育产生了不可估量的影响，在很长一段时期内，国内学育领域都是注重技术传习的。

在我国建立起来的《劳卫制》是我国学习苏联的体育经验的一个重要的内容。劳卫制的全称叫《"准备劳动与卫国"体育制度暂行条例》，简称劳卫制，劳卫制是一种为了提高全国各民族青少年的身体力量素质、耐力素质、速度素质等基本素质，促进广大青少年积极的参与体育运动为目的的，以奥运会的竞技项目为主要练习内容，以年龄进行分组，并且分达标标准等级进行考评测试的一项根本体育制度，劳卫制是在 1954 年 5 月 4 日由中华人民共和国国家体委正式颁布的。劳卫制分为劳卫制预备级、劳卫制第一级和劳卫制第二级总共 3 各级别，这是根据当时我国的实际发展情况以及对于项目的技术等的实际情况来进行划分的。其内容涵盖了力量、耐力、灵敏、速度等多种身体素质。足以看出劳卫制的实际作用。在我国劳卫制推广过程中，以学校为重点，除了小学阶段，因为师资原因、学生的年龄过小、医务监督等条件的不足等原因没有开展之外，全国的各种符合条件的学校都开始准备进行推行劳卫制，但是也不是一下子铺开的，而是有计划有步骤的进行的，先选择一些条件相对比较好的学校进行重点实行，然后再进行推广。首先推行的是劳动与卫国'体育制度的预备级。预备级和一级是相对来说比较容易达标和通过的。而二级就比较难了，通过的人数不多。如果能够过了二级，那就是说已经运动员标准了，所以这个标准如果没有经历严格的训练和指导的化，还是有很大的难度的。在训练和检测的内容上，像田径、举重等项目对于学生的身体力量、速度等各方面的身体素质发展都是能够提供比较全面的锻炼的。后来劳卫制就废除了，主要原因就是当时国内外发生的实际情况导致的，国内发生了三年自然灾害，国外中苏交恶，总而言之从那时起，国家实行休养生息政策，在学校里的体育活动也减少或者直接停止了。在 1964 年国家开始推行"国家体育锻炼标准"标志着劳卫制的彻底废除。从1949年早1964年的二十多年之间，学校体育中主要推行的以技能为主导的技能论，崇尚体育技能达标，这是对于技能论的继续。但是在劳卫制的推行过程中，将中国民族传统体育武术项目并没有融入到教材内容中去，这对于中国武术的发展和中华民族传统体育文化的展示有所欠缺，另外简单的照搬学习苏联模式还是有一定的不适合中国的实际国情的，在实行劳卫制的过程中，使得人们发现，要结合自己国家的实际情况开展相适应的体育教学措施。自爱1956年2月公布了以劳卫制为基础的《一般高等学校体育教学大纲》，这个大纲明确的规定了高等教育学习要培养德智体全面发展的高级建设人才。作为高级人才在体育方面也是有了特殊的高级要求，要求提高学生的运动技术，一般要达到劳卫制二级水平，劳卫制的二级是很难的，基本上都是运动员水平了，所以当时从技能要求上是非常高的，也是非常重视的。大纲包括的8各理论部分和体操、球类、田径、游泳、举重、旱冰等实践部分的内容。所以当时还是技能论占主导。在1961年教育部编制了《高等学校普通体育课教材纲要》和教学参考书。这个大纲是在苏联的教学大纲模型的基础上增加了明显的中国特色。这是中苏断交之后的国人首次编制体育教学大纲。1961年的体育教学大纲，和1956年的体育教学大纲相比较而言的话，首先将中国武术融入到了体育教材之中，这是将中国民族传统体育文化纳入到大纲之后，体现中国特色的一部分，除此之外，其实在指导思想、教学目标等也都体现了中国特色的思想理念。第二增加了体育基础知识和卫生保健的知识，这一方面的增加，体现了以学生的身体健康为根本的转变。另外在体育教学大纲中第一次明确提出了增强体质的概念作为体育教学的指导原则，也第一次对增强体质进行解释，促进身体的正常发育、促进身体技能、身体基本活动能力和身体素质的全面发展。增强身体对自然环境的适应能力。这些增强体质的观点是有历史局限性的，所以从现在看来，当时的增强体质只是说增强身体的素质，心理方面的各种因素还是没有考虑到。既然提出了增强体质，那么技能论支持的运动技能学习也开始提出了自己的看法，是不是要弱化技能，降低技术难度系数？在1961年"增强体质"的理念首次在中学体育教学大纲中提出来，这时候就引发了体育教育工作者对于体育教学的目标、目的、任务等的大讨论，因为"增强体质"的目的同当时正在大行其道的占有主要地位的注重体育运动技能的教学的思想发生了很大的冲突。这一次大讨论可以说是旷日持久，一下子就进行了好几个月，1961年那场讨论的主战场是在《文汇报》和《体育报》上，主要论点就是在体育教学中学生是要强度掌握体育运动知识与技能还是要强调发展学生的身体素质。这一次的大讨论是有胜利成果的，"技能论"的这一方大获全胜，主要原因是当时学校体育教学在实践中比较注重体育基本技能的传授与培养，这也是主要在学校体育教学模式上受到前苏联的影响比较大，而"体质论"的论点在此次的大讨论中并没有占上风。但是这场两个阵营的争论并没有结束，时间到了20世纪80年代初的时候，就关于这个"体质论"和"技能论"，在学校体育工作的核心问题，再一次的展开了新一轮的大讨论。经过了这一次大纲的颁布，可以说，学校体育工作在经历了调整和恢复的阶段之后，基本上又逐步的回到了正规上了，在教学质量方面，也开始进行科学大讨论、开始进行体育教学研究、更开始以公开教学交流等形式开始教学经验的互动和经验学习。学校的学生在体育课上，因为体育技术的习练增加了身体负荷，从而提高了自己的身体的各项素质，这是一个可以说非常不错的局面，一切都进入到了一个非常良性的循环过程中去了。

二、以军代体时期

这是一个非常时期，学校的体育课改命为军体课，但还存在于学校课程的序列中。而且，注重运动技能发展的倾向依然没有大的改变。1966 年，因文革，大多数的学校中的体育教学活动基本上就被取消了，从 1967 年 2 月开始分期分批的进行军政训练。毛主席非常的重视和关心学校的体育的工作，在多次的有关学校教育工作的讲话，和相关的指示中多次强调了体育。在学校开展军训工作的同时，各级各类学校也就同时开设课体育课，在体育课的命名方面改为：军体课。我们从军体课的名字上而言，就可以看出体育课的内容方面增加了军事教学内容，在这种情况下教学内容里开始出现了学习解放军的常规、队列、投弹、刺杀等。很多学者人为这个和想当初在开始实行兵操的情景施一样的。还说由于师资和场地成了影响教学开展的一大阻力因素，另外还要从其他学科聘请兼职教师和当地的复原军人前来代课。这和 20 世纪初的军人执教的情景一样吗？我们认为还是有区别的。最主要的区别不是在于教学内容和教师的相似就说体育教学过程和效果的一致性。因为从教学的角度上将，除了包含学校教师的教，还有更重要的一部分是学生的学。学生学在之前的军国民的思想指导时期，那就是自上而下的推行，目的是为了让学生变成准士兵，随时上战场。而这时的上课，是学生自主自愿的发动的，他们无惧军事操练的枯燥，而且乐在其中，他们心中有信仰，他们要学习人民子弟兵，愿意成为一名人民子弟兵，最好的解释就是老师不够了，需要其他学科的老师来兼职，需要再次外聘队伍军人来助教了，而且各级各类学校都在热情高涨的学习。这在之前的兵操时期，学生的学这个角度上来说，任何一个阶段都是无法与之比拟的。到了 1970 年，学校恢复正常教学，军体课就这样正式的代表着体育课排进了课程表，在教学内容上除了有军事的内容之外，还有田径、球类等其他原来学校里体育课上开设的体育教学内容，这样的在内容上就也不是单一的军国民兵操可以比拟的，另外在教师和教学场地不足的情况是客观存在的，但是据老一辈的亲身参与学习的学生口中得知，但是尽管面对种种困难，但是学生学习的热情依然高涨依旧，各种困难都在学生的主观能动性的参与下，得到了一些克服，同时，在体育教学过程中进行体育技术的传习也得到了很好保持。这也体现出此时的体育教学也是以技能论为主导的。从一九五零年到一九七六年这二十多年来，可以说都是技能论主导的，体质论虽然在1961年首次提出了增强体质的导向之后，引起了一段大讨论，最终还是以技能论为获胜方，结果就是增强体质的导向并没能实际的贯彻落实。但是技能论并不是一致的稳坐优势地位的，在接下来的体质论将会逐渐升温，压过技能论的一些风头，当然技能论并不是消失，而是屈居次要位置。

三、增强体质时期

增强体质就是体质论不断的确立起了主导地位，同时技能论相对得到压缩的一个过程，这个过程不是一蹴而就的，而是经历了一个漫长的过程。从1978年，中共十一届三中全会开始，中国开始正式的进入到了震惊世界的改革开放阶段，从1977的恢复高考，再加上国家对于教育上各种有效的改革举措，学校体育也进入到了一个快速发展的轨道上了。首先将军体课更名为体育课。另在在逐步恢复体育正常的教学秩序的同时，20世纪八十年代到九十年代末，增强体质为指导思想的体质论压倒了技能论走上了学校体育指导思想的主导地位。这不再像之前的只是提一下，而是开始切实的开始执行。在1978年，在中学体育教学大纲中，提出了为了淡化竞技体育运动的影响，提出要增强体质，提出要在教材编写时打破以竞赛项目为中心。一直到了1992年的教学大纲出来，这期间可以说体质论的主导地位越来越巩固。在这个过程中逐渐的减少了一些不太适合体育教学中开展的项目动作内容，比如说一些技术难度系数大，但是在健身效果方面比较少的的竞技项目就不可避免的被删除掉了。一直到20世纪的九十年代末，以健康第一为指导思想的体育教学指导思想，直接将体质论的的主导地位推向高峰。这时候技能论的影响面进一步的得到应有的压缩。这些都是从中国共产党十一届三中全会，中国中央解放思想，改革开放的结果。

1. 1978年教学大纲

1977年的恢复高考，可以说时中国教育史上的一个重大转折点，从此各项学校教育工作蓬勃发展，尤其是改革开放思想的深入人心，中国教育也进行了如火如荼的改革行动。为了打开之前很长一段时间中国与各国教育界的相对交流不怎么密切的局面，和完成首要的教学大纲及其配套教材的任务，于是1977年8月开始，教育部开始从日本、法国、德国、美国、英国等国家，引进他们各个国家的各科各类教材2200多册，用以和我国的教育实际进行交流，当然这些教材中就有中小学的体育教材。这一方式避免了我们国家闭门造车的可能性，同时也给我们成功的走出具有自己特色的体育教学道路提供了信心。

教育部颁发《十年制小学体育教学大纲》和《十年制中学体育教学大纲》（试行草案）在1978年3月成功颁布。两个大纲的颁布奠定了"增强体质"体质论的强势地位，也意味着我国体育教学受到苏联的影响越来越小。越来越小的意思是指的还有，并不是不存在了。比如在1961年编写的中学体育教学大纲，当时就是以"增强体质"为目的的。实际教学教材的编写方面还是依照苏联的体育教学大纲进行的。也就是说体育教材所指导的体育教学实践，也依旧是以技能论为主导的技能教学为主。而1978年的教学大纲延续的是育人目标，这个一个方向性的指标，该指标将为回答培养什么人、怎样培养人、为谁培养人这一根本问题提供关键的方向性的指引。这就像黑夜中的灯塔，没有了它就没有了方向，所以这个育人目标的延续代表着我们国家的道路自信。在大纲中明确提出，我们国家在体育教学中要培养德智体全面发展的社会主义建设者和保卫者。除此之外大纲还延续了体育教学的三项基本任务，这三项基本任务是指的第一个就是在体育教学中要对学生进行思想品德教育。在体育教学中进行必要的思想政治教育是客观的需要，同时体育教学中进行思想政治教育就像体育课变成军体课一样，很自然，所以体育教学应当肩负起这个在体育课堂上进行思想政治教育的任务。这也是从另一个侧面说明了的体育教学在德这个方面的重要作用，不然怎么会将思想政治教育这么重要的任务交给体育教学呢？体育教学的第二项任务就是使学生掌握体育基础知识、基本技术和基本技能，这一要求就将从学生角度上出发，可以在体育教学中为学生提供体育课下的锻炼方法和知识。第三项体育教学的根本任务是锻炼学生身体。而锻炼学生身体是一项比其他两项更明确体质论的任务，这就是为增强学生体质提供了明确依据。而这种表述一直是延续使用到现在的。可见当时的立意高远和深刻。就按照中华人民共和国教育部制订的《中学体育教学大纲》（试行草案）所提出来的指导思想，1978年出版了全日制十年制学校《中学体育教材（试用本》。其中的体育教学目的、任务、编写原则等等都是完全的体现了《大纲》的要求。可以说这本教材就是完全按照大纲为依据的。在体育教学内容的安排上全部是大纲里要求的基本教学内容，包括教材的一些实用原则等都是和大纲精神保持了完全的一致。在教材里面对于一些教材的内容提供了一些非常详实的介绍，在各个年级方面同一个教材的内容教学方法有所不同，教学要求也不一样，并且对于教材的意义、分布和特点等进行了说明，其中还标注了明确的注意事项。从这一个角度上看，仿佛教材上体现的技能论的基本模式，其实不是的。因为这本教材是教师用书，教师教学其实不可能脱离技术的教学的，体质论也不是完全没有技能教学，在这种情况下，体育教学以增强体质为宏观指导，在具体实践过程中，教师通过技能的教学，然后在学生对技能的习练过程中，提高学生的身体素质。所以说从整体的角度上增强体质的体质论的整体势头越来越强，但是增强体质的体质论和技能论始终有一些无法相容的地方。

2. 1987 年教学大纲

1987 年教学大纲是一套过渡性的体育教学大纲，它在 1981 年教育部中学学制要变更为 6 年的通知之后，在 1985 年大多数的地区中学的学制基本上就变成了 6 年制学制，到 1985 年 4 月，《中华人民共和国义务教育法》的颁布标志着国家从法律的角度开始包装实行九年义务教育。经过学制的改变之后，在教学指导思想、教学内容等方面，也需要进行调整。所以全新修订的《全日制小学体育教学大纲》（六年制）和《全日制中学体育教学大纲》（六年制）在 1987 年 1 月由国家教委颁发。这是一部过渡性大纲，这部过渡性大纲，是在总结了先前在体育教学实践中的成功经验和不足的基础上，另外在之前的十年制的教学大纲为蓝本，这样的一部大纲势必会体现一些新特色已经有一定的进步性，另外这一部大纲也是为了实行九年义务教育的实验做准备的。所以很明显将会在大纲中提出一些前瞻性的思想和观点。在指导思想方面，首次提出了我国的教育要实现三个面向，面向现代化、面向世界、面向未来这三个面向给我们的教育奠定了一个主基调，我们之前说过，有什么样的指导思想就会有什么样的实践教学。所以势必在教学手段方面就会围绕面向现代化转变。另外从面向未来的角度出发，在体育教学实践中势必也会增加更多的对于学生未来生活中有用的体育理论知识和卫生保健知识，这些体育知识类的补充，进一步提升了学生对于体育知识的储备，同时也改变了体育教学的实际操作。因为体育课堂是体育知识传播的主渠道。从教学内容上发生变化，从体育教学评价方面也进行一定变化，体育教学的考核不再只是简单的进行考核学生对于运动技术能力作为体育成绩的考核标准。之前这种评价方式比较的单一，同时也无法全面的体现学生的实际情况，而改变的要求是，教师要通过学生的学习态度、运动技能的掌握情况、体育理论的掌握情况、身体素质和各方面的运动能力等各个方面来进行综合考评。这就是弱化技能论的最好的证明，体质论开始不断的提升了自身的地位，同时围绕了考评方式的改变，在教学过程中一定也会发生很大的变化，特别是对于技能教学的时间占比一定会被压缩。

另外大纲中提出要贯彻"终身体育"思想，满足学生的生活娱乐的需要，全部都是围绕着学生的未来生活进行开展教学的指导性思想。这样指导思想进一步明确了学生在体育教学中的作用，不再是为了准备上战场的准士兵，而是一个个将要咋社会上生活的活生生的人。体质论在这一时期的实践已经逐渐的超过技能论主导地位了。

3. 1992 年教学大纲

1992 年的教学大纲是在 1987 年过度性大纲，1988 年发布另一个《九年义务教育全日制小学体育教学大纲（初审稿）》和《九年义务教育全日制初级中学体育教学大纲（初审稿)》，这两个一个基础的再巩固，在这一套大纲经历了两个学年的实验之后，才确定的新一套教学大纲。是这套大纲的颁布前的过程，就可以看出这一套大纲的科学性，可以说这是一套到目前为止最科学最符合中国国情和学生实际的体育教学大纲，当时的实验是在一九九零年九月到一九九二年七月进行的，当时在全国有二十九个省市参加了这个全国性的教学实验，实验结果的总结和提升，最终在一九九二年十一月将《九年义务教育全日制小学体育教学大纲（试用)》和《九年义务教育初级中学体育教学大纲（试用)》这一套大纲进行颁布。在教育思想上和前两套教学大纲都是一致的，也是遵循着一个目的和三个任务，在表述和内涵方面没有什么变化。而且基调主要和一九八八年的体育教学大纲基本一致。

1992 年的大纲在变化方面最大的创新就是对体育教学目标建立了完整的体系，而这个目标是以增强学生体质为目标的，尽管是采用了竞技项目的一些运动技术，但是并不是照搬体育竞技项目，尽管体育竞技项目的动作在体育教学中结构都是一样的，在教学比赛中的比赛形式也是相同的，由于教学目标的不同，在教学和练习的过程中，就不会以为了提高学生的竞技能力为发展方向，评价的时候也不会以这方面作为评价指标，另外在教学目标的引领下，同样的教学内容范围在不同的教学条件和学生实际的情况下，所选取的教学内容也是不一样的，相同的运动项目在指导思想和目标的要求不一样的时候，实践过程不再相同，评价过程也不相同，结果自然也不相同了。在体育教学目标的引领下，体育教学过程中开展了竞技化的运动项目但是并不是技能论的大搞技术教学，而是以竞技项目的内容为手段来强化学生的体质。不可以因为有竞技项目的内容就是技能论，这是不严谨的。其实这里所体现的就是一个事物的两面性，我们平时吃的药物，在生病的时候根据病情和大夫的控制药量，我们吃了之后就能治病，但是要是过量了，任何能治病的要都有可能出现药物中毒，所以教学中应当控制好这个度。这个大纲中是设定了掌握运动技术的，掌握运动技术本来是没有错的，不能因为有掌握技术就说是技能论，在大纲的目标体系中增强体质和锻炼身体都是在掌握运动技术之前的，体质是技术的前提，所以说很明显，不是说在体育课上为了不断的提升学生的相关技术的熟练程度，从分化、泛化一直练习到动作自动化，不是这样的，体育课上对于运动项目的技术的练习主要的目的是为了实现身体素质的提，是为了达成既定的身体健康的目标。所以在选择体育教学内容上，首先考虑的是这个动作的锻炼价值，然后是看看动作的难度系数，要是难度系数又大，锻炼价值又小的运动技术就直接不再纳入到教学内容中了。这种理直气壮的删减是为了满足教学目标的达成需要。综上可以看出，体质论的主导地位已经明显的高过技能论的观点了，可以说这个大纲是完成了体质论主导的关键转折，从这时开始技能论也就开始慢慢的落于下风了。在一九九二年的大纲中中国武术依然在内，这是大力弘扬中国民族优秀传统文化的手段，这更是中国文化自信的一种彰显，另外卫生保健常识也是体育教学中理论部分的内容被一直沿用，所以说技能论主导技能教学在课堂的占有时间越来越不足了。

（五）健康主导时期

进入二十一世纪，学校体育的指导思想再一次的发生了巨大的转变。全部都是以健康第一为指导思想。健康第一是二十世纪五十年代的时候毛泽东主席提出的，在当时就起到了很大的现实指导意义，而到这个时期，以健康第一为指导思想的体育教学也要进行新的变革，首先是从新课改开始。以健康第一为指导思想，这里的健康是有必要解释清楚的，健康并不是指的身体上什么毛病都没有，这种单一的评价健康的手段在这里是无法涵盖健康的全部的，这里所说的健康包括身体健康、心理健康和社会适应三个方面都完美的状态，这就是国际上公认的三维健康观，三维健康观的出现使得体育教学的实践发生了很大的变化，因为原来的身体素质提升主要是停留在保证身体的健康方面，而心理健康和社会适应的健康确实是第一次完整的提出，要达到学生身体没有疾病不虚弱是不难的，但是心理健康和社会适应要如何提升也又是体育教学中需要解决的新课题。三维健康观支撑下的健康第一是新时期体育教学的指导思想，因为体育的确是能够促进人的健康的重要手段之一。教育思想发生了转变，教学大纲也要随之变化，所以 2000 年国家教育部颁布了《九年义务教育全日制中学体育与健康教学大纲（试用修订版）和《全日制普通高级中学体育与健康教学大纲》，2001 年，又颁布了全日制义务教育和普通高级中学的《体育（1－6年级）体育与健康（7－12年级）课程标准》。2000 年的大纲是 2001 年新课标的过渡。其中最大的一个变化就是体育的名称发生变化，由原来体育变成了体育与健康。体育与健康比原来的范畴应该从字面上就可以看出扩大了很多，体育的范畴一定是指的原来的体育，但是健康的范畴确实新增加的，也就是说原来的技能论在体育教学实践中的时间又要进一步的缩减了。从更名看，也说明了国家对于体育在学生增强学生体质和促进学生健康方面的积极作用的肯定。无论变更名称的愿意是什么，首先要指导国家的确是要引起大家对健康第一的关注，所以在名字上都要体现出健康来，其次从名字上可以看出体育教学和健康是有直接的关系，也就意味着在体育与健康的课程中要增加健康方面的内容。体育教学和健康教学要在同一个平台上同时进行，就像技能论和体质论的斗争一样，健康知识的增加，势必在体育技能学习和练习的时间上就要减少了，最起码要增加健康知识在体育课中的比重，在教学总时间不增长的情况下，课程的教学环节就要进行相应的调整，另外为了保证体育课中健康目标的完成，在技能教学上也要缩小时间，增加学生练习的时间，甚至还要增加课课练，这样的话技能教学的时间更是得不到保证了。所以说体育与健康的改革，一下子就将技能论的空间压缩到了一个新的狭小的位置上了，体质论的主导地位进一步体现。

1. 过渡性大纲

过渡性大纲指的就是 2000 年国家教育部颁布了《九年义务教育全日制中学体育与健康教学大纲（试用修订版》和《全日制普通高级中学体育与健康教学大纲》，这套大纲 12 月份下发，初中大纲在全国范围内进行了试用，高中大纲也进行两省一市的试用。体育大纲在表述模式上依旧是一个目的和三个任务，但是在指导思想方面开始第一次使用健康第一为指导思想，这是中国学校体育史上的第一次，所以说是一个非常了不起的创举，同时在健康第一为指导的思想下体育教学实践发生了一些的积极的变化，体育课在学生的身体健康、心理健康和社会适应方面的成长方面发挥着越来越重要的作用，在体育教学中也开始重视体育课中体育健康知识的融入和健康导向，可以说健康第一的操作性在这些积极的变化中体现的淋漓尽致。当然以健康第一为指导的体育课程给体育运动技能的教学时间也是相对的压缩了，于是就有相关学者开始提出教师要精讲多练等观点的出现。

2. 新课程标准

2001 年 7 月，教育部颁布的全日制九年义务教育和普通高级中学的《体育（1 – 6 年级）体育与健康（7 – 12 年级）课程标准》，则是 2000 年过渡性大纲的正式版。新课标是一个具有划时代意义的纲领性的规范文件，可以说是前所未有的，之所以这样讲，是有很多依据的。新课标是一个全新的课程标准，是和以往的任何一个大纲和标准都不同的体系。新课标对于体育课的名称方面是有很大的不同的，之前有体操课、有体育课，而从来没有出现过体育与健康这样的名称。另外在指导思想上也是完全不一样的，无论是军国民思想，还是自然主义体育思想都没有健康第一为指导思想来的具体，来的实际。在目标体系上，新课标建立相对完整的体育教学目标体系，在学习领域上新课标提出了运动参与、身体健康、心理健康、运动技能、社会适应五大学习领域，在学段划分上，新课标按照 2 个年级一个学短划分了 6 个学段，这样的划分方法也是前所未有的。所以说在内容标准、学习领域、目标体系、指导思想、课程名称等都是完全不同的，是一个全新的课程标准。之所以出现这种巨大的变化，主要是理论基础发生很大的变化，这一次的新课标立论的基础就是三维健康观，这是是一种追求身体健康、心理健康和社会适应都完美的健康概念，是一种全面的，符合科学依据的健康概念。所以在这种观念的基础上建立起的新课标也是在追求通过体育教学达成学生的身体健康、心理健康和社会适应的全面协调发展。所以整个新课标都是体质论的全面贯彻。在三维健康观的指导下，健康第一的指导思想也就成了一个全新的指导思想，无论是从理论意义和实践指导意义都是前所未有的。

有人会将民国时期就曾经出现过"体育课程标准"这个名称了，这种话说的中国书法这个词都用了上下五千年了，名称的相同也没有什么不好的，只是在不同时期的书法风格有本质区别的，在这么多年中才出现了篆书、隶属、楷书、行书等为数不多的具有高度区分度的代表体系。这一次的体育课程标准和民国时期的课程标准绝对不是可以同日而语的，除了名字相同之外，其他的几乎都没有什么可比性了。可以说此体育课程标准非彼体育课程标准，民国时期的体育课程标准更像是我们的体育教学大纲，除了像大纲之外，在具体的内容也是完全的不同的。比如民国时期的体育课程标准在教学评价上，主要侧重于技能水平的评测，为什么呢，因为当时只能这样评价，这是由教学目标所决定，而新大纲和新标侧重于学生的身体健康、运动技能、身体素质、运动参与、健康知识等等多因素的综合评测。体现出了体育的多元性和包容性。

在学段划分上，民国时期的体育课程标准是以不同的年级来划分的，或者说根本就没有划分，体育学短和年级一致这算什么划分？而新标则则是按照每2个年级一个学段，将全体学段划分了6个学习水平。这样的划分就有客观实践的科学性，同时又有理论的科学性。

学习领域，民国时期的体育课程标准和大纲都是以运动项目划分学习领域，按照运动项目划分就等于项群划分，在体育教学方面只能是帮助学生按领域学习技能，但是新标则重新提出了运动参与、运动技能、身体健康、心理健康、社会适应五大学习领域，而前所未有的突出了心理健康和社会适应。在指导思想方面，民国时期的体育课程标准强调的是体格锻炼与，都是基于一维健康观，所提出的。在指导教学实践中根本就不会涉及心理健康和社会适应的部分，而新课程标准提出的"健康第一"则是基于身体健康、心理健康和社会适应"三维健康观"这个世界公认的概念所提出的，在教学上对于学生的发展更为全面，这从体育改为体育与健康也是可以看的出来的。另外新课程标准在教学目标体系上更加的细化，在教学内容上也凸显的更加的与实际相结合。在对待运动技术的态度上，新课程标准不在以单一的运动技术教学去进行全课程的教学，为了实现教学目标，体育教学过程中，融入一些游戏化多样化的体育内容，丰富课的内容，调动学生的学习兴趣，这个民国时期只能学习运动技能可是不一样的。总之新课标和民国时期的体育课程标准完全不一样。以往任何的标准和大纲和新课程标准相比也是不同的。关键点就在于新课标的五个学习领域的三个层次的新课程目标体系的构建。在以往的大纲和标准都都没有出现过课程目标、学习目标、水平目标这样三个相互递进有分别独立的目标层次，这个的分层使得体育教学目标的理论高度更进一步。但从教学目标的健康范畴看，之前的所有的大纲和标准都是谈身体健康，之所以出现这样的原因是人们对于健康的认识上有偏见，不全面，大家都一直认为健康就是身体健康，所以我们之前看到民国时期所说的锻炼体格或者后来的增强体质，都是在围绕增进学生生理上的身体健康，新课程标准也并没有反对体育对人的身体健康的作用，而是在观念上进行系统性的扭转，第一次让人们认识到健康不仅仅是具有身体健康，看要在心理健康和社会适应等方面都要完美才算是健康。这就是这个新课程标准的立论之本三维健康观。这个三维健康观指导下的健康第一是指导小学、中学和大学体育教学的指导思想。2002 年 8 月，教育部印发了《全国普通高等学校体育课程教学指导纲要》的通知，2003 年新学年开始在全国所有普通高校中施行。所以这样铺天盖地的推广三维健康观指导下的健康第一指导思想，即便是一下子无法所以的人都能够满足教学目标的要求，但是所有的体育教师都会从健康、心理和社会三个角度去全面的开展体育教学，而全面展开之后发现一次课将会要从运动参与、身体健康、运动技能、心理健康和社会适应五个方面去考量，在组织教学的时候，在同一个教学模块里，要兼顾五大学习领域，这个和以往只是关注体育的技能传授是不一样，对于教师的教学要求也是提高的很多，需要更加专业和能力更加综合的体育教师。在体育教学过程中，要融入体育健康理论知识，但是并不可以通过理论知识的讲授去完成身体健康的目标，所以体育教师在理论教学的方式不可以照搬普通的文化课教师的教授方法，而是应该通过鼓励学生参与运动技能学习的过程中，有机的进行身体健康、心理健康和社会适应等学习领域的内容。

其实在中国这么多年体育教学实践中，涌现出了军国民体育指导思想、自然主义体育指导思想和健康第一指导思想等，而这些思想背后主要就是体质论和技能论的两方较量，这两方其实在每一个时期都是存在的，只是此消彼长，没有一方会被完全消除，只是谁在哪一个阶段更占据主导型，在这个过程中，有的时候技能论占主导，有的时候体质论占主导，但是两方的争执还会继续下去，但是也有人提出还有一种技术健身论，但是这种观点只是理论化的东西在实践的方面还是不可取的。这是一种单纯以体育运动技术教授为目标的理论，所以这一理论已经在专业了体育学校和训练队已经实践了，大可不必期望用这个理论来调和技能论和体能论，更不可能完成三维健康观的五大学习领域的教学目标。

第三章 中式体育教学内容

第一节 教学内容

  教学内容就是指的课程的内容。但是在学界对于教学内容的定义还是不一致的，主要原因就是他们出发点和理解角度有很大的不同。比如说有的学者从理论的高度对教学内容进行定义，说教学内容是在学科中特定的事实、观点、法则、原理和问题及其处理方法等。这个定义在体育教学中的指导意义还是有一些问题的，体育教学中没有那么多的观点和问题，只有体育和健康两个部位的有效提升的任务。也有的学者是从另外一个角度上将教学内容给予界定，说教学内容是一些符合目标要求的基本材料，这些基本材料是有学生直接经验和间接经验组成的一个比较系统的组成。其实这个概念说的基本上没错，就是一个人将要学习的内容，不是直接经验就是间接经验，但是对于一门课程而言又太过于宽泛了。当然也就学者将教学内容定义为国家规定的教学计划、大纲、教科书等内容的总称。其实这些学者的定义来看，他们出现的定义偏差是由于他们的对于教学内容的认识偏差所决定的。但是总体上可以看出教学内容是一个非常开放，而又和教学目标息息相关的一些经验和内容，这些内容在学校的角度和课程角度上去观察，得出的结果是不一样的。但是无论如何对教学内容在认识上有差别，但是教学内容就是课程内容的定义是被广泛的达成共识的，在教学论和课程论中也都是讲的非常明的，应当立足于学习者，也就是我们的学生他们在学习这些内容的时候学会了什么，这里应当包含两个部分，一个是知道是什么，另一个就是学会怎么做，在这个基础上，从教学者也就是教师的角度而言，学生如何才能够知道这些是什么，如何才能够让学生学会怎么做，这就是其中另一个非常重要的内容。由此来看，教学内容应当在如何认识问题，如何处理和解决问题，等方面也是非常必要的一部分。在一些视角中教学内容还有静态知识体系和动态知识体系之分，这两种知识体系其实都应该是属于教学内容的范畴，静态的就是那些特定的事实、观点、原理和基本问题，而动态的知识体系是指的在对之前那些静态的知识体系进行动态的处理、在选择的重构过程和重构结果，这样的动静结合，将会让教学内容更加的饱满好和完善。所以在定义上而言，我们更偏重于支持教学内容就是在一个学科中特定的事实、观点、原理和问题，以及处理问题的方式。在课程内容设计的时候，应当考虑如何将整个课程的内容整合成一个情境式的学习经验的结构，在这里老师通过教什么怎么教，让学生知道自己学习的东西是什么、怎么做。

（一）体育教学内容的特点

关于体育教学内容，根据教学内容的理解，我们对于体育教学内容的把我上就更加的好理解了。体育教学内容也是教学内容，另外在其中又有了一些体育这门课程所特有的一些独特的内容，这些内容是和其他的文化课的教学内容是有很大的不同的。我们只要把握住了这些具有体育课程独特特点的内容，就能够准确的把握体育教学内容了。体育内容的独特性就在于其他的文化课更多是知识，而且这些知识都是趋向于认知，而体育课程中的主要内容是每一个教学的内容和教学单元都是又各个运动项目的技术动作配合学生的身体活动而推进的，没有身体活动的体育课就不是体育课。这是体育的最能区别其他学科的地方。所以在这些体育项目为主要内容的体育课程，呈现出的特点也是非常鲜明的。

1. 体育的教学内容不是阶梯性的。很多学科的知识是是有阶段性的，从容易到复杂，就像中国语文从拼音学习到组词到造句到写文章，这是一个呈现出阶梯性的知识结构，所以需要系统的进行学习，但是体育的教学内容不会出现这样一个大的阶梯性的知识体系，它是有很多的平行的运动项目组成的，这些项目自己有自己的相对独立的领域，比如说拳击和跆拳道，一个是只用拳，另外一个是只用腿，这两个无法呈现出递进关系，尽管身体素质和身体技能等可以共用，但是那是教学目标，所以体育教学内容是非阶梯性的知识结构。当然每一个子项目和每一个技术动作的学习也是有自己独立的阶梯的。

2. 体育教学内容的健身性，体育教学内容的独特性导致了，学生在上体育课的时候必须要进行身体活动，学生学习的过程就是进行身体练习的过程，只要一旦身体有活动，就会会让学生的身体产生一定的运动负荷量，负荷量的良好控制是一个堂体育课中的重中之重，只要将身体负荷量控制好就可以促进学生的身体素质的发展，促进学生的身体健康，在这一方面，任何一本文化课都是没有办法相提并论的。

3. 体育教学内容的娱乐性，也是其具有代表性的特色，因为体育的教学内容是各种能够促进学生身体活动的体育运动项目、体育游戏和身体练习，很多的体育运动项目都是由于好玩，很多人都喜欢玩才会有各种各样的项目由一个小规模的运动变成了一个全球性的运动项目，更别说体育游戏的先天娱乐性，要是没有体育游戏的支撑，体育的娱乐像也会减色不少，在低学段的体育教学过程中体育游戏可以说是主要的教学内容。另外在体育运动项目活动和体育比赛中学生体会成功与失败的心理变化带来的情绪波动，特别是在成功之后的心理娱乐是一种无法言表的，更是其他文化课的分数无法带来的。最后一个就是体育教学内容的身体运动性，这个是一个在教学形式上区别于其他学科的本质特性，即便是体育教学中的理论知识、思想政治的知识、卫生保健的知识也是在学生们身体活动的过程中让学生进行感知到的，并不是单纯的让学生坐下来进行听讲，整个体育教学活动都是通过身体活动来教育身体，在学生的身体活动中学生中枢神经系统开始调动全身的各个系统进行运动、思维、协调，让学生由不知变为知道，由不懂变为懂得，由不会做变得会做，通过身体练习让学生的知识和动作形成神经肌肉记忆，这样的学习方式在其他学科中是没有的。

（二）体育课程内容设计的含义

课程内容是需要设计的，体育课程内容更是这样的，并不是说只要是体育运动项目就可以在体育课程中进行直接的教学。在教学中既要体现出该运动项目的项目动作的技术，同时也要围绕着体育课程的教学目标选择适宜负荷量的难度系数，另外还要考虑教育性等。在《课程与教学的基本原则》一书中，就有对于课程设计的详细表述，这是现代课程理论之父拉尔夫·泰勒所著的，书中详细的论述了课程设计应该包含的实施过程和内容要素，书中强调，课程设计最重要的一个环节就是进行课程内容的设计，因为课程内容的设计是课程的核心部分，这些都需要在课程内容的设计过程进行做一些必要的工作。这个工作的过程就是体育教学内容的设计。关于设计的定义也很多，设计是在一定的目的要求之下，在做某一些工作之前，需要提前制定的方法、策略等。或者说设计就是创造某种新的事物在将来进行实用。这里的将来的实用，就是之前说的所谓目标，所以这里的设计是为了未来的应用。应用也可以检验之前的设计。体育课程的教学内容设计，就是根据体育课程的教学目标作为依据，组织体育学科的相关要素，使其形成某种组织结构。这种结构是一种学习情境，而不是简单的知识架构，一方面肯定有各种体育运动项目的内容作为架构的实质，另外还要有体育学科中特定的原理、观点和事实。关键是要在体育知识和体育技能的传授中体现出时代的文化精神和内涵。

（三）体育课程内容设计的构成

我们知道正是因为体育教学内容的设计是课程设计的核心。所以我们需要对于体育教学内容的设计的做成部分进行进一步的分析和认识，以便于达到我们在进行选择和组织课程内容的有效性的目的。系统论在对于一个事物的相关观点给了我们直接的启发，课程内容设计是课程设计中的一个非常重要的组成部分，但是课程内容的设计是一个相对独立的系统，在课程内容设计这个独立的系统里，是有几个次等级的子项系统进行共同构成的，这些子项系统的综合就是课程内容设计，而每一个独立的子系统其中又有自己独特的不可替代的功能在里面，这些子系统有它相对独立的结构，另外在目标指向性方面也是有其特定性。课程内容的设计人员在设计体育课程内容的设计时候，也是依据这些不同功能的子项系统的机构去进行相关的设计活动。课程内容设计的两个组成部分一个是内容的选择和分类，另一个则是内容的组织，那么体育课程内容设计的两个组成部分也是相同的，一个是体育课程内容的选择和分类，另一个就是体育课程内容的有效组织，这两个内容是构成体育教学内容选择的主要结构，当然还有一些细微的组成部分，但是都不是主要的组成部分。以上这两个系统是相对独立的、是各自承担各自的任务的、是运行的过程中是不一样的。尽管目标是同一个指向，但是他们的独特性使得他们又有了各自的子项系统。在行为科学理论中明确指出，组织活动中方法的采用、活动的策略以及价值的选择及活动指导思想都是必备的。也就是说总是存在再来达成某种活动而采取的活动指导思想、价值的选择、活动的策略以及相关方法的使用。这些就是方法体系的构成。这些也就是构成一个活动的基本要素和相关模块。他们具有一定的方法性质和特定的作用。其中指导思想是起到核心的作用，可以说是整个活动的原则导向，指导思想规范着人们在活动中的价值取向，制约着活动的性质和目的，包括整个活动的范围。在整个活动过程中需要进行整体的设计规划，从而确定整个活动进程，如果说整个活动过程的行动目标和原则是指导思想的话，一个能够提供给人们具体的、可操作的策略和活动程序，也就是活动的规划更是一个活动成功的环节保证。所以说活动或者叫设计是一个有目的的使用特定的方法和策略按照相应的活动规划，达成特定的活动目标的一个过程。而课程内容设计的也是有目的的组织活动，而课程内容设计的指导思想是有目的组织活动的一部分，或者说整个设计活动的方法的使用和活动的程序规划都是有目的。在前面，我们已经介绍了体育课程的内容分为两个部分，体育课程内容设计的两个组成部分，一个是体育课程内容的选择和分类，另一个就是体育课程内容的有效组织，这两个内容是构成体育教学内容选择的主要结构。由于两个组成部分的都承担着不同的活动任务，所以说在这每一个体育课程教学内容设计的两个子项的指导思想、过程的规划以及手段和方法的使用也就不一样。以至于在相对独立的各个子项系统中形成了不同的方法论，使得我们对于体育课程教学内容的设计又有更深一步的认识，体育课程内容设计是指的体育课程内容选择和分类的指导思想、设计活动规划和方法和手段的使用以及体育课程内容的组织的指导思想、设计活动规划和方法和手段的使用两个部分。

第二节　体育课程内容设计的理论基础

一、体育课程内容设计理论基础的构成

科学的理论正式搭建体育课程教学内容设计的关键骨架，没有科学的理论观就不能够正确的去把握体育课程骄诩内容设计的各子项之间的关系，就没有办法把握体育课程教学内容的设计中的各种关键规律。有一些基本的领域制约和影响着体育课程内容设计的各个子项系统。比如说体育课程内容设计的额评价、实施、内容和目标等，这些基本的领域是在价值取向方面对体育课程教学内容设计进行影响，以及在方法论上对于体育课程教学内容设计上提供构建指导。这是对于体育课程教学内容进行整体把握的关键。但是在理论基础方面，具体包括哪几块的领域，在体育课程教学设计方面，学界还是观点不一的。有些学者就提出了自己的相关看法，比如说，英国的凯利就说在课程内容的设计过程中，不能就光看内容，还要考虑课程的其他部分，而最应该放在第一位的就是在头脑中进行逻辑性的分析，这是在课程的决策层面的先决条件。也就是说我们要让我们通过努力设计出来的课程的内容，符合我们之前预设的指导思想，能够达成我们之前设定的最终目标，使得我们的课程实践是绝对立足于我们的原则陈述的。凯利指出了课程的理论基础对于课程内容选择提供依据和课程总意图的指导性地位，这是一个非常重要的内容。泰勒曾经说过，我们要达成这样的目的究竟需要我们提供什么样的教育经验才行？这一个问题是多么的深刻，又多么的实际。这是每一个教育工作者都应当思考的问题，绝对不是所有的教育经验都是可以被拿来应用，另外也不是所有的教育经验都能推动教育目标的达成。所以说教育经验的性质的判定以及教育经验的来源问题是我们对于体育课程研制首先要思考的。而思考的这些问题的基础是相关基本理论确定。经过整理总结我们发现学界对于课程的理论基础这一块都有着不同的理解，特别是在包括哪些内容方面。利威在其《国际课程百科》一书中就提出了相关的影响因素 14 中，影响课程的因素又性学、课本、课程政策学、知识工艺学和课程论、个人知识储备、世界知识总量的增减、社会经济和文化的因素、课程政策的运用、课程政治学、行为发展理论对于课程的影响、认知因素的影响、教育心理学的影响因素、法律因素和教育思想的变化。这里面考虑了多种内在和外在的各种因素在其中，可谓是想的比较周全的。

在这一个问题上，我国的著名学者陈侠就提出学校的类型和制度的制约、儿童身心发展的客观因素、社会文化中的优良传统、哲学思想的影响、培养目标的规定、以及教育宗

旨的明确要求、科学技术的不断发展和进步、社会生产的需要这八个方面的学校课程的制约因素。其实无论是八项或者十四项，体育教学是学校教育的一部分，学校教育是社会文化现象的一部分，可以说只要是社会文化中的一部分呢，社会中的各个影响因素都有可能给于一定的影响，只是这些影响因素有大有小，从密切程度而言，有的和课程内容的关系密切一些，而有一些影响因素和课程内容的关系密切程度小一些，但是或多或少的总会有一些关系，这一定是又其中的道理的，但是我们在把握太细小的不好把握，所以主要了解几个直接影响课程内容的因素。这些因素在泰勒和劳顿的思考下，使得我们更加容易理解，给我们很多的启示。

（一）泰勒的课程论

泰勒提出了制定教育目标是由学习者、社会生活因素和学科知识三个方面来考虑，第二泰勒认为目标确定之后，由于这些目标是学科的、社会要求的以及学习者的实际而确定的，难免不够具体，无法进行实际的应用和达成，所以需要我们进一步的去修正和筛选，去掉一些非核心的不主要的一些矛盾，使得这些目标能够具体和明确。

关于学科知识，在学科课认识领域中，就是越专业了越好，但是往往过于专业化的学科知识在教学实践中的势必带来一些不必要的麻烦，另外从教学目标的角度上看，我们并不是去培养关于这个学科领域的专家，而是为了通过这些教学经验的传播使得该学科在一般公民身上有所用处、在普通教育中的功能和作用也是我们应该思考的一部分。关于当前的社会生活，泰勒认为我们没有必要将那些现在不怎么重要的，即便是过去非常重要的一些内容在课堂上进行教学，我们更应该侧重于一下现在生活中社会背景，在社会需要的角度上去设计和设定教育的目标，而不是只是就学科领域和个人的专业经验来制定。关于社会背景更应该走出社区，面向更大的社会背景。在这样视域背景下，社会的各种因素也就可以划分为家庭、职业等各个小领域，而围绕这各个小领域的需求，可以启示我们具体的教学目标的确定。关于学习者而言，我们在知识和技能的传授过程中，首先考虑的是学生的兴趣是什么，学生的主要需求是什么，因为教育是为了改变人的，是为了改变人的行为方式和社会生活方式的一个主要的途径之一，所以在选择和制定教学目标的时候应当考虑学生的需求和兴趣，搜集相关的资料，以避免盲目的因为自己的想当然而制定一些不是特别切合实际的教学目标。在形成具体的教学目标之前，要利用好两个过滤器将有学习者、社会生活和专业学科而制定的目标进行进一步的修整。第一个筛选工具就是哲学过滤器，哲学是一个最最基础的学问，它是将社会生活从基础上做了设定和规范，在学校里的每一名教师都要将自己的哲学观念和社会的哲学观念调频一致，并不是全世界的每一个人都需要统一哲学，但是全部学校的教师一定要统一，这样在教学实践中可以控制整个过程受这种哲学的影响，以至于整个学校也受到这种哲学思想的影响。在这种哲学思想的影响下，可以有效的筛选一些和该哲学思想不一致或者教师不赞同的一些因素的目标。第二个需要利用好的就是心理学过滤器，所有的教师必须要有一个坚定的信念，那就是要相信自己的教学心理原理，这是关键，要是教师认为学生应该遵循的学习心理学和教师应该把握的教育心理学有问题，那么教师就无法全力以赴的贯彻和执行，所有教师要掌握和学习心理学，学习心理学的基本观点和基本定律，另外更重要的教师要能够对相关理论和观点进行统一的阐述，比如在什么条件下以何种机制对它进行什么样的运作。这样我们就可以总结泰勒的课程论观念的理论基础应该是从心理学、知识论、学习论、社会学、哲学等来进行把握的。

（二）劳顿的课程理论观

《课程研究的理论与实践》一书是由劳顿写的，他在谈论课程研制的理论基础的时候，提出应当从心理学、哲学、社会学三个方面，着重于社会文化的角度进行探讨。心理学的关键作用就是将零碎的课程内容进行整理，从而使得整个课程变为一个统一的整体。哲学的认识比一些的学科都更深刻，利用哲学的深度去把握具有永久性质的一些教学内容、价值、目的等都是可以得到更加通透的觉知。在社会学的角度上去把握，主要原因就是让自己课程中教学的内容能够和社会的特定时期的客观需要和价值观保持一致，避免未毕业已经实业，教的内容都是过时的内容等情况的出现。劳顿的观点让我们对于在这一块的把握也就更加简单和明确了。劳顿支持的认识论的观点，带领我们思考几个主要的问题，第一在课程教学之中最有价值的知识是什么？第二有没有确定的具体的知识的要求？劳顿和泰勒的出发点大致一样，但是更简练，主要有哲学知识论、心理学和社会学三个作为其课程理论的基础。在我国一些知名的学者关于课程的理论基础方面的观点都是和劳顿等的观点相似，大都是从心理学、哲学和社会学作为课程基础，或者是课程内的基础学科。认为这三者是息息相关的，形象的比喻就像三足鼎立的每一个支撑的脚，缺少了一个，就会不稳，所以这种三学科作为根本的得到了学界的大多数学者的公认。那么结合诸多前辈的理解和观点，再加上充分理解体育学科所具有的独特的学科特征以及身体活动的相关认知，所以在此，我们提出，体育课程教学内容设计的最基本的四个方面的理论基础应当包括：哲学知识论、心理学、社会学和生物学。

二、体育课程内容设计的生物学基础

人是一种有生命的组织，这种特性使得体育这个需要人进行全身心的参与的教学实践活动，和生物学就有了天然的联系，没有了生物学作为基础，单纯的从哲学的角度上是不全面的。在体育过程中人要融合到体育课程中去，人要通过知识和技能将自己和运动融合，这个过程就需要各种各样的身体活动。这种让学生掌握技能的过程或者促进学生各种身体素质全面的增进的过程中，需要遵循的客观规律就是生物体系中特有的生命规律，体育课就是要将体育学科和生命科学进行的一种必然的联系。所谓生物学的观点就是要规范体育课程在课程教学内容的设计的原则，使它能够保证生物系统的固有规律。既能够凸显出体育课的学科特征，同时又能让身体的活动性在课程内容中得到凸显。20世纪中期开始，人们根据生物的固有的规律体系开始构建一种独立于物理的科学，这就使生物学学科，生物学学科并不像物理学一样纯科学，它有自己的独特性，但是也并不是可以被物理学家们随意的鄙视的，因为出去了自然科学之外，生物学科也在自己的领域中回答了斯宾塞提出的什么知识最有价值的问题。生物学使体育课程内容设计的基础，而现代生物学更是通过细胞、组织、有机体、群体、社会、世界，从小到大的将世界联系在了一起，这样的一种认识观念使得我们体育课程在设计的时候，就可以以生理、心理和社会这三维健康观来重新认识体育课程内容的设计。以方便更好的去贯彻健康第一的指导思想。

（一）有利于树立"健康第一"的指导思想

前面已经讲过关于健康第一位指导思想了。以健康第一的知道思想当初使毛主席首次提出，在一九九九年的第三次全国教育工作会议上提出的。当初明确提出就是要学校教育树立健康第一的指导思想。经过多年的实践，我们在体育课程中特别使在内容上进行了一系列的改变和调整，使得健康在体育教学实践中的地位明显突出了。放眼世界，很多国家也是有相关的政策要求的，就是在体育教学中融入或者增强健康相关的理论和实践。比如说日本，日本的教育事业发展的很早，到了20世纪四十年代的时候，他们就进行了一系类的体育教学改革，小学体育课程还是叫体育课，但在高中和初中体育课就叫保健体育课了。所以所日本是已经将健康作为体育教学内容的一部分，而且是非常必要的组成部分。在教学内容上包括体育和保健两个部分，体育就是运动实践课程，而保健就是指的理论部分。

比日本慢30年的美国，也开始了相关的体育教学改革。他们改革的方法是在教学评价的方法进行的。利用评价的改变促进在教学中的实践调整。他们在评价的方式上用健康体适能的测定取代了单纯的体育运动成绩或者原来的运动体适能，这样的标准改变就可以看出来，规则制定者力争将体育和健康的结合在一起，并且希望见到实效。除此之外还提出了学生要全面的发展，不论是体能还是心理，不论是情感还是认知等。英国在2000年9月对于体育课程的要求上部署了健全和健康的知识、理解。新西兰在1999年规定健康教育的课程的学习领域应包括健康与体育两部分。课件国内外的许多国家都非常重视健康的教学发展，同时很多国家都将健康和体育进行了有机的结合，不管是从内容上进行增加还是在评价上进行规范，都可以感受到，健康已经是体育课程内容设计的一个非常重要的组成部分。所以遵守生物学的基本规律，树立健康第一的基本观念，这是每一个体育教师应当非常明确的。

（二）有利于青少年学生的生理健康

青少年正式生长和发育的关键期，在学校的时间，学生除了学习和掌握科学的文化之外，还有一个非常主要的任务就是让自己健康成长，为将来走上社会的工作岗位打下良好的身体基础。其实青少年的身体健康问题是一个非常重要的问题，正所谓是少年强则国强，其实从古至今学校都是十分重视学生的身体健康教育的，因为他们的身体健康情况除了影响自己的工作之外，对于国家和民族的命运也是息息相关的。从原始社会的身体追逐到古希腊的武士教育，无不都在告知身体健康的重要意义。随着社会的进步和生活水平的提高，学生的身体健康问题更是得到社会各个阶层的关注，而学校里的体育教学也就成了提高学生身体素质的唯一培养的地方。所以社会的风气直接左右了体育教学的走向，社会要求学生在体育教学中需要获得更多的体育和保健的知识和技能，体育教学必须要以提高学生身体素质为导向，应当将发展学生的身体健康放在首位，在体育课程内容的设计时候也应当先考虑内容对学生的健康的促进作用，特别是能够看得见的生理健康问题。这就要求体育教学的内容中包括一些必要的健康理论，比如健康的生活方式、疾病和损伤的预防、自然环境的适应、营养与饮食等，另外在体育运动内容方面需要把握不同年龄段的学生的生理情况，按照生物学的发展规律，以体育运动的负荷量引起学生的身体变化从而促进了学生身体健康这方面进行把握。

三、体育课程内容设计的社会学基础

社会的各个因素对于学校、课程、教学等都有非常大的影响作用，主要原因学校的存在就是社会的一种制度，而学校教育是一种独特的社会现象。学校永远也无法脱离社会建立一个象牙塔，学校永远都存在于社会之中，要和社会就进行非常复杂而深入的联系。学校和社会的联系主要就是人才的培养，而培养人才的工具就是学校的课程，不一样的学校的课程，就能培养出不同的学生能力。而课程的不同风貌也是有校外的各种社会因素所影响的，课程的内容其实本质上受制于社会的允许程度，社会上不允许的，在学校里是无法进行开展的。反之，学校的课程内容一定要符合社会的需要才能对社会产生积极的作用。

可见社会对于学校、课程是有非常的影响的。知识社会学是由马克斯·舍累尔和曼海等人创立的，在此基础上，相关学者又提出了结构功能派、现象诠释派和社会批判主义学派等课程观念，从而将社会和课程的关系思考推向了一个全新的理论高度。之所以会出现这么多的学派，起源于是因为观点的支持者的观察角度不同，所以他们的结论也不尽相同。但是不管他们的观察角度有多大的不同，他们在社会和课程的关系上都有比较一致的相关看法。也就是说他们都认为社会文化决定了课程的选择。其实社会学的理论对于课程的影响不止于此，具体来看有这么几个方面：社会的控制和显性课程。英国学者杨合伯恩斯坦等提出一种观点，那就是，社会对于所有的人都要加以控制的，没有人能逃离，包括学校也不是法外之地，那么社会控制学校里的这些未来社会成员的重要的一个媒介是要通过一门一门的课程体系。统治阶级的人无法直接将自己的意识形态强加到人们的身上的时候，就要通过教学内容进行施加影响，所有他们会对于在学校里进行开展的课程内容进行针对性的筛选，剔除一些不符合意识形态的内容，保留另外一部分符合自己意识形态的内容和知识，以保证学校开展的所有课程符合统一的意识形态，以达到社会控制的目的。所以从这里就可以看出以社会学的角度对于显性课程进行有效分析，从而揭示社会权力、意识形态、控制等社会特性在课程知识的选择、传递等过程中的渗透性。第二方面就是社会控制的过程和结构和课程的关系是一定的。现代西方社会学理论中有一个复制理论，就是统治阶级要通过不同的课程内容复制不同的文化、经济地位、国家行政监督等。这个理论有叫再生产理论，就是资本主义社会的统治阶级在学校通过教育传递他们的统治集团的意识形态，最终要达成的目的是实现阶级分层结构的复制。可见课程是要收到社会意识形态、政治经济制度和社会生产力等的影响。综上所述，学校课程是受到了社会的各种因素的制约的，同时学校课程也是受到了社会学的相关理论的影响和制约着。其实包括课程的目标、内容、组织实施和评价等方面，都是一样的离不开社会和社会学理论的关照，同时还要受到社会的支配。这样的理论的存在是给课程的概念给延展了，课程不再是仅仅局限在学科之内，根据学生的学习心理，进行直接性的教授就可以了。但是课程延展之后就变成了一个伴随着社会变化而变化的情况了，它不再是只重视课程内部的内在逻辑的严谨性，还要关注社会环境的需要以及学生未来走进社会需要带着什么的知识和技能步入社会。也就是说社会学的概念使得课程的内容进行了延展，给课程提供了新的内容，在课程研究领域方面也给予了拓展，给我们带来了很大的启示作用。最主要的是让我们认识到了，社会学理论和社会的环境因素对于课程内容的设计时是需要非常重视的。

学校尽管相对于社会而言，相对单一了一些，但是并不是封闭的，从社会学的角度上我们就可以感受社会学包含了作为社会一部分的学校，它对于学校的一些社会现象、组织的法则等都有很大的影响力。所以说学校课程方面社会也是有很大的影响的。社会学是课程内容设计的目的地，因为所有培养的人都要最终走向社会，社会学也是课程内容设计的出发点，它决定着课程的走向，在内容的组织和选择中社会学也起着制约性的作用。社会学让我们将社会中的各种文化现象依据新的体育课程理念，将这些文化现象转变为实实在在的教学内容，融入为学校体育课程的实施过程中。其实很多时候如果能按照这样的方式运行，课程内容将会更加的符合实际情况。但是现实往往事与愿违的，因为很多在体育课程教学内容的负责人他们在内容的选择中，总是围绕着学校里面比较重视的课程的编排和实施的过程，但是对于社会学的应用的认识还是并不到位的。学校不是社会的绝对真空环境，学校要让社会的真实需要进入教室，进入到学生的课堂中，社会学的理论和他体育课程的实践是十分密切的。我们在研究的过程中发现，体育教学实践和体育教学内容的选择都是和社会有着各种各样的联系，各种联系或是密切或是不特别的明显，但是体育课程的教学始终是在社会学的影响进行的，我们在进行体育教学实践的时候，不可以想当然的独善其身，要密切的了解我们赖以生存的社会环境，我们在依据社会学所给我们提供的把握的社会的一些客观规律，让我们在体育教学内容的选择中能够更加科学的进行，从而是的我们体育教学的目的性也更加的突出。而社会发展之后，给我们在体育课程的教学内容方面也需要注意社会给我们带来几方面的变化需求。

（一）有于培养学生的终身体育识

终身体育是来源于终身教育思想，终身教育思想是由 1965 年法国的著名教育家保罗·朗格朗提出的，他提出的观点是人的发展并不是靠儿童期和青春期这一段时间，而是要通过一生的时间来完成，也就是说只要是活的，发展就要继续。这样隐身出来的体育教育思想也很快就得到了世界的相应，成为了一个非常重要的世界性的体育思想。终身体育思想能够得到快速的传播，除了思想的独特之处之外，另外社会的发展和变化也给终身体育的快速传播提供了条件。时代在发展，社会在进步，伴随着社会生产力的不断得到了解放，人们的社会生活也伴随着劳动方式的改变而改变了，而且这些改变都是从根本上发生的。20 世纪之前，很多多农村人主要是在农忙和农闲时间进行调整，而伴随着进城的人逐渐增多，新农村的建设，人们生活方式逐渐朝着城市化的节奏开始发生改变。据计算发达国家每年可以计算下来的工作时间下降了三分之一，这样人们就有了大量的空闲时间进行消遣，在这种社会分工大转变的同时，社会也极大的需要一些能够弥补这些空闲时间的行为方式，比如可以娱乐、健身、游戏等，在这些方式中体育运动是既能够交际又能够健身还能够给人带来娱乐的多元文化，是一种健康的生活方式，所以人们对于体育运动的期待是格外的突出的。在这种情况下全世界的人都认识到了要终身体育，要享受运动带来快乐。所以终身体育思想才能够得到如此快速的发展。人们对待体育运动态度也发生了巨大的变化，原来体育运动就是一种单纯的锻炼手段，但是伴随着社会的不断发展，人们开始意识到，体育运动是一种有效的锻炼人体的一种方法，同时它也是一种文化，是一种带有优秀灿烂的人类文化的遗产，所以体育运动的传习不仅仅是一种知识与技能的传授，同时更是一种文化的传承与发扬，所以体育运动文化是一种非常重要的既包含知识和技能，同时还包括体育文化的历史文化、以及体育运动中人与人之间的关系的文化，在这种情况下使得我们认识到在教学中除了发展人的各项运动机能之外，体育文化的传承也是教学内容中的一个重要的组成部分。体育的目标就是在掌握体育文化的同时获得个人的发展这样一种思辨的关系。社会的呼唤造就了终身体育，体育了特殊功能也促进了终身体育的发展，社会和体育两个进行相互影响，改变了人们的认识观念，形成了一种强大的具有普遍性的运动健身趋势。社会对于终身体育的呼唤也就影响到了学校里的体育教学。在学校里的体育教学活动是一种能够影响学生一生的体育体验，在这过程中学生能够体验一种相对比较理性、全面和系统的体育知识和技能。所以在学校学习体育的这一段美好时光是将要影响学生一辈子的健身和体育观念的。作为一名学校的教师能够快速的接受终身体育思想是非常正常的，并且要有意识的将体育教学和终身体育思想进行有机的结合就是一种社会的必然需要，也是一种学校体育改革的趋势，使学生终身体育锻炼的必然结果。所以我们在体育教学的过程中需要站的更高，看的更远的角度审视我们的体育教学的目标和体育教学的内容。因为体育教学不仅仅是对于广大的学生而言决定他们在学校里的时候，体育运动的情况了，还有学生们毕业之后在社会上能不能依旧享受体育运动带来的好处，这就是学校体育和终身体育思想结合的必然趋势，这样就是使得学校体育不再是一门学校的内容的简单的课程，同时还起到了学校和社会之间学生沟通的桥梁的作用，特别是在体育方面。国家对于学校体育贯彻终身体育思想从 20 世纪 90 年代就开始了，在一九九五年《全民健身计划纲要》中就明确的提出了要对学生进行终身体育教育，这样一个过程，能够使得学生在学校期间的体育和社会上体育之间进行一种统一的连贯的链接紧密的课程是十分重要的。这个观念在中国体育界基本上形成了共识，先后从一九九六年、二零零年的《体育与健康教学大纲》中都有为终身体育奠定基础的学校体育教学的目标。当然并不是所有的学校在贯彻落实终身体育的指导思想上都能够得到比较乐观的效果，有的学生的体育锻炼次数和人数都是不断的在减少，还有就是等到进入社会之后由于工作等各种原因的影响，在锻炼方面的意识也是很淡薄的，当然造成这种情况的原因很多，但是这样的局面，就让我们应当反思在学校体育中的终身体育思想的教育是还不到位的。特别是我们应当反思，在学校体育教育过程中是不是过多关注学校的体育发展的近期效应，太过于强调学生锻炼之后立即见效的实际意义，甚至在体育教学课堂上片面的追求运动技能的教学或者片面的提倡增强体质，而忽略了学生一生需要具备的终身体育的思想和相关知识的储备。还有就是学校体育在内容上竞技化比较严重、有的在中小学的体育内容比较成人化、还有在教学流程上相对比较程式化，这些都是导致学生在接受终身体育思想过程中的不利因素。针对于现在有部分学校体育在贯彻落实学校体育和终身体育思想上有一定的差距，建议在体育课程的教学内容在选择的时候应当注意一下几个点：第一在体育教学过程中不要只是简简单单的强调教师的技能教学，还应当引导学生去关注一些获取这些技能的方式和方法，这里并不是忽视体育教师的技能展示和教学的重要性，而是学生生活在这个信息极大丰富的时代，他们不仅仅是能够拥有只是获得的途径和攻击，同时面临着如何筛选优劣的标准和视域。另外教学里面能够教授的知识与技能的有限性和学生课下能够获得知识的无限性形成了强烈的对比，在这种情况下，尽管体育技术的更新换代并不像其他的技术更新的那么快，但是学生依旧能够在信息技术的不断提高的前提下，学生所掌握的运动项目和动作已经不再局限在体育课上教师所做的那几次示范了，所以课上教师如果不做出适当的改变，必将使得原本应当促进学生全面发展的体育课堂出现了局限性，而授人以鱼更授人以渔使得课堂的延展性得到了进一步的提到，学生可以依据教师的提供的相关信息去在课下寻找能够具有指导自己身体运动的技能和项目。课堂教学相对于课下而言，的确有很多的局限性，因为课堂上所教授的内容尽管已经是精挑细选了，但是并不能保证学生能够终身受用，人们在不同的年龄段所需要的体育运动项目也不可能一成不变，在这种情况下，通过体育课堂帮助学生了解掌握体育运动技能和方法的手段，让学生随时随地根据学生的实际需要进行学习，这样对于落实终身体育和帮助学生终身发展都有很强的指导意义。第二尽管体育课堂不能只是进行基本知识和基本技能的教授，但是体育课堂一定要包括基本知识和基本技能，而且在选择体育教学内容的时候一定要有利于学生的基本知识和基本技能的促进掌握，基本知识和基本技能是学生运动的基础，也是将来进一步提高的前提条件，学生是为了终身体育而不断的探索新的运动，但是基本知识和基本能力是基础，是一切探索的前提，所以在体育课上一定要积极的融入基本身体素养的锻炼方法，促进学生基本知识和基本技能的提高。当学生掌握了基本的技能和知识之后，就可以引起学生进一步学习的兴趣，从而使得学生在更深的探索中养生终身体育的锻炼意识和习惯。第三体育课程的内容一定要符合学生的生理和心理特点，能够调动学生的学生兴趣。一说兴趣，很多教师就容易想到要进行体育游戏，游戏好玩，但是不能满堂课都是游戏，因为游戏是属于佐料，并不是主材，在这种前提下，我们说的引起学生的兴趣并不一定是只有游戏，更多的是在学习和练习的过程中能够使得学生拥有掌握技术之后所带了快乐感觉，让学生有收获感和幸福感，而不仅仅是游戏的热闹之后，什么收获都没有。

（二）有助于提高学生的社会适应能力

一个人无论在学校里面学习多少年，将来一定要走进社会，直面社会带来的各种风风雨雨。随着时代的发展和社会的进步，全球化的进程已经让世界变成了地球村，天涯若比邻的诗句在今天就已经变成了现实，同时经济全球化来带的各种压力也随之而来了，人们已经不再是在和自己身边的人进行竞争了，这时全世界的人才都在同一个舞台上进行展示和比赛，这时候就需要我们的学生具备更加综合的社会适应能力，直面社会中的激烈的竞争环境。其实一个人的社会适应能力有大小啊，社会适应能力强，在社会上就会顺风顺水，而社会适应能力弱的化，就可能到处都是墙，让自己在日常生活中的各种生活场景以及各个工作岗位上都会带来很多的困难。有的时候社会适应能力要不身体健康更加重要。面对社会的不断发展，学校的课程也必然发生着相对应的变化，学校在培养学生社会适应能力方面的有各种各样的手段和途径，其中体育教学也是在这方面担负了很强一个使命。因为体育教学的形式与众不同，另外体育教学内容的特殊性，也意味着体育教学在培养学生社会适应能力的方面有特殊的作用。很多人认为在学校这样一个和社会连接并不是特别密切的环境里，是根本无法培养出真正的社会适应能力的，其实不然，马克思告诉我们说，社会就是人与人之间关系的总和，也就是说只要是有人存在的地方就就社会，就能够培养人与人之间的一些社会能力。那么体育教学中能培养的学生和社会适应能力相关有很多。第一体育课课堂中能够培养学生的团队合作能力。合作是人与人能够完成个人无法完成的任务的一种重要的方法，合作需要人们按照一定的方式面向同一个目标而成立，在现在社会上想要取得更大的成功，必须要合作，必须要在合作中尽可能的凸显出自己的才干使得既定目标更好更快的完成。另外人无论有多大的能力，始终都是要生活在一个团体里，人在这个团体里，个人的发展就能够促进团体的发展，而团体的发展也能够带动个体的进步，个体无法独立于团体去发展。所以人必须要和团体里的人进行协作，促进自己和团体的共同进步。另外一个团体是有缺陷的，而团体里的每一个人也不是完美的，这样的话，从客观上而言每一个人都需要彼此的互相帮助以弥补自己的某些方面的不足，这时候就必须需要合作。这个在体育教学的课堂中也是能够体现出来的，体育是一个集体学习的环境，有很多项目不是靠自己就能够完成的，就连跑步这样一个人的运动也会因为有团队支撑而干劲十足。更何况很多的体育项目是靠团队才能够完成的，比如说篮球、足球等运动，在这样的项目中，人的一举一动都是需要互相协作的，所以说体育教学能够培养学生的社会适应能力中的合作精神和合作能力。另外由于社会的进步和发展，激烈的竞争使得很多人在失败后不敢直面，苦吃不了、挫折承受不起、失败接受不了，仿佛只能成功，而不能失败，这样的情况怎么可能是真实的呢？只要有人成功的同时，就意味着更多人的失败，所以失败才是正常的情况，而如何面对失败也是一门学问。体育课堂中以游戏和比赛进行贯穿，这使得体育课从一开始就具备了培养学生抗挫折，直面失败的条件。正所谓胜败乃使兵家常事，在个人比赛中一方输了之后，不是自暴自弃而是要去寻找自身不足再继续努力，而要是团队之间的比赛输了，出了找个人原因之外，还要找团队配合的问题，就这样一次一次的失败之后，面对失败，人们就脱敏了，就不会应为失败一次而情绪失控，也不会因为一次胜利而高傲万分。这也就体现出体育课程在培养学生社会适应能力方面的独特魅力。在这种前提下，我们发现，尽管体育课堂不是真实社会，但是真的很接近于真实社会的各种竞争合作、失败和成功等，在这样的环境中，就能够有效的培养学生的社会适应能力中的合作能力和抗挫折能力等。

尽管体育教学有其独特的作用，但是也需要相对应的教学内容进行落实和执行，所以在体育课程教学内容设计的时候就要格外的重视在学生的社会适应能力培养这一块的特殊作用。其实说起来也是很简单的，那就是要让体育课堂遵循"互动"原则。所谓的互动就是要在体育课堂上有人与人之间的相互关系的活动，另外在体育课堂上要重视互动性运动在课堂中互动作用的体现。比如在教学中经常使用的小组合作方法就是一种互动方法，在这个过程可以培养学生的社会互动能力、语言表达能力、合作意识等。而在互动性项目，比如篮球运动中，就要体现出篮球中人和人相互协作完成任务的作用。而不是像有些体育教师在篮球课上首先学习原地运球、然后行进间运球，第三次课就是复习运球，这样下来的结果就是学生只会运球，但是很明确篮球的最终目的是为了进球，进球的方式中需要运球但是运球不是重点。这样的只有运球的篮球课就没有凸显出篮球课应有的互动效果。在体育教学内容选择中我们应当把握两个互动的主要方面，第一个方面就是人与人之间的互动，比如说拳击和跆拳道等，这种同场对抗性的活动，还有就是体操等保护与帮助中的人与人之间的互动。第二方面应当注意人操控器械与他人进行互动。这类的活动也是很多的，比如拔河、竹竿舞、跳绳、篮球等这一类的并不是一定会人与人产生接触，但是可以通过器械代替人来进行互动。这样的群体类的活动很容易产生模拟现实社会的群体氛围，在这样的环境中也就容易培养学生的合作能力、抗挫折能力等社会适应能力，但是体育课的内容并不是只有这些，在有些并不是群体类的课的时候，教师也可以通过教学方法的调动，使得学生也融入到互动交流中，以此培养学生社会适应能力的提高。

除此之外，和社会生活密切相关的一些知识与技能也是可以在体育课程中进行教学的，比如说紧急求生和紧急逃生等，这些内容是能够使得学生在将来甚至学生在体育课进行中都有可能发生受伤等情况时可以直接应用的。体育安全常识本来就是体育教学中课堂常规中的一部分，另外像紧急逃生和急救更是在很多国家早已经安排到了体育课程的内容之中了。在我国的某些时代的体育课程内容中也曾经出现过类似的内容，只是后来由于竞技内容的大面积输入，类似的这些内容也就逐渐的淡化出了体育教学内容的队伍。所以在体育课程教学内容中增加类似的和社会生活息息相关又和体育关系密切的这些内容也是可以增加学生的社会适应能力的。

四、体育课程内容设计的心理学基础

我们知道心理学对于课程是十分重要的。但是对于心理学和课程的密切关系，还是需要我们进一步的讨论，以便于能够把握住心理学对于学校体育课程的影响程度。说起来课程与心理学的关系，就像太阳底下的人的影子，有的时候影子长，有的时候影子短，甚至有的时候影子都看不见，但是我们知道它永远在那里，不会消失只是没有显现出来而已。可见心理学对于课程意义和价值是无可替代的。

其实不同的课程流派是和其背后的心理学理论息息相关的，特别是不同的心理学关于学习理论看法，将会对不同课程的教学目标、结构和形态等产生非常大的影响。所以说在一个相当长的时期里，学习心理学的运用和参考是课程论的一个重要手段之一。这种课程论的研究方法，时至今日还是有大量的支持者和拥护者的。在很多专著和著作里，都依旧按照这样的心理学和课程论研究范式和思路进行相关关系的研究。学习心理学在课程内容的选择和教师的实际教学中都是十分重要的，但是最近几十年人们的视野发生了一些变化，变化的主要原因是发展心理学的出现了。发展心理学并不是只是关注儿童的，还包括一个人从生到死整个生命周期的心理发展规律，但是很多学者觉得从学校课程这个视角来看，我们只需要关注儿童发展心理学就已经足够了。其实这是不够的，特别是拥有了终身体育思想的加持之后，毕生发展心理学也变的格外需要关注了。在教育领域发展心理学真的可以说给我们带来一闪非常重要的信息窗，特别是著名的心理学家皮亚杰和布鲁纳两个人在通过自己的努力，构建起一座系统而全面的理论体系。他们提出的最重要也是最为著名的观点就是儿童在不同的阶段具有不同的特点，提出儿童的学习不是一成不变的而是具有阶段性的。这样一个观点即便是不一定特别的科学和精准但是也是得到了世界最多数人的支持和认可，人们都觉得儿童的学习和成人的学习是有区别的。其实不一定，但是皮亚杰他们系统的提出了儿童的理智结构、心理结构和道德结构的独特性。这是非常了不起的事情，他们是毫无疑问的大心理学家。他们的观点也直接影响了我们国家的教育分层，特别是在体育教学方面，从小学一年级起每两个年级分一个水平，这就是依据发展心理学而来的。与发展心理学非常相关的体育名言还有就是要使学生全面发展。但是无论如何发展心理学关注的学习的个体。如果说发展心理学使得关注点从学生之外转移到了学生身上的话，那么人本主义心理学就将学生的心理提高到了课程内容的一部分了。人本心理学不像发展心理学那样只是谈论人的发展心理，而是关注人，就是一个活生生的人，该领域要囊括和描述人的方方面面。人本主义心理学不再是将关注点落在学生的认识过程的区分上，也不是将认识单独的孤立出来，任何进行切分。人本主义心理学关注的是一个人的情感、需要、个性等全方位的展现，在这个思考层面来看，涉及到学生的兴趣和感情就不能作为课程外在的一部分了，不是外在一部分就是说它本身就是课程的一部分。也就是时候课程是有要能够提供学生展示和融入他们的个性、情感、性格等条件。这些条件本身就是课程内容的一部分，要在课程设计的时候就要设计进去。人本主义心理学认为自我是需要后天环境和经历去塑造的，到最后一个人变成了一个什么样的自我，主要是看他后天经历了什么。人本主义心理学将学习分为两种，一种是无意义学习，一种是有意义学习。有意义的学习就是将认知和自己的个性、态度、行为等融为一体的学习，这样的学习其实就是自我的塑造。而无意义的学习就是自我没有参与、没有融入自我感情的学习过程。这种融入个性和情感的方法就是直接影响课程教学的，比如很多教师经常提及的要调动学生学习兴趣就是依据的人本主义心理学的观点而来。马斯洛的需要理论中最终层次的需要就是自我实现，而自我实现不是本我和超我的实现，而是逐渐的发展起来的，发展就需要有值得依赖和能够帮助其安全成长的心理环境，而这种心理环境往大了说是整个社会，而往小了说就是我们的每一次上课的课堂。所以围绕着人本主义心理学的发展目标我们在课程的教学目标上要有根据的参考，从教学目标出发，我们就需要考虑如何使得学生在课堂接受有意义的学习，我们必须要考虑在课程内容和课程的结构上如何的能够体现学生的个性，如何能够融入学生的情感，使得学生需要、情感、个性等都能在课程中得到满足。各个心理学派虽然视角和观点各不相同，但是从他们的观点出发都给我们的课程内容的设计提供的启示。从刚才的几个独特的心理学分析中，我们就看得出来，心理学其实是一个非常零散的知识结构，他们没有一个比较完整的体系，都是散落的学说。我们也同时发现不可以只引用一个心理学学说，这样的话在课程设计的时候就会有片面性，当然我们相信这种碎片的状态会在心理学的发展过程中得以解决，可能不久的将来就能有一部专门针对课程的心理学流派。同时我们相信到目前为止心理学作为课程的理论基础已经给我提供很多的启迪，那么伴随着心理学的不断发展，我们想心理学对于课程的指导意义也就会更加紧密。所以说心理学十分重要的，心理学从理论上为课程提供了如何选择内容的客观依据，使得心理学所研究的个性、需要等知识点和体育活动的行为和情感等形成了一种先天的联系，这种联系是非常的密切的。使得我们在体育课程内容设计中不再只是停留在体育竞技运动上面，而是在课堂上要凸显学生的主体作用，要在教学实践中关注学生的个体的身体发展的同时，更要关注学生的心理发展，我们要注意在课堂上学生的兴趣、情感等的体验，而不是只是在运动场上没有情感的肢体运动。这样的思路就是的我们对于心理学的认识就有了更深一步了解的必要了。

（一）有利于发挥学生的主体作用

发展心理学的相关理论告诉我们儿童的心理结构和理智结构是不相同的，很多时候我们都弄错了，认为儿童和成人在心智结构上没有什么区别，其实我们从人的身体发育上就可以引申出儿童的心智结构也是需要不断的发展和成长的。而人本注意心理学的关键是让我们意识到学生不仅仅好似有独立的认知发展阶段，同时每一个个人都有其独一无二的个性和情感，这就是的学校要关注所要教授的具体知识的同时还要去关注学生，而且要把学生放在主体地位上，要是没有学生的主体地位，那么只是做一个动作的示范和内容的介绍，对于学生心理的成长和各方面都是有影响的。学生要关注学生作为一个在学习态度、学习需要和成人完全不同的个体，而且他们还具有区别于成人的心智结构，这样的客观规律就约束了我们在使用教学方法和教学手段上就不能单一，应该根据学生不同的心智结构和学生所在的不同的年龄阶段，甚至包括学生不同学习情感和个性特征进行有针对性的调整，学校或者教师在课堂上主要作用不再是督促这学生这样练习或者那样练习，而是利用好儿童吸收知识的规律将教材上的内容用不同的方法和手段交给学生。在学生学习的过程中还要启发学生进行道德活动和理智活动，在学习过程中，学生是否能够保持着学习兴趣以达成教学目标，是检验学生在情感活动方面的一个基本点。哪怕这个过程教师并没有记性示范和动作要领的讲解，而学生却以很不错的结果将教学目标达成了，那么这样的学习环境或者叫课堂环境也是符合心理学的要求的。这样才能达到每一个学生都愿意学习，每一个学生都知道如何学习。当然跟随教师进行学习也是一种学习方法。这里我们不是说要去除教师，不是这样的，我们是要突出在课堂中学生的主体作用，而不是教师为主体，教师想教什么学生就要学什么，这是有问题的。让学校或者课堂成为一个学生敢于发问，学生不怕出错，不怕冒认知的险，不害怕思辨的地方，这样的地方是学生学习的天堂，他们在这样的环境中可以肆意的成长。而教师和学校就是为了塑造出这样的环境就可以了。所造这样的环境，就是要确立学生为主体的绝对导向，学生是学习的主体，他们就不在被动和消极的学习，他们将会非常主动的，积极的参与到课程之中，他们在课堂上可以探索发现、可以交流互动。他们的上课不是在背诵，不是将书本上的内容全部的背过，而是将自己的学习过程融入到课程体系的一部分中去。学生要避免进行无意义的联系学习，因为那样的学习方式不是符合心理学的客观规律的。应当使得学生在课堂上进行有意义的发现学习。当然了学生主体地位是不容质疑的，但是作为学生主体与主体之间是有差别的，这个也是毫无疑问的，全世界没有两片一样的叶子。学校教育教学中非常重视学生的主体地位，但是不同的学生主体又受到不同的家庭环境、身心发展等的影响，尽管学校尊重学生的主体性，但是学校更要注意到学生主体的发展性，所以在课堂实践中学校和教师要注意学生主体地位的培养。

体育教学和体育训练的确是有一定的相似之处，但是体育教学绝对不等同于体育训练，但是由于历史或者其他什么的原因导致的，教师在体育教学中并不是按照发展心理学、人本主义心理学等的客观规律去运行的体育课堂，而更多是以受到了行为主义心理学的影响，而采用的行为心理学也主要是采用了巴甫洛夫的条件反射的概念，这样就使得我们在教育过程中对于学生的主体性就重视不足，甚至就让他们成为了一个刺激的接受者和刺激反应的承载者。对于学生的进步和不足就采用的是奖励和惩罚的刺激性方式来进行反馈。整个过程中也是从容易到困难，从简单到复杂的学习训练流程，但是想要用正强化和负反馈等想法巩固和强化训练出来的反应，使得动作技能能够达到稳定的状态。这样的思路使得学生是出于一种被动和被填鸭的状态，内容的选择全部都是按照实施者的主观认识进行的，学生在参与的主动和情感方面都是和课程没有关系的，这样的学习和教学过程是没有考虑学生不同年龄段的不同认知水平已经不同的心理结构的，他们甚至根本就没有考虑学生心理的问题，就像巴甫洛夫的狗，这里面利用的是狗的饥饿感和食物以及铃声之间的关系，目的是为了通过铃声使得狗狗达到进食的反馈，这是一种欺骗。同时人也不是狗，认识活生生的独立的有个人性格和情感的个体，这样的课堂只能塑造出一个个的权威一般的教师，他们对于学生的要求就是要统一听从指挥和绝对的服从，不服从就会得到惩罚。不是说这样的训练方式对于学生技能和知识的掌握没有益处，其实从训练的角度而言是绝对没有问题的，从训练警犬的角度来看，警犬的确是能够在训练和强化后达到按人的指令行动的目的。与此类形似的在专业队的某些技术的训练也是可以采用这样的思想为指导，然后强化练习的。但是这里不是以为了取得胜利而不断提高竞技技术水平的场所，基本知识和基本技能只是为了达成教学目标的一个手段和内容，而不是目的，当然学生的水平越高越好，但是技术的水平绝对不是评价的唯一指标。这样的填鸭式或者叫训狗式的思路有其独到之处，但是在这个过程中教育者对于受教育者进行的好似灌输式的教育，这样的教育过程是完全忽略学生的兴趣、个性喜好和情感融入等，其实一味的重复练习，的确是能够达到动作定型的目的的，这个在卓别林的摩登时代的电影中也有所表现的，但是那是一种反抗的声音，不是支持的意思。从终身体育的思想来看，这简直就是直接断送了学生们将来从事体育的可能性。因为他们没有感情投入、没有内在的学习动机和探索兴趣，他们只是在机械一样的模仿，他们是只是在无限的重复简单的动作。在弱竞技化，而强化对学生的育和增进学生的身心健康，很显然通过这样的单项思维是无法完成任务的。学生各种能力的培养是需要全面的，没有学生的主观能动性的参与，即便是通过体育课程将既定的基本知识和基本技能得到了学习和掌握，但是整个学习过程也是枯燥和生硬的，学生对于学习内容的吸收也是囫囵的。这样下来最快速的结果就是很多学生喜欢体育但是不喜欢体育课，而从长远来看，人们将来对于体育锻炼将会失去终身体育的可能。这样的结果是整个社会不希望看到的，是全体体育人不希望看到的。在《体育之研究》一文中，毛主席就曾经说过，教者发令，学者强应，身顺而心违，精神受无量之痛苦。如果能做到心和身都顺利的话，那样才是体育的目的，而要达到这个目的，必须要调动学生的额主观能动性，让学生的情感、个性都融入到课程当中来，这样学生借助教师的主导作用，使得学生能够自己的去参与到体育过程之中。但是以行为主义心理学为主要参考的支持者其实是站在以教师为中心的位置，从教师的角度出发，告诉学生我要你怎么、我使你能达到什么水平、我要给你什么知识和技能。这样的过程教师并不是轻松的，教师也不容易，学生越容易，结果就是付出成倍的努力之后，却事与愿违，距离之前的既定教学目标渐行渐远了。因为教师所全权把握的课堂可以说好似活泼不足而严肃有余，在上课的过程中，整个课堂的气氛是非常的沉闷的，因为学生在整台教师自导自演的大戏中只是一个配角，甚至连配角都不是，就仅仅是一个布景而已。这台戏的好坏和学生无关。在这种思维背景下，我们认为在体育课程教学内容设计中应当多从以下几个方面进行考虑。首先体育课程内容的选择要注意学生的心理和生理特征在不同阶段是不一样的。我们在选择体育课程教学内容的时候要注意不同水平阶段的学生在生理和心理的特点方面需要与之相对应的课程内容，这些内容的选择需要我们在充分的去了解了学生身体、心理等各方面的特征之后再进行选择。而同样的教学内容在不同水平的学生面对的时候，在教师引导的重点和难点方面也是不同的，因为学生的心理需求是不一样的，教师要根据学生的实际进行针对性的调整。比如说有一个运动项目贯穿全学段，那就是篮球运动，篮球运动从幼儿园就有小篮球的开设，那时候就有了运球，而到了大学阶段同样是篮球的运球，教师依旧是在课堂上花大量的时间进行原地运球的练习，那样学生对于体育课的兴趣直接就降低为零了，因为这时的学生的注意力都在比赛场上运球过人和上篮的对抗中。所以说在小学阶段就要安排适合小学生的生理和心理条件的运动项目内容，比如小学阶段在基本的跑跳投、攀爬和翻滚等技术上正是一个好时候，因为再小一点的孩子就只会爬和在地上打滚的，在这个时候正好也是学生感觉统合的综合系统正在发育成长的时候，相对应的运动技术能够确实的帮助学生身体发育。另外这些基本行动能力也是学生正在小学学习和日常生活中正在逐渐规范阶段所必需要掌握的。但是这些内容就有点想军事体操里的齐步走和立定了，所以如何处理这方面的内容是一名体育教师的火候。因为像走跑跳投等这些动作相对而言比较的简单，同时又很枯燥，这时候的学生确实天生的活泼好动，怎样才能够让学生喜欢上教材，同时又能够有所发展，这是一个关键。我们认为像这样的基本行动能力的跑跳投这类的教学内容，学生需要采用游戏等方式来进行教学。这个时候的学生正是出于游戏来感受人生这个阶段，游戏是学生非常喜爱又愿意接受的方式，这时候由于游戏的趣味性和学生的学习兴趣融合在一起，学生就开始模仿学习了。在这里模仿就是学习、游戏就是学习，而单纯的说教和重复性练习对于小学生而言是不可接受的。但是即便是在教学思路和手段上无限的接近学生的学习兴趣，但是由于教学内容选择的失当，使得体育课程的教学实践也是无法实现的，比如说小学1-2年级阶段安排立定跳远这样的运动技术的学习和考核，虽然说也是很简单的，但是这从学生的生理发育敏感期而言是不太适合的。练习的过多和多早对学生甚至都是有负面影响的，特别是对于学生心脏发育和小腿骨骼的成长发育。其实在体育学术界，早在90年代就有了"为什么要教滑步推铅球"这样的大讨论，这是从教学内容设计的角度上来审视的，而从学生的角度上出发，问题应当变为"我们为什么要学习滑步推铅球？"是啊，为什么要学习这样一个技术呢？锻炼力量素质？我们有专门的核心练习技术啊。是为了发展学生的协调性？还是要培养推铅球的高级技术人才？像奥运会上推铅球的技术也是不再是单纯的滑步推铅球了，那么为什么还要教这个滑步推铅球？学生学习兴趣也没有，学生想学还有心无力，对学生的身心发展的功效也不大。要是能够找能够激发学生学习兴趣，在发展力量方面又简单有效的内容何乐而不为呢？那么这样整体的把握是需要从学生的身心发展的视角去进行内容的筛选。必须要站在学生为主体的地位上去进行体育课程教学内容的选择。小学的高年级和初中阶段的学生，在竞争方面就开始有越来越多的兴趣，这个时候就可以围绕学生的生理和心理的实际开展相对应的教学内容，高中阶段也将比初中阶段有了进一步的提高，初中阶段是以种类繁多，为了更多的让学生体验和接触，而到了高中阶段项目就开始减少和聚焦，也努力的使得学生的技术更加的专业和高水平。难度增大的同时，也更加凸显了学生爱好程度。体育课程教学内容从小学到高中是一个变化过程，内容的数量上先是多后是少，在技术难度上先是基础后是专业的，这就是从学生的主体地位出发、站在心理学理论基础上而确定的。《新课程标准》指出各地、各校和体育教师可以根据同一水平阶段学生相似或相同的身心特征，选择适宜的教学内容，促使学生达成水平阶段的学习目标。这是一个非常关键的一条，这一条给各地、各学校和各个实际在体育教学一线的教师留了很大的在教学选择上的自由空间。这种自由空间是和以往的体育教学大纲最大的区别，同时也给广大的体育教师提出了一个相当大的问题，那就是符合选择是以的教学内容。《新课程标准》提醒我们要注意根据学生的身心特征，这就需要我们体育教师掌握一定的身体和心理相关的理论，体育教师大可不必全部都成为心理学专家，但是，体育教师一定要掌握学生的心理变化规律，以更好的引导学生的成长。而且教师要注意学生主体地位的体现，只有这样才能选择出适宜的体育课程教学内容。这样尊重学生的主体性的同时也就强调要克制教师自己，很多体育教师的问题就是在体育课上教的都是自己感兴趣的，这是有问题的，换一个说法，一个好的厨师绝对不能每天给客人做自己喜欢吃的东西，而是客人点什么你就要把什么做的好吃，这时候就给体育教师的专业能力提出了一个更高的要求。

1. 在体育课程教学内容编排顺序上应当注重心理顺序的考虑。体育课程的教学内容是由很多的体育运动项目组成，这些内容其实没有特备明显的逻辑性，并没有哪个项目好似另一个运动项目的基础这样的递进的关系。但是在以往的体育教学大纲中，关于体育教学内容的组织和安排就是按照竞技的顺序来进行安排的，这样的教学顺序仿佛是把握了一定逻辑顺序，其实是忽略的学生的心理发展顺序，这些内容的排序并没有参照学生身心发展阶段进行设置，这样的结果就是没有使得学生的主体地位得以体现，由于内容和学生的身心发展顺序的不和谐，所以对于学生的掌握和技能的提高都是有不利影响的。因为体育课程的教学内容并不是像其他的文化课内容一样，其他的文化课只是就是一个一个的知识点，教师只需要将这些知识点讲授完成，就看学生的学习了。但是体育没有这样能用一个一个的知识点串联成的一个课程体系，正因为这一点，在体育课上进行知识点的逐一教学是有问题的。体育课并不能简单的模仿其他学科的逻辑顺序，再加上体育教学内容的逻辑性本来就差，所以在这种情况下，我们更应当考虑学生在学习和掌握运动技能时，是否符合学生掌握和领会以及应用所教授的知识与技能等年龄阶段，以学生的身心发展规律为主线，将这些相对应的技术去给予填充，从而达到学生全面充分发展的总目标。也只有这样，才能调动起学生的主观能动性，是学生易学，乐学，学的好。我们应当在体育课程内容决策中，对国家课程、地方课程和校本课程都要体现出学生的主体性。特别是地方课程和校本课程的决策，学校教师参与度会更高一些，在这种情况下，应当避免教师的主角光环意识，应当将尊重学生的主体性地位放在第一位，可以采用全新的教育观念，让学生参与到体育课程建设的过程中，在这个过程中，学生能够通过实践感知整个课程改革的全过程，这本身就是受教育的一个过程之一，其次，在这个过程中通过特定的内容和形式使得学生有权参与其中，教师应当充分的考虑学生的兴趣、个性、特点，并且关注学生的不同的身心发展水平。在这个过程中教师要避免闭门造车，要走出办公室，走到学生中去，去真正的了解学生的实际需求和学生的真实想法，用空杯心态和学生一起共同构建未来的体育课程。这种增加学生参与和分享的过程就是一种学生主体性的体现。在尊重学生主体性的同时，也要将教师关于未来课程的价值取向和基本假设告知学生，凸显教师的主导作用，毕竟学生和教师是共参共建，并不是学生自己构建，在这里大可不用较真。只有让学生了解了新课程的设计意图的目标方向，学生才能够有的放矢的提供自己的建议，不然的话就不好把握方向，另外教师只有让学生明白了参与决策流程的意义，学生也才会在参与的过程中带有使命感和责任感。最后在整个课程决策的过程中也是不能是凭借自己的兴趣来想提什么想法就提什么想法，他们也是需要在掌握体育学习和体育教学活动的评价、内容已经整个过程的基础上，还要了解不同年龄阶段的体育教育的思想和过程。这样的话，学生就可以从评价、实施、考核、教学方法等方面有的放矢。并不是说国家课程就不需要进行决策了，国家课程和地方课程还有校本课程都是一样的，都是需要我们和学生一起进行决策，只是决策的侧重点不同而已。国家课程需要决策的侧重点就是关于国家课程的内容如何去落实、如何去达标、如何去完成。而选修课的话，就要范围更广一些，内容和实施的过程、情感和决策的感受等。总之对于未来体育课程改革的时候，不仅仅是要具有科学和理性的思想，还有对于相关知识和技能的理解和掌握，还要对各个学生阶段的情况有所了解，最后还要拥有挑战创新的胆识。

2. 课程决策不仅仅是课程确定前的决策，在课程进行中的学生决策也是非常重要的一部分。不如说选课，无论是国家课程还是选修课程，都是可以以选课的形式进行的，这种选课的方法和软件工具都是可以完成的，但是关键的不是用什么方法，而是一定要给学生这些选课的自由度。而且这个自由度还要充分。现在由很多的学校都已经开始实行三自主的模式了，所谓三自主就是课程的内容、教师以及上课时间都是可以有学生在选课的时候明确下来了，这样的选课自由度，就能够调动学生学习积极性，更能体现学生的喜爱程度。在这种前提下进行的体育教学，效果更好，更容易体现学生的主体性，更能调动学生的学习积极性。但是不是说三自主了就是完美的了，因为三自主也有问题的，有的学生选择了自己喜爱的课程，但是由于师资问题或者其他问题，有的学生就没有选到自己喜爱的课，这也是有可能的。另外即便是选择了自己喜爱的课程，但是学生的个体条件也是不一样的，所以在教学过程和教学评价方面也要适当的给予学生一些自由度。比如说学生可以选择考核的内容，学生可以选择考试的方法，在具体的教学教学方法上学生要也可以根据自己的喜好程度选择学习方式，当然这是一种理想化的可能性，但是并不代表不可能，关键就是教师要充分的给学生自由，而这个自由的度，需要教师好好的把握。无论度到底是多还是少，我们应该充分的给予学生自由的权重是我们体育的一种客观需要。

3. 课程的决策要考虑学生的思维范畴，特别是体育意识、体育思想等。因为不同时期的不同体育思想导致的学生的体育活动行为就有很大的差别。所以不同的体育意识决定了他们的地域态度，而体育态度就直接影响了他们的体育行为。所以我们要关注学生在不同时期的体育思想动向，还要加强对于学生体育意识和思想的引导和培养，要通过引导，激发起学生的学习兴趣,,通过引导去改善学生的学习态度，通过引导给学生指明行动方向等。使得学生选择适合自己的身心发展水平的运动项目，从而提高学生自己的身心发展水平。这些内容是我们在体育教学中和课程教学实践之前都是要好好思考和执行的。在学校的高度看，体育教学的指导思想就是健康第一，所以很多学生，也包括很多社会上的人们，他们认为体育教学水平的高低取决于学生在竞技水平的高低，其实不是的，健康第一是我国体育课程的指导思想，没有健康，体育课程就什么都不是了。就比如大学体育课程中有一些搏击类的项目，这些项目具有实战性质，学练之后确实能够使得学生增加一些防身自卫的能力，但是搏击课的指导思想也是健康第一，绝对不是搏击第一。但是由很多学生从选课开始就是抱着要学习防身自卫的本事，锻炼自己的搏击实战能力为主，那样在课堂上就更容易出现教学事故的发生，毕竟学校教学不是训练队的训练，这是我们需要明确的，教学就是要贯彻安全第一的指导思想，这是不能变的。另外在搏击教学之前就要使得学生了解，体育课不是训练课，由于思想上的不统一，学生很容易在教学过程中执行自己的意志，这是非常危险的，特别是在同场对抗类项目中。所以说这种引导是非常重要的。还有一些社会风气使得学生在体育教学中出现了思想问题，比如跆拳道是一种韩国武术，那么来自美国的自由搏击就显得非常的能打，在这样的两个项目进行教授的时候，将学生的思想都调度到健康第一的角度上就好了。第二体育课程是以健康第一为指导思想，更是以终身体育作为最终的教育目标，在这样的思想指导下，教师不要只是关注着自己所要求学生学习和练习的内容掌握的情况，更应当关注学生的情感态度和参与情况，以及在课堂上的内容如何能够为学生的终身体育打好基础。这是非常重要的。所以说健康第一和终身体育的思想是一个体育教学的主线思想，教师要以这个为大方向，然后根据具体课堂教学内容进行适当的调整，使得每一次的教学都朝着我们课程的总目标靠近。

（二）有利于突出心理教育功能

健康是一个大家耳熟能详的词语，对于健康人人都能有自己的一些看法，很多人说长寿就是健康，因为中国讲健康长寿，说明长寿就等于健康，还有的说只要是身体没有病就是健康，没有病的确是身体很健康，最起码在身体上是这样的。但是健康并不是这样的定义的，《阿木图宣言》告诉我们说健康不仅仅是没有疾病，或者不虚弱，而是身体的、精神的健康和社会的完美状态。这样就综合了很多，就不再是一个简单的一条了。这是世界卫生组织给健康下的定义，这样的定义可以看出，健康不仅仅是再生物学的角度上强调人的身体没有毛病，身体没有疾病只是健康的一部分，而且还要再精神和社会都是完美的状态，这里的精神就是指的心理健康，而社会就是值得社会适应能力。但是这并不是最终的概念，后来世界卫生组织将健康的定义是一个人在躯体健康、心理健康、社会适应良好和道德健康四方面都健全，才是完全健康的人。这是在20世纪90年代的时候提出的。这一下明确了精神健康就是心理健康，另外还提出了一个道德健康的概念。这样一个定义可以看出，健康不能只是单纯的从身体健康的角度来考量，还要看心理和社会等指标，这是一个非常权威的概念，所以在解释的时候不需要再去重申它的真实性。但是从健康的概念的不断的延展，我们就能感受到人们对于健康的关注越来越密切，越来越细化。这是和人类社会的不断发展和进步是分不开的，人类社会的进步使得什么不再为生命的存活而担心，转而更关注如何更能获得时间长，活的质量更高，这样的需求使得健康的标准也就发生了改变。因为当人们关注和研究的时候发现和人的健康有着密切关系的因素不仅仅是身体因素，还有心理因素和一个人周围所处的社会因素。这样解释使得人们的对于健康的观察视野大幅度的开阔。不再是只是仅仅围绕有没有疾病来进行探究。使人们再心理树立起了全面的生物、心理和社会三个方面的健康观。而体育课程的指导思想是以健康第一为指导的，这里的健康就是指的三维健康观念，在健康概念的丰富的同时，我们体育课程的教学内容和教学目标也发生了改变。像目标就不能只是围绕着身体健康在做文章了。其实很多教师对于体育和身体健康都持有怀疑的态度，体育教学能够增进学生的身体健康吗？不管能不能，在这里我们要强调的是，体育今后不仅仅要关照身体健康的问题，还有关照学生的心理健康问题。身体健康其实和生活物质水平的提高有一定的关系，但是心理健康的问题，却是和社会生活的竞争有着密切的关系。随着社会的不断发展，人们的竞争压力是以看不见的速度在与日俱增。随着人们的竞争关系使得人们的心理疾病出现的频率和人数都在急剧的增加。这些心理疾病的出现不仅仅使得个人的生活上出现了问题，甚至给社会都带了沉重的负担。因为有些心理问题的出现直接影响了一代人的成长问题。像美国这样的一些发达国家也是在为自己国家青少年出现了各种心理问题而感到担忧不已。美国的青少年经常被称之为没有目标的一代人。而日本的青少年更正直接被贴上三无青少年的标签，所谓的三无就是指的没有责任心、没有力气、没有情感。而一方面引起人们关照的同时，这样的心理问题的青少年的数量正在急剧的增加。随着我国的社会生活水平的不断的提高，尽管还没有出现像他们一样的全社会性质的大面积的青少年出现心理问题，但是并不代表我们国家没有这样的心理问题青少年，像有些青少年由于家庭原因导致的自己的个性不合群，以一种君临天下的视角和身边的人在一起，总是玩不到一块去，这就是一种社会适应问题，像这样的孩子往往自爱独生子女家庭中居多，他们从小到大全家人都围绕着他一个人转，想要什么就只需要说一声就可以了，如此一来，尊重别人谈不到，可能和别人正常的共事都是不可能的，这样的人不善于和人合作，有了事情之后更是不善于沟通，意志力又薄弱，所以在今后的日常生活中总是遇到各种各样的社交性的困难。其实归咎起来就是心理素质出了问题。在 1986 年联合国世界卫生组织和上海第二医科大学联合做了一次调查，调查对象是上海市的中小学生，调查的内容是关于心理健康的筛查，等到调查结果出来之后发现，还是有问题的，这些筛查的对象中有不同程度的心理障碍的人竟然达到了百分之十。这是一个很庞大的数字，因为中国的人数是世界第一，要是按照这样的比例计算，人数也是十分庞大的。后来上海市小学心理辅导协会又做了一次调查，这次调查的对象是上海的 1684 名中小学生，这些人的总共心理障碍的查出率是达到了 15.43%，这是一个比之前更为严重的数字，但是在不同的年龄出现心理障碍的数字也有所不同，像小学就达到了 23.2%，这是一个很大的数字，比例最小的好似初中生，他们的心理障碍检出率只有 9.1%，不到 10%，这就说明中学生要比小学生的心理方面要好一些。而高中生的检出率为 13.9%，说明高中比初中生的心理压力或者心理问题更多。但是到目前为止还是可以接受的。到了 1995 年中国心理卫生协会针对全国中小学生当前的心理状况做了一个调查研究，研究结果表明全国中小学生的心理健康状况已经是达到了令人担忧的程度了，这一个趋势就是这些年随着我国社会的不断发展，全国中小学生的心理障碍检出率也是在逐年增长的，而且是越来越高。另外一个特点就是从幼儿园到小学到中学再到高中，随着学生年龄的增长，具有心理障碍的检出率人数也是在越来越多。这些学生的心理问题多样，有轻有重，严重的心理障碍患者已经就是得了心理疾病或者走上了自杀或者违法犯罪的道路了。而轻度的心理障碍也是受到了学习压力、考试压力、青春期心理、交往压力、生活压力等各种压力的困扰。这样的现状引起人们的担忧，也引起了中央的高度重视。《中共中央国务院关于深化教育改革全面推进素质教育的决定》明确提出："针对新形势下青少年成长的特点，加强学生的心理健康教育。"这种指示性的精神让我们感觉到了青少年学生的心理问题真的到了一个不得不进行控制的地步了。首先第一点，我们国家的青少年心理素质要进行加强，青少年心理健康要进行促进。第二点就是在加强青少年心理素质和青少年心理健康方面学校体育就有特殊的价值。这种价值不像单独的开展心理健康教育的课程那样，就像有人得了轻度的煤气中毒，有的时候不需要去医院，而是放在一个通风好的自然环境里他们好的更快。体育教学对于心理健康的作用就是这样的。体育教学活动中学生并不是像文化课一样的，学生都坐在教室里，由老师讲授学生聆听，不是的，体育课堂上学生需要整个人都活动起来，而且要将自己的知识、情感、意志力和行为高度的投入的体育活动中去，这就是是体育和其他课程完全不一样的地方。任何一个运动项目的活动过程都不是只有人的人体在动，人的整个身体和心理都在动，人与人的交流还促进了人的社会适应能力的提升，所以整个体育活动对于人的作用是非常巨大的。另外在体育活动中面对成功的喜悦和失败的沮丧等等心理的波动能够使得人们的心理调控能力得到提高，对待胜败有了游戏化的认识，以这样的态度对待游戏和比赛，失败了就再来一次，这样的心理状态是积极的，是乐观的，是能够促进人的阳光一面的发展的。这就是体育活动的特殊价值。而这一点在很久一起就已经有人发现了。当初毛主席在《新青年》发表的体育之研究上就说了："体育于吾人实占第一位置，体强壮而学问道德之进修勇而收效远"。可以说毛主席对于体育的认识是非常的深的，也是是非常先觉的，那时候是 1919 年。而我们现在奉行的健康第一的指导思想也是毛主席提出的。体育活动是一个虚拟的社会环境，在这样的一个小环境里，人们能够真实的感受胜利和成功的喜悦，也能够感受真实的困难和挫折，人们能够真实的融入到人与人的配合之中，同时还能够感受自己的心态和情绪的变化，关键点是体育活动几乎是无代价的，有些情绪的波动在现实生活中出现，可能就不是同样的后果了。在感受了这些之后，人们也可以在体育活动中一次一次的尝试和思考如何解决这些问题，如何直面挫折和失败，如何面对成功和胜利，这样的心理控制的结果就是心理素质得到了提升，心理障碍问题得到了疏通和解决。正所谓心病还须心药医，我想在体育活动中的种种就是一个形象的真实写照了。其实体育活动中的胜败和挫折并不能像现实中的挫折那样，往往我们说的体育活动是有一定的作用的，是指的启发和映射的作用，毕竟体育无法解决你欠人家一百万的问题。但是学校体育也确实能在以下几个方面给学生的心理健康方面带来一些好处。比如能够改善学生的情绪状态，这一方面就下个有些学生做数学题的时候由于过度紧张，等出去走一圈之后，全身血液循环促进了达到的血液流速，使得后面做题更轻松一些。除此之外还有能够减除人的身体和心理疲劳、能够培养人们良好的自我概念、能够培养学生良好的意识品质，甚至还有对心理疾病的治疗作用。可见体育活动对于人的心理健康有多么的重要了。而将体育这种独特的价值功能在体育课程教学内容设计的时候展现出来，我们认为需要注意以下两点：第一就是体育教师要将一些心理健康相关的知识、理论等进行教授。这些内容具有实际的理论意义和实践意义，在理论意义方面，由于体育与健康的课程性质影响，体育教学实践中必须要体现出健康的知识和内容，而健康从三维健康观出发，在知识方面就有包括，身体健康知识与技能、心理健康的知识与技能、社会适应能力的知识与技能。所以在体育教学实践过程增加讲授心理健康相关的知识和理论是非常必要的理论需求。第二，体育教学实践的过程是学生的身体和心理全身心的融入的过程，在这个过程中，学生的失败挫折感、胜利的喜悦等心理感受，这些都是非常真实的，在这个过程中，教师要引导学生理论和实践相结合，让他们将身体活动和心理活动的感受进行统一。一方面教师可以根据具体的教学实际情景利用心理学的原理引导学生进行心理困惑和心理障碍的疏导，另外还要针对性的引导学生们恰如其分的使用这些心理疏导的手段和方法进行自我调整，调节自己的不好的情绪、控制自己的心绪，这样的话，就达到了促进学生身心健康的一些方面了。另一方面还要从课堂中的心理变化和社会生活中的心理调控进行有机的结合，这是一个非常容易忽略的地方，因为当前的体育与健康课程其实是指的一种大体育观，这种大体育观决定着我们体育教师不能知识狭隘的将自己的封锁在体育运动项目之中。应当将社会里面一些真实的心理健康问题进行有机和自己的体育教学实践相结合，这样的话，体育课上就可以将课堂上引申出来的心理健康知识和实际生活相结合，毕竟体育活动中的心理疏导还只是停留在体育课中，只有应用到实际的生活中，心理健康知识与技能的意义才能发挥。第二，在体育教学实践中使得教学情境心理化。所谓的心理化，就是要在课堂实践中有目的的创设一定的情境，使得心理健康知识和技能有出现和展现的机会。这种有意识的创设情境，要比没有创设，而是故意等待课堂上出现心理需要，这种机缘巧合的事件，是可以体现一个教师的教学能力的，但是并不能在每一次课都能出现同样机缘巧合的事情，这样就使得学生的心理健康的接受情况不均衡。要非常明确心理健康的知识和技能也是体育课程教学内容的一部分，而且是非常重要的一部分。在具体操作的过程中，要以心理健康的某一个点为主线，以一个运动项目的体育活动为主要环节，而同时引申几项或者多项具有同样心理状态情境的内容活动，这样整堂课就有了一个共同的心理场景，使得心理健康因素变得极为突出，也就有了十分重要的心理教育意义。这样的过程主要是通过课前的教学设计完成的。

这种课前设计和之前的设计思路和环节基本上没有太大的差别，只要就是课堂的主基调从原来的体育知识和技能转变为了学生的心理健康的知识与技能，这样的思路其实是开阔了体育教学实践的教学设计思路，另外也极大的促进了心理健康教育的实用性。有很多的体育教师对于以心理健康为思路的课程教学的设计有异议，其实这主要是理论学习的不足，还有就是对于心理健康的重视程度不够，认为体育教师就应该进行体育教学，心理健康应当由心理咨询师进行。其实我们的健康和医院里的健康的概念是不一样的，到了医院里，提起健康问题来就是疾病了，而我们课堂上的学生不仅仅没有疾病，我们还要使得他们增进健康，心理健康方面也是这样的，我们的学生是没有心理健康问题的，只是我们在体育教学实践中进行引导，引导学生增进自己的心理健康知识和技能，从而达到提高学生的心理健康素质的一个目的。其实很多体育教师已经在使用了，只是还不自知，我们当前的三维教学目标主要是从知识与技能、过程与方法、情感态度与价值观三个方面进行确定的，而心理健康的内容大多都放在了情感态度和价值观的目标里了。比如我们在进行耐力跑这一堂课中，耐力跑是一项非常枯燥而且很十分考验学生意志力的运动，这项运动的开展，讲好了就能够培养学生坚韧不拔的意志力，但是要是讲不好，学生很有可能就因为畏难心理，就再也不从事相关的练习了。那么在这种情况的话，教师可以将长距离进行有针对性的分解，使得整个漫长的过程变成若干的小挑战，并且再挑战中赋予一些和考验意志力相关的情境，激发学生勇于直面困难，再接再厉的意志力品质。这样的话就将这一种困难的耐力跑变成了一种自我挑战、自我证明的过程了，最终的结果一定是自己通过坚持不懈的努力一定能取得最终胜利。其实人生也是这样，往往并不是谁跑的快，而是谁在赛道上坚持的时间更长，因为人生就是一场马拉松，比赛的终点就是人生的终点。像这样的课堂设计教师要根据学生的实际情况，结合教材的内容，还有心理健康的知识和技能进行有机的结合。另外要勇于尝试创新，大胆尝试，并且在实践之后进行优化调整，使得内容更加的有效。

（三）有利于学生的个性发展

个性是一个很多教师害怕的东西，这是我们问过身边的很多的一线教师之后得到的一个初步的结论，甚至可以说只是猜想。因为学生的个性，就意味着在教学过程中，困难增加，因为有一些内容可以只用一种方法，就可以完成的，但是一旦由个性学生的出现之后，就会变得复杂起来，另外个性的学生情况，无法进行预设，更多是依靠教师在课前的经验。但是体育教学实践过程中，学生的情况不可能一样的。比如 100 米跑步，有的学生 12 秒非常轻松，但是有些学生 14 秒都是很困难的。这里说的学生并不是不努力，并不是学生感情不投入，也不是学生心理有问题，而是这就是学生的个性特点。每一个学生的身体发育水平不一样，他们的家庭成长环境不一样，他们的基因也不一样，所以在同一个跑道上跑出不同的成绩来是很正常的。而在课堂上却要求学生一定要统一，实在是不太适宜的。从人本主义心理学的角度出发，我们对于上述的问题又有了全新的认识。人本主义心理学让我们更加关照和重视学生的个性，每一个学生都是独立的与众不同的个体，他们的认知过程和行为表现等都带有个性的特点。而人本主义心理学告诉我们，我们要将一个人进行完整的而不是分开割裂的研究分析。很多学生所表现出来的与众不同是由他们的先天不同和后天差异而引申出来的，这些都是在课堂之外已经具备的了，另外学生都是发展中的学生，他们只是发展的阶段不同而已，但是他们由于发展潜质也不同，所以他们的会出现在评价过程中有所不同的局面出现。其实学生个体的多样化，就像大自然中没有相同的两片树叶，就像社会上没有两件完全相同的事情，这些都是很自然的，我们要尊重学生与众不同的发展潜质这种事实，同时我们也要尽量的以社会文化的多样性来看待学生个性的多样性。这也是一个非常自然的事情。这样的心理准备，使得我们明白，不可能在同样的单位时间内使得学生在同一个教学课堂中，获得同样的发展，这样的教师心理预期是无法完成的，学生的实际也无法使得达成这样的要求。不如我们尊重学生差异的同时，鼓励学生的差异性发展，在课程设计的时候充分的融入儿童个性化差异的教育观，重视学生不同的兴趣爱好、身体状况、能力和素养等。在同一堂课中重视学生的个性化发展，那样就要安排不同的教学内容，而不是唯一的教学内容，而且这些教学内容和学生个性特点越贴合越好，越是能够帮助学生在个性发展的同时，进行各方面素质的发展。其实学生在身体素质方面的差异要比在文化课方面的差异更大，这个主要是因为学生的遗传和身体素质发展水平不统一造成的，同一个年级中的学生的年龄上的不同导致的发育水平都有差距，更何况运动开发的程度的影响了。而且这样的差异不是可以轻松通过后天的客观努力就能够弥补的。但是我们的体育课堂也不是为了弥补这样的差异而开设的，我们只需要使得学生在课堂上给予他们自己的实际情况的进步和发展，使得所有的学生都能在自己个性的基础上感受相同的乐趣，这要求教师教学艺术的高超之外，还要在教学设计上多下功夫。我们要充分的认识到这个观点的重要性。

体育是确实能够给人带来快乐的，而不是一部分人能够体会，让每一个学生参与都体育活动中，让每一个学生都在技能发展的机会上获得相同的概率，在体育获得的感受上都能获得愉悦的感受。用我国台湾省常说的一句话，那就是使得每一个学生都能。关于个性化的追求，其实是一种非常大的革新，复杂难度是无法想象的，但是统一的标准在难度系数上就小了很多，比如学生体质检测标准，这种学生体质监测就是统一的，达标的，只有达到了之后，才符合相关要求。这种观念直接影响到了一些学校确定的体育课程目标，比如必须要将游泳学会才能毕业，必须要达到几种泳姿和要游泳多少距离。这样的刻板的规定使得学生的个性化无法凸显。但是这在当前大多数的学校里还没有游泳池的时候，学生会游泳，就比其他学校不会游泳的要个性的多。这就是什么样教学环境，教会什么样的学生，孟母三迁也是由于这个原因。但是我们认为在学校体育中使用一刀切在人本主义心理学的角度来看，还是有很大的问题的。就是我们常常说要重视学生的个体差异，但是在实际的操作上往往是无法完成的。另外在教学内容方面，也是有问题的，教学内容原来就是统一的竞技化标准，学生在学习完篮球和羽毛球之外，就是要原地的定点投篮命中几个，就是要在发球的时候十次发球成功几次，在这样的教学内容和考核指标来看，个性化根本就没体现的机会。如果学生篮球定点投不进，花样的运球算不算也是很好的呢？竞技体育是有一条非常重要的道路可以走的，但是那要是达到高水平要具有很高的淘汰了和条件保障，所以由于各方面的不实际，往往教育也没做好，学生的水平也就平均在定点投篮 10 个进 3 个的水平。当然有一些学生是成功的，能够在教师的更多关注下得到更高的发展，就像皮格马利翁效应给我的启示，但是代价就是更多学生得不到关注，得不到相应的发展。可见按照竞技体育的发展规律是对于体育教学的发展没有太大的帮助的。但是由于一些政策导向的原因，体育特长可以作为考学的加分项，所以更多的学校和教师愿意在这些有特长的孩子身上付出更多的努力，但是体育教师的这样的操作是错误的将体育教学实践变成了个别学生的训练提高，这是不对，训练可以在训练的时间进行，但是教学必须要面向每一学生。全向全体学生是体育教学中注意的标准，同时在教学过程中关注学生的个性化差异，设计凸显他们个性化差异的内容和教学环节，而不是将更多的人财物应用到具体的某个人或者某几个人身上，其实利用这些学生提高升学率、提高学校的知名度、刷新在学校运动会或者校外运动会的成绩。这些都是可以理解的，但是应当单独拿出时间和精力来，但是不能耽误体育教学的根本宗旨。以应试教育和精英教育的思想来运作需要面向全体学生的体育课堂是不合适的。那么根据学生的个性差异进行体育课程教学内容的设计应当注意以下几点。首先第一个就是增加教学内容的可选择性。所谓的教学内容的可选择性就是在一次课中就要进行多种教学内容的呈现和选择。因为学生的身体素质和个性特点是不一样的，在课程中大可不必一刀切要求每一位学生都打篮球，也可以这边打篮球，这边打排球。在打排球的过程之中，比如排球的发球，可以根据学生的实际情况，尽心难度的调整，比如将发球线到格网中间进行几个难度的等分，让学生根据自己的实际进行挑战，逐渐的达到发球过网的目标。其实宗旨就是要让每一个同学都能够获得一样的发展机会，是的全体学生的相同时间内均等获益。在课程形式上也大可不必拘泥于一种形式，可以让学生有选择性。比如设定一定的必修课和一部分的选修内容，在调动学生学习兴趣的同时，增进学生各方面能力的发展。另外按照《新课程标准》的指示精神，我们体育课程教学内容是可以由学校、教师等根据自己的实际情况进行选择，而且选择的空间还是十分可观的。这样的要求下，教师在保证完成教学目标的同时，增进学生在教学内容的可选择性，使得学生个性化的尊重得到进一步的凸显。这样的选择使得体育课程尊重学生的个性化发展从实践到理论方面都得到了一致的保证。而教学内容的选择方面可操作的点很多，像在不同的学段中，初中教学中的项目和内容就可以从教材中进行凸显，另外到了高中就可以依据选项的不同在教学模式上进行调整。另外在体育教学内容上除了教师的选择之外，还有学生在随着自己的判断能力的提升，学生在教学内容的选择权上也逐步的在增加，使得学生越来越接近课下体育活动中的实际情况。这样的实际情况是体育课成功的一个标准。选择制教学的前提就是可选项教师都要能拿的出手，这时候就要求我们的体育教师在教学能力上进一步的提升，另外体育教学的选择性还可以在教学方法的选择、运动量的选择、难度系数的选择上，在篮球运动这个能够贯彻学生整个学段的运动项目，在技术要求和球的大小上都可以进行区分，但是不要只是为了区分而区分，应当由具体的可执行的教学安排，在这种情况下，既有了区分，但是在实际教学中又没有直接效果落实，只能是在理论上进行了一定的增加，那样的结果依旧是没有尊重学生的个性化发展。我们的教师也要非常重视个性化教学制的研究和思考，重视学生的个体差异并提出相对应的具有实际效果的教学设计来，使得体育课程的实效性得到进一步落实。

（四）有利于学生的情感体验

我们一直在讲三维教学目标，包括知识与技能、过程与方法、情感态度与价值观。有的人一直在思考和讨论这样复杂的教学目标到底能不能在一节课中实行实现，其实虽然是将教学目标分为了三个维度，但是这三个维度指的是同一个目标。这就是说这三维是指的一个事物的三个反应面。这三维要是用一维的语言来组织的话就是在一个过程中使用什么方法将基本知识和基本技能教给了学生，培养了学生什么能力，在这个过程中学生体悟了什么情感态度和价值观念。所以情感本身就是教学目标。很多时候人们参与体育活动特别是参与了体育教学活动之后，认为学会了什么技能是这个过程的主要目的，其实不是的。因为在过程的情感体验本身就是教学内容的一部分。人们都喜欢体育运动，因为体育运动能够给他们带来快乐，这种娱乐性是体育运动本身自带的。而娱乐又是人们最喜闻乐见的，这是他们的天性。而人对于体育教学的认识却认为大可不必有娱乐性，其实这是不正确的。从人本主义心理学的角度上讲，学生在整个认知的过程中始终有情感的参与和体验，这个情感不是在某个时刻才出现，而是一直伴随着。正所谓学习的行为不仅仅是技能和动作的学习，还有情感和感情的体验。所以说在整个体育教学过程中如何进行课程设计和安排，能够使得学生的情感体验和课程的娱乐性方面有所增加。其实这是一个比较复杂的较为新型的课题，娱乐性本身应当是娱乐节目的内容，怎么体育教学也要往这方面靠近。我们的观点是先娱乐吧，要是在体育课堂上不能娱乐学生，那么整个课堂就变成了体育训练了。我们这里说的娱乐，是指的在课程的某些环节，比如在课的开始部分因为娱乐而引起学生的学习兴趣，从而达到教学目标的过程，另外还包括的是要让学生能够感受到学习体育的过程本身就是能够给他们快乐的，或者说快乐就等于体育教学的过程。其实学生全面的感受快乐的过程就是高效的教学一个侧面。学生在整个过程中，体会自己通过艰辛的努力，得到的来之不易的收获的幸福感，这种成功的感受促进他们积极地参与接下来的或者下一次的体育活动。这种快乐和喜悦只有亲身的参与其中的人才能够感受的到，这是一种非常独特的感受，但是只可意会不可言传。在相关学者的研究结论中就有个体的积极参与体育活动的重要因素之一就是在体育活动所感受到了快乐、愉悦等这种积极的情绪。所以说如何去让学生在体育教学中感受这种独特的美好，是每一个体育教师在每一次课的过程中都要认真思考的问题。我们说了很多，在体育教学实践中使学生感觉到快乐很重要，但是并不是真正的教学实践中就真正的使学生体验到了快乐。这是一个有关系又完全不同的概念。知道体验快乐很重要这是知的方面，知了有可能就能在教学中使得学生感受到快乐，但是并不是说不知就在课堂上使得学生感觉不到快乐，这是不一定的。而让学生体验到快乐这是在行的方面，要是知道而不能做到，我们认为是有问题的，而能做到却不知道，我们认为也是不知其所以然的表现，我们更建议能够知行合一。但是据了解我们在一直以来的体育教学实践中学生体验和感受是常常被教师有意无意的忽视掉的，特别是在内容的安排上。由于受到竞技体育的训练方式的影响，使得整个体育教学的过程也都是围绕着如何提高竞技的技术和能力进行，教师主要关心的技能教授，而学生关心的考试的时候我要练习到什么程度。整个教学过程程式化严重，竞技化非常的明显。要是从学生的角度上看，很多学生在课堂上会问我，老师我们学这个有什么用？这个时候怎么回答？其实当学生问这个问题的时候，学生就是在告诉你，我不喜欢这样。这不是一个问句，而是一个肯定句。作为一名教师其实更应该从教学原理出发解决教学的问题，而不是要从运动训练学的角度去控制整个教学流程。这样流程和现象说明对学生的情感感受的忽略。其实从教学内容的设计的角度上我们就应当采取选择的行动了。我们在体育课程的教学内容的时候，我们应当考虑学生的真实感受，考虑他们是不是会不喜欢。而有一些内容的安排上的确是不是特别的恰当。比如掷实心球这一个项目，从小学开始一直到高中毕业，教学内容如出一辙。其实练习的内容可以有很多，除了实心球之外手榴弹就是投掷类的另外一种。作为一切体育运动之母的田径跑，这个可以说是在学生的一生中都会使用的到技术，整个跑步可以从小学到大学按照距离、速度等区分，按照学生实际去安排具体的跑步要求，但是我们实在想不出，人们为什么要在田径场上一圈一圈的跑。难不成跑步真的很快乐吗？不见得吧。不然为什么很多人不喜欢跑步呢？其实每一项目都有其自己的乐趣，但是我们是想说跑步的体育教学要告知学生，为什么要跑。现在又不是原始社会了，即便是跑步也只是锻炼的一种方式而已，真的参见田径比赛的人还是少数的。有一本书上写道，有人邀请一个原始民族的人来观看田径比赛，看后问他观后感，他就回答没有兔子，那些人在跑什么？这就是体育运动的特点，原来人们跑步就是为了追逐兔子，为了生活，而现在人们跑步不再是为了追兔子，但是依旧好似为了生活。只是这种奖励不再是像收获了一只兔子那样实际。但是课堂不是体育比赛，我们需要给学生们创设出那个兔子，也就是跑的理由，跑完之后能开心，能感觉有收获的目标。开心就是目标、快乐就是目标，娱乐就是本质，没有了娱乐的体育教学就是无意义的教学。我们需要考虑的是，如何增进在体育课程的教学内容里的娱乐性。这个时候我们需要先搞清楚什么是娱乐。是什么是快乐。快乐是由于体内的多巴胺引起的一种人的心理体验。这种体验是美好的，是积极的，是人们愿意接收的，快乐的反义词就是悲伤和抑郁，这两个词都是负面的。快乐的出现是由于人的某种需要得到了满足而产生的。人的需要被满足后机体就会释放多巴胺，使人感受的这种美妙的感觉。其实需要被满足是很容易的，但是快乐并不是一样多。比如吃饭，在当今社会吃一个馒头，是不会产生太多的快乐的。但是要是饿了好几天的人，突然吃一个馒头，那时候得到了快乐就要比不饿的人多。这是由需要满足的难易程度而引起的心理感受上的差别。另外不同的需要被满足得到的快乐也是不一样多的，马斯洛就提出人的六大需要层次，生理、安全、爱与归属、尊重、自我实现。这六大层次越往后越难以实现，但是往往每实现一个层次，得到的快乐就会比之前的一层得到快乐要多，人们所感受到的满足感也就越强烈，持续的时间也越长。而这一切需要的被满足都是由内而外的，并不是说自己什么都不干就实现自我了，应该通过自己的努力，因为自己的努力而生理、安全的需要得到了满足，通过自己的努力获得了爱与归属需要的满足，通过自己的努力使得自己受到尊重，使得自我实现的需要被满足，这样的满足所带来的快乐才是真正的快乐。从这个角度上来说，体育课程的教学实践中体验的快乐，应该包括两块，第一块就是从教师的角度出发，要给学生带来快乐，正所谓使别人快乐是最不容易的，在体育教学中，教师要在教学环节中设定相对应的环节，引起学生的学习兴趣，使得学生感到快乐。在教学过程中教师的教授和内容的安排要符合学生的实际情况，体育课程中使用的方法和手段也是学生能够接受的内容。体育是需要学生更多的投入的，但是体育不是考打大学主要科目，将来毕业后找工作也不考体育，所以很多学生在思想上就不重视，再加上社会和家庭的影响，学生在体育方面的时间和兴趣几乎是没有的，所以在体育教学实践中，教师要更加的重视学生在学习兴趣、情感参与等方面的培养。只有学生有了兴趣，他们才会主动的课上和课下进行相关的体育活动，在毕业之后，才有可能继续延续体育活动的习惯。说道这里，或许大家已经感受的了学生在体育课培养起来的学习兴趣要比体育课程中学习的几个技术要重要的多。其实我们能在一堂课或者几次课能够将一个技术教会给学生，那么学生也是可以在以后的生活中用同样的时间，达到相同的水平的，只是要是没有了学习兴趣和喜爱的情感，即便是会了几个技术招式，我想在毕业后也几乎不可能再参与这个无感的活动，这样就等于是断送了该项目在该学生身上发展的可能性。所以说为了培养学生的终身体育意识，使学生养成终身体育的习惯，促使学生经常健康锻炼的最好也最关键的办法就是要培养学生的兴趣，有了兴趣，他们自己就会去自学，自己没事了就刻苦练习，而这种练习的过程本身就能给他们带来快乐，而一旦和其他人进行全体性活动的时候，他们就更加的快乐了。所以说教师要在内容、方法、手段等方面努力的构建激发学生学习兴趣的情境，达到使学生感兴趣，愿意参与喜欢参与的目的。第二块就是学生要自己在体育教学过程中感悟快乐。在教师的引导下，有些学生是能够感受到快乐的，但是还有一部分学生是无法感受到快乐的，因为他们根本就没有感悟在体育活动中的心理感受。比如说教师激发学生学习兴趣阶段，学生的参与程度，要是学生当时根本就没有参与，教师没有激发起学生的兴趣，结果一定是学生无感。另外课堂所带了的快乐是教师在引导下学生更够感受到的，还有就是在体育活动中学生感受到的成功的喜悦等，是无法引导的，学生只能自己去体悟，因为一项运动的技术即便是再简单，学生也需要不断的进行重复，通过艰辛的练习才能够使得技术有用，才能够在体育教学比赛的舞台上帮助自己获得胜利，这种有艰辛到成功的喜悦是学生独特的心灵历程，是一种真正的体育带给学生的快乐。这种快乐能够带领学生再次的返回到体育活动中来，从而使得学生养成体育锻炼的好习惯。以上两点相辅相成，一方面是教师的激发，一方面是学生的感悟，两个缺一不可，共同构成了体育教学实践中的娱乐性。两个方面互为因果，因为教师的激发兴趣，所以学生才感兴趣，愿意参与，在参与中得到了快乐才愿意继续接受教师引导，通过教师的引导学生在技能方面得到了进一步的提高，达到了一定的高度之后，通过体育本身获得快乐，这时候学生就被体育项目激发出了更大兴趣。当学生真正的到达这个层次的时候，我们说我们的体育课程教学目标就达成了。通过体育课程教学内容的设计增加体育娱乐性的着手点有以下几个，第一降低体育教学内容的难度。我们说马斯洛提出的六大需要理论，越高级的得到了快乐就越多、持续的时间就越长、感受到了快乐也越刺激。另一方面，需要越低级，满足起来就越容易。比如生理需要的满足，我们现在的社会生活越来越好，吃顿饱饭对很多人而言已经感觉不到太多的快乐了，因为太容易了，也太低级了。　相反有低级的需要，一旦提高了获得的难度，也会给人们带来更多的快乐，比如说吃饭，在饥饿程度达到一定程度之后，一个馒头就会感觉无比的香甜。由于某些历史的原因，我们国家在体育教学内容上相对而言还是比较偏重于竞技化的，竞技化带来的一个最大的不好就是要学生学习的专业化水平进行评价。在教学过程中要求学生重视技术和战术，强调学生要完整系统的进行体系学习。仿佛学生只有学习了所有的运动项目中的所有的技术就算是完成教学目标了，其实不然。大多数学生不是要成为体育特长生的，另外就算是专业队的队员也不是所有项目都学习一遍的。我们的初心是好的，希望学生能够因为我们的体育教学得到技术方面的成长，但是要竞技化的标准要求学生，很容易导致学生的畏难心理，从而不愿意继续学习，丧失了学习兴趣。相反，如果降低学习的难度，使得学生愿意继续攀登专业动作的技术水准，这是可以在兴趣的引导下，通过继续的努力能够达成的。所以这里的关键还是兴趣。一旦只强调你要教给学生什么的时候，学生的主体性、娱乐性都不复存在了。比如有一个高中的田径技术叫背越式跳高，这个动作非常专业，我们在奥运会等各种田径比赛中都能看得见，但是我们的在校学生真的需要都会这个动作吗？即便是通过一周两个学时的学习，学会了一个过比较低的杆子的技术，对学生而言又又什么快乐可言呢？因为他们可能跨越式甚至原地的纵跳都比背越式跳高完成的高度更高。另外，还有很多运动项目，尽管竞技比赛的体系相对完整，但是随着规则等的变化，很多的技术都不是一般的学生在教学中能够学的会，或者用的上的，很多的技术只有那些专业运动员才能做的出来，而这样的难度系数本身并不是像体育教学这样的课堂组织出来的，而是有专业的训练刻苦训练出来的，在这个过程中已经失去了快乐的、娱乐的、游戏的这样一种追求，对于学生而言这样的教学难度适不适合的，教学方法也是不对的。所以在教学中要根据学生的实际情况，选择相对应的难度和教学方法，是一个非常重要的事情。另外，我们常说的体育运动项目，其实并不是只有奥运会的比赛项目，我们中国是个多民族的国家，每个民族都有一些独特的体育运动项目，这些运动项目出了具有民族性、体育性之外，最主要的就是更具有娱乐性。我们可以选择一些在娱乐性方面比较强，健身性也比较好的内容进行选择性的加入到体育课程的教学内容中来。这些宝贵的体育运动文化，在学校里开展本身就是对于民族文化的传承、促进民族传统体育的发展，我们应当大力的加大这方面的开发力度，使得这些宝贵的民族文化在学校中开花。这种民族传统体育项目像蒙古族的摔跤就是娱乐性和健身性结合的比较的好的项目之一。还有白族的陀螺、满足的珍珠球等。这样的运动项目可以增进学生的民族情、开阔眼界、增长见识，不然为什么很多去了民族地区去旅游的人们总是要体验一把民族传统体育项目呢？除了中华民族的优秀传统体育文化之外，还有一些也像是民族传统体育文化一样，可能不是有特别多的人参与或者了解，但是十分的新奇、好玩，这些项目就是新兴体育运动项目，这些新兴的体育运动项目不像跑步和拳击一样的历史悠久，也不像中华武术一般，有那么深厚的底蕴，但是他们非常时髦、非常的有趣，能够引起学生的学习兴趣，甚至他们参与起来还是觉得很酷，很符合他们的青春气息，比如舞蹈中的街舞运动，这个项目非常特殊，的确是和原来的舞蹈一样有背景音乐和人们伴随着节奏肆意的扭动自己的肢体，但是街舞的节奏鲜明，形式鲜活，关键是花样繁多，还有点洋气，很多学习街舞的人就将中国元素融入到自己的表演当中，真的是一个很不多的项目。相类似的项目还有定向越野、飞镖、放风筝等，原来这些都不是体育教学中的运动项目，主要原因是教师没有将其引入到学校体育课程的教学内容中，教师要有意识的去探索这些具有引起学生兴趣和具有健身娱乐功能的运动项目，然后纳入到课程内容中，纳入的方法有两个，第一个就是直接开设选修课，由于好玩有趣又能健身，很多学生会慕名而来，还有就是在自己的体育课程中有机的增加一些相关元素或者环节，比如在教授中国武术的时候，就可以将韩国的跆拳道的跆拳舞进行对比教授，使得课程多元、而且有趣。这样的课程队教师的综合专业能力提出了新的要求。其实教师的多元能力决定体育课堂的多元性。关键是这样的体育内容的设计是围绕着娱乐性和学生主体性进行的，尽管很多的项目在校园里开展的并不是特别多，但是由于新奇、刺激也是很容易得到学生的欢迎的，比如独轮车运动，这样的运动学生学习会了之后，也是一道独特的风景线，像轮滑运动也是要比传统的跑步在田径路线有了一些变化。而且学生非常的喜爱。只要在保护与帮助的措施上就可以了。其实这些项目我们都是很熟悉的，只是没有想过他们可以走进课堂，帮助学生参与到体育活动中来。这些项目的出现本身是和体育课确实没有太大的关系，但是可以给我们的体育教师带来很多的启发。在体育教学革新的角度上，世界上的很多国家都是有过类似的实际行动，澳大利亚、日本等都在体育教学内容上进行过调整。新运动项目也是有很多的随意性，因为他们没有那么普及、也没有规定性的比赛规则，所以娱乐性、参与性都是非常特色鲜明的。这样的项目不会特别在意技术的水平情况、不会太在意比赛和运动的场地情况等。这就是娱乐精神，这种娱乐精神不正是和体育课中的娱乐性一拍即合吗？我们的体育教师可以在这个思路上进行探索。

五、体育课程内容设计的知识论基础

知识是一个正在呈现爆炸式发展的事物，这个事物是已经十分庞杂了，但是每天还在有大量的知识在不断的在更新和推出。在这样的现实面前，我们需要一个系统的知识论去整体把握这些知识，因为没有人能够将所以的知识都学一遍，也不可能学完，因为知识的生产速度要比人学习的速度要快的多。当然我们在设计课程的时候，我们需要关注的知识点更是狭隘，体育类的知识在人类知识总量的面前，可以说是九牛之一毛，但是想要全部读完也是不可能的。知识在变化、知识的增长方式使得我们在认识知识的思路和视角上也要做出改变，知识的演进过程，其实也就是我们教学和学习方式发生变化的先决条件。知识在体育教学过程中包括很多，但是在主线中就是基本知识和基本技能，教育的主要内容就是这些基本知识和基本技能的贯穿过程。如果没有基本知识和基本技能的教学，就是诈骗了。而当前阶段的知识观将导向整个课程和教育思想。所以说知识论对于体育课程教学内容的影响关乎知识的本质、结构和知识发展观。知识对于课程有两个作用。知识的不同课程的内容也就不一样，其涵盖的范围也就是不一样的。像哲学这样关于世界本源的学科，它的研究范围是世界的万事万物，而像体育这样的小学科，可能涉及的面就不够那样的辽阔了。

在体育这样的知识中也自然有自己的历史源流和结构变化，这是由知识所决定的，比如我们中国在一开始引进体育课的时候，只有兵式体操，到目前为止已经是百花齐放百家争鸣了。这都是知识的丰富和发展，加上人们对于体育的知识观发生了变化的结果。第二就是不同的课程理论是由知识观确定的。知识观也有两种，一种是理性主义的，一种是经验主义的，经验主义支持者是认为知识就是人的感觉和经验，这有点像我们体育教学中人的娱乐感受或者心理感知，这样的知识不是一种客观的也不是一成不变的，而是非常主观的，你认为是什么样子就是什么样子，你有什么样的感知，那么知识就呈现出了什么样的形态。这是十分感性的，也只能停留到这种情况，但是这种知识观里的知识是个性化的、是由主观解释所决定的，而并不是依赖于客观的事实为依托。这种知识观对于课程会有很大的影响。

而理性主义的知识观，认为知识就是一种客观的存在，它们不会因为人的主观意志所改变，也不是随着时间、社会发展、文化的变化而产生相对应的变化，这样的内容对于课程的影响也是非常巨大的。像理性主义的知识观，就会将知识奉为神明、奉为真理，学生只需要复制记下就可以了，不用思辨，也不可以思辨，只需要填鸭式的灌输教学就可以了。而相反，关于经验论的知识观就是专门对于理性主义的知识观进行批判而产生的，经验论给批判理性主义知识观所支持的课程模式提供了理论依据，也就是说经验论成了进步主义课程论的支持代表。其实这两个知识观都是在不同的知识领域有其绝对的地位，都是很有到了的。而每一种课程论的背后也能看到知识论的影子，所以说知识论绝对是课程论的理论基础。但是知识论也不是万能的，永恒的真理，因为我们这个时代正处于一个知识快速发展的时代，从理论上讲，有一个相关的研究数字，就是一个关于知识折旧的定律说如果要是人一年不学习的话，那么他的知识储备将会折旧百分之八十。这个折旧率告诉我们，要是一个大学本科的学生毕业两年不学习，那么在学校里所学的知识全部老化和淘汰掉了。要是一个研究生毕业三年不学新知识，那么在学校里所学的知识全部老化和淘汰掉了。要是一个博士生毕业四年内不学习新知识，那么在学校里所学的知识全部老化和淘汰掉了。总之大概在学校学习这一段时间内的求学的知识只能是一生中知识的百分之十不到，另外百分之九十都是要通过毕业后不断的进行学习和充电来进行补充。从历史学的角度来解释，在 19 世纪初的时候，人类的知识还是以每五十年翻一番的速度增长。到了 20 世纪初，就变成了每十年知识总量将要翻一番，到了 20 世纪 80 年代，人类的知识就是以每 3 年翻一番的速度在快速的增长，20 世纪末的时候，人类文明发展了 4900 多年的所有的文献资料都没有一年的出现的文献资料多。所以这么多知识和资料，一个人每天都在读，也读不完，因为还有新文献资料在陆续的排队印刷中。再这样的知识大爆炸正在上演的时代，我们的课程和教育要如何去进行把握呢？其实每一个时期的知识总量将会有什么样的知识观和课程观，就像当初我国春秋时代学富五车就已经算是很有学问了，甚至那就是世界上的所有的学问，但是现在学富六车也不行了，因为知识观被改造了。我们当面对知识继续大爆炸的时候，我们也需要进一步的更新我们的知识观。毕竟经过了几十年的发展，理性主义的课程观和理性主义的知识观都在受到不断的冲击和挑战。从哲学上讲，知识观也不再是原来的知识观了，米歇尔·福柯认为知识是由某种话语实践按其规则构成的并为某门科学的建立所不可缺少的成分整体。所以说知识是一种可以谈的东西，并不是不容置疑和不可挑战的绝对真理。卡尔波普尔则提出知识开始于问题。没有问题就没有数据的收集和整理，就没有分析和归纳，就没有所谓的新的知识产出。知识是问题的结果，而且问题也是知识的一部分，这两个事物是在一起的，有的时候有问题不一定有知识，但是有知识一定有问题。所以问题要先于知识。一些科学家在自己所研究的领域中开始对科学的本质进行思考，他们发现知识和无知之间的张力决定着知识的有无。不会产生知识的无知叫元无知，元无知就是不知道自己不知道，这就像我们在浏览器中输入一些概念，就可以搜索出很多相关的网页，但是如果是元无知的话，那么我们就不知要去搜索什么，不知道要输入什么问题，所以自然也就没有后边的结果了。在这样的思路影响下，我们了解到科学不是既定的已经被验证过了的知识的结论体系，而是不断根据问题去探索的过程，这就是科学。这样科学视域引申出两种知识形态，第一种就是结果形态的知识，这种知识就是知道的结果。第二种知识就是知道怎么来的。从逆向思维出发，就是无知也有两个，一个不知道是什么，一个是不知道怎么来的。其实在很多学校教学中只是在强调是什么的问题，其实在我们看来，知道怎么来的，要比知道是什么更为要紧。知道是什么有的时候会出现变化，不同的时代会对于同样的事物有不同的认识，这些是什么的回答都是有特定的条件和环境背景的，并不是不变的。而知道如何做这是一个操作层面的方法和手段，并不会因为一些条件的改变而发生变革。这是触摸科学的真谛，是对于现在的是什么提出批判和质疑的有力武器。科学的问题就是新的质疑，科学的方式和手段的就是批判的方式和手段，历史的滚滚大潮就是在不断的否定之否定、批判和再批判中不断的前进。从知识论的角度上我们可以看出，知识的特性不是真理性和不变性，而是不断的增长和变化，是可以进行批判和修正的。我们要用发展和创新的眼光去看到知识，而不是将知识看出真理和一成不变的神圣的东西。这给了我们课程和课程内容的设计提供了启迪。课程的内容和课程本身也不能是一成不变的，也是需要不断的进行更新和变革，需要不断的与时俱进。只有这样课程的设计才有意义。我们顺着这样的思路对我们现有的课程和课程的教学内容进行审视和检讨，我们要使的我们课程不成为时代发展的绊脚石，我们要通过我们课程观的更新促进课程对时代进步的意义。在体育教学实践中，我们由于知识量的庞大和繁杂，再加上其不断更新的特性，我们不可能将这些知识全部都教给学生，但是我们可以秉持一些原则教会学生学习和练习的方法，使他们能够去应用这些根本的方法，学习和探索更多新的知识和技能。知识论决定着体育课程设计的主要方向，是体育课程论的理论基础，它主导着体育课程变革，同时也给体育划定了范围，其主要影响的内容有很多，根据知识论我们确定了两个有利于，第一知识论有利于学生掌握必要的体育知识与技能的设计，第二有利于学生体育能力的培养。

（一）有利于学生掌握必要的体育知识与技能

我们现在所说有利于学生知识与技能的掌握，其实并不是从我们的体育教学实践中无法掌握和获取知识，但是知识太过于庞杂就容易让学生掌控不了，毕竟学生时间不足，课时量是有限的，是无法完成这种全面知识的接受和消化的。所以一方面要将知识进行系统性的梳理，另外还要培养起学生学习的能力。所以在课堂上主要任务不是关于基本知识和基本技能的教授，因为根本教不完，而要在教授这些基本知识和基本能力的同时培养学生的合作学习能力、自学能力等，这种能力从未来掌握新知识的可能性上，要比单纯的技能学习更为重要。能力的发展是要通过学生学习基本知识的过程中培养。所以所能力的培养需要知识，而能力的提高能更好的获取新知识，这是两个相辅相成的关系。想要达成这一目标，就要在体育课程的教学内容设计的时候进行针对性的设计。运动之方法贵少，这是毛主席当初在《体育之研究》中提出的观点，因为他早在当时就发现了运动内容太多，学生需要掌握的面太大，以至于教学的效果大打折扣。其实这个问题主要还是课程课时量的有限性和教学内容的无限性产生的矛盾。其实从小学到大学毕业整个过程中，体育课程的总课时量是非常巨大的一个数字，但是教学效果却出了问题。这不得不引起我们的深思。当然由于课时量已经很多了，再增加课时数是不太可能的了，只能再教学内容的设计优化和内容精简上进行对于这个内容繁多、系统庞杂的教学内容梳理。从知识论的角度上看，我国体育的教学内容只要是以理性主义知识论作为主导的，从清朝末年开始引进体操课开始，在教学内容方面就是始终围绕着理性主义知识论和感性论的博弈之中，但是一直以来理性主义知识论处于比较占优的地位。以至于在新中国成立以前，在课程内容方面，强烈的知识化的倾向一直是没有任何的改变的。在体育教学中主要是教授基本知识和基本技能。在新中国成立之后，由于学习苏联的模式的原因，我们在体育课程的教学内容上知识化的倾向并没有太多的改变，甚至还有了强化性的倾向。这一观点的最好证明就是我们在体育课程中的内容安排越来越多，项目越来越多，技术知识越来越多。这样多的教学内容对于学生是一种压力，对于教师更是一种压力。即便是一些体育教师足够优秀，能够学习一部分的项目技术，但是也不可能全部都学完，全部都优秀。也就意味着大多数的体育教师可能本身就能将如此多的教学内容充分消化。在教授给学生的时候，也是不能更好的融会贯通了。从时间上来说，在体育课上，花费了大量的时间进行新授课的教学，教师为了备课和教学也耗费了惊人的精力，在此过程中，只是关注基本知识和基本技能的学习，而忽视了学习能力的发展。我们体育课程的内容素材几多、内容繁杂，而且没有内在的统一逻辑性，可以说都是布条，每一条都是美好的锦缎，就是无法装裱在一幅图画里。再加上由于标准的不同，当时在体育课程内容的选择上主要是围绕这竞技项目进行的布局和开展，使得教学过程和评级都是竞技化严重，从而客观上促进了知识化教授的倾向。这样的体育课程在教学内容上的设计，就会直接带来很严重的一个问题，那就是大多数的学生通过我们的体育课程只能是蜻蜓点水的整体感知一下，学习完成之后学生通过练习也基本上能够达到粗略的掌握阶段。这样的局面是非常麻烦的，由于学生无法达到巩固提高和自动化的阶段，下一次新课又开始了，因为不学新课就教不完。所以一次课一次课的积累下来学生都普遍的达到了基本掌握的水平。这样就形成了教师教的很多，但是学生学到的很少，学的好的很少。

学生通过十几年的学习之后，在体育项目方面涉猎比较广泛，但是要是问起学生最擅长哪一个项目，最喜爱哪一项运动项目，估计都会有问题，因为由于学的肤浅，不至于能在一种只学了个皮毛的项目上沾沾自喜。学生学了很多，但是什么都没学会。这样的局面在结果上出现了不同的景象，第一种就是学生厌学，对于体育不再产生兴趣，因为学不好，所以用实际行动证明自己学不了，无法从该项目上进行突破。第二种景象就是教师的教学水平越来越水，反正怎么样也学不完，也学不好，教师的教学兴趣低，不如只是皮毛似的学一下，教一下就好了。这样下去就容易导致教育上系统性的崩塌。体育教师技能学习量的巨大和教师的体育技能水平的不足形成了一种恶性循环的因果关系，这样长期的发展下去，教师越来越没有兴趣教学、技能也更是越来越蜻蜓点水，毕竟体育教师伴随着年龄的增长，自己的身体素质也在逐渐的下降。这种情况最容易出现的情况就是教师教不会学生。因为教师也不求甚解。在这种背景前提下，体育教学的内容应当去繁就简，就像毛主席提出的运动方法要少，只有这样才能够使的教学内容更加的深入，学生掌握的更加熟练，真正的使的学生学会了运动技能、掌握了体育基本知识，达成了三维教学目标和课程目标。我们现在在体育教育界经常讲的精讲多练，就是从这个角度出发的，精讲就是要有针对性的讲，讲的深刻，学生要学习的内容要极简，学生能够在规定的教学时间中学的透这些知识和技能，真正的学的深入之后，学生还会继续因为兴趣而继续深入，及时不继续自己探索，学生也学会了一个或者几个实实在在的知识和技能。体育教学中掌握教学内容的方法就是要进行大量的练习，只有多练，多纠错，在掌握了正确的动作定型之后，使的自己的大脑中枢神经建立起来。这是由于体育技术成型的身体实践性决定。

我们有必要进行对于体育教学的内容进行调整和优化，首先是需要对于教学内容进行全面的梳理，在梳理中进行重复性检查和删除。很多在竞技运动方面很有特色的但是在体育教学中只是一个可替代的动作的时候，就需要进行重新审视这个技术动作存在的意义。比如在跑步的教学中，就有很多重复的内容，在进行100米跑步的教学过程中我们进行蹲踞式起跑，在进行跑步姿势的时候会教站立式起跑和蹲踞式两种，在蹲踞式起跑的内容中我们又可以教给学生子弹、拉长和普通式三种，除此之外还有接力跑中的接棒动作，接棒动作有两种，一种是上挑，一种是下压。这些内容对于学生提高跑动速度，提高学生速度素质、速度耐力素质等有没有直接的好处？学习这么多的起跑姿势能不能使的学生对于跑步越发的感兴趣？难不成学生在学习跑步的教学过程中一直在变着花样的进行起跑姿势的跑？还是这些知识知识为了进行在教学中延长教学时间，体现教师的起跑姿势储备量？起跑姿势是很重要，但是跑步的最关键的应该放在如何提高步长和步子频率上。当所有的百米都能在往更快速的方向发展的时候，学生能够有因为跑步而获得了快乐，这样才算是激发起了学生兴趣，使的跑步变成一种爱好。我们认为在一些体育的基本知识出现重复，这些内容不能够对于提高学生的身体运动素养有帮助，也不能够使的学生对于体育活动进一步感兴趣的，可以大胆进行删减。教学中大可不必因为竞技运动中有什么技术出现，在体育教学中一定要有。我们对现有的体育技术进行全面的批判，否则只剩下一两项技术的体育教学也对课程没有好处。体育项目的多样性能够使的学生在体验不同的项目的过程中，在身体的各个方面进行提高，因为没有一种运动可以将全部的运动项目都涵盖，同时又可以使的学生终身都能用，能终身受益，这样的额项目没有。但是我们可以对于有一些课程的教学内容进行整合和强化，使的教学内容在精简的同时，还能够保证教学内容的多样化。多样化的内容，容易使的学生在更多可能性中找到自己的兴趣点，这是我们的最终目标，还能够给学生们提供不同的运动经历和感受。体育教学内容的多样性，是我们在进行教学的基础，但是这个多样化不是越多样越好，有的项目在健身、娱乐、教育意义上的确不大的话，完全可以精简为选修。在多样化的教学内容，学生也为自己将来选修课打下了基础。说了这么多，就是有一个问题需要解决，那就是如何处理好多样性和课程内容精简的度的问题。我们觉得可以将内容分为选修和必修两个方面，在选修中还可以分为指定选修和任意选修，这样的化，在必修课上能够保障学生的运动基础和基本知识，在选修课上能够在学生感兴趣的方面得到进一步的提升。同时还保证了知识的多样性，使的学生的运动视野不断的扩展、使得学生运动体验也足够丰富。当然我们中国是一个地理面积幅员辽阔的国家，尽管在 2020 年已经完成脱贫攻坚，但是各个地方的发展情况还是不均衡的，所以各个地方的学校也是发展不均衡，学校和教师可以根据自己学校的实际情况进行针对性的调整，在整合和强化的项目上可以围绕着我们体育课程的总目标，进行针对性的个性化的调整。使的学校的体育教学和自己学校的实际情况相结合，既考虑现实的物质条件，还要考虑学生的兴趣爱好和能力问题。争取做到局面多样的内容多样化和内容精简。另外在不同的学段上多样性也要控制的不一样，比如小学阶段就可以多样化一些，因为这样的多去接触可以帮助小学生建立更多的运动感知。在这个年龄段可以说学生体验的越多越好。而随着年龄和水平学段的不断增长，学习的多样性应当降低下来，相反内容的深度要深入下去，技能的熟练程度和专业性要随之上升，使的学生在自己的爱好项目在能够愈来愈能感受运动爱好所带来的快了。伴随着《新课程标准》颁布和实施，体育教师在获得了更多的体育教学内容的选择空间，这种空间的得来，使的很多的体育教师减轻了旧大纲里的教学内容的繁杂所带来的教学压力，而新空间的运作也是一个很有难度的事情，一来很多教师没有这一方面的经验，另外在这样的教学内容中依旧还是存在很多需要精简和提优的内容，另外为了弥补这个空间，教师需要花费更多的时间和经历来直面搜集繁杂的体育运动文化素材，这样的时候体育教师也不会更轻松，相反要是能够在既保证体育运动项目的多样性同时还能是的教学内容精简和优化的教学内容的话，难度系数还是很大的。当然，《新课标》和体育教师的使命都是一样的，都是要是的学生爱上体育，在体育教学中能够得到快乐，能够获得知识和技能。

（二）有利于学生体育能力的培养

学生的体育能力是一个非常笼统的概念，体育能力包括实践能力、应用能力和创新能力三个方面。所谓的实践能力就是具有能够去参与基本体育活动，能够在相应的年龄段参与相对于的基本体育活动，比如幼儿园的小朋友们可以进行爬行竞速等，这是和他们的年龄相对应的。所谓的应用能力是指的学生能够将自己所学的基本技能和基本知识在相应的比赛或者体育活动中进行应用。比如我们在篮球课上学习了三步上篮的技术和攻防注意事项，就可以在比赛场上进行应用，这种能力就是应用能力。第三个就是创新能力，这种创新能力，并不能像科学技术创新那样的将创新转变为生产力，但是这也是一种很重要的体育能力，体育创新能力就是指的是根据自己的实际对已知的内容进行创新性活动的能力。比如幼儿园的小朋友在玩上下坡的游戏，上坡和下坡的方式可以有很多种，他们可以趴着上坡，也可以滚着下坡，还可以蛇形上下坡。这种不同的玩法就是他们的创新能力的体现。这个体育能力的培养我们现在知道已经很重要了，但是并不是一直以来都是如此看重体育能力的培养的。在20世纪八十年代之前，我国的体育教学目标主要是从技能促进体质的角度出发，进行体育课程的教学的。在这种情况下，学生通过各种各样的身体练习，达到学校体育和体育课程目标，这样的近期效益是非常明显的。而当时考核也主要是技能考核为主，主要考核技能提升水平，以及同技术的练习在体质方面的促进效果。这些在1979年国家正式颁发的《中小学体育工作暂行规定》和《高等学校体育工作暂行规定》中都能找到相对应如评定中、小学（或高等学校）体育工作的成绩，最根本的是看学生的体质是否有所增强这样的考核要点。但是这样的教学局面不是十分完美的，因为学生学习完了体育课，毕业之后还有很长的时间进行体育运动，在体育教学中不可能教给学生60岁的时候可以使用的运动技术，这是一个非常实在的问题。也就是说体育教学中必须要给予学生基本知识和基本技能的同时，还要给予学生提供一种能够一直持续要他们退休之后依旧能够参与体育活动的本事，这个本事就是体育能力。所以伴随着时代的不断进步，人们的知识观也开始发生改变，原来以理性主义知识观的思想主导的体育教学在教学目标上也有了新的改变。学生通过学校体育课上通过练习增强体质这是可以的，但是这种增强体质的功效是有时间限制的，不是说一次训练终生受用，这是不可能的。其实我们知道在负荷量上要是一周不进行运动，负荷量就会回归到原来的水平，所以只有持续的体育活动，才能获得持续的锻炼效果。要是想要一辈子保持身体健康，就要进行终身的锻炼。所以说在今天体育教学实践中，不再以体育基本知识和基本技能进行教学获得了，开始特别重视培养学生的体育能力，当他们具有了相对应的参与、应用和创新能力之后，就可以在毕业之后依旧参与体育活动。体育的特殊是体现在人在体育活动中既可以得到娱乐的感受，同时人还有惰性的一面，一旦停上一次就愿意停几周，在学校每周一次的体育课，对应的也就是一周的效果，如果一周不联系，在身体上的感受就会减低，而对于一个人的心理刺激更是降低的更多。因为相对于身体负荷的影响，体育活动对心理的影响时间更短。所以我们在进行体育教学过程中，要注意培养学生的兴趣和运动习惯，同时还要帮助学生建立起参与体育的能力、应用体育知识和技能的能力还有创新体育能力的机会。作为体育教师一定要能给予学生一种没有教师在的情况下依旧能够进行体育活动的能力，毕竟体育老师只能伴随学生到毕业为止。学生一旦拥有了获取体育运动知识和技能的手段，同时可以利用自己自学的知识去进行运动参与的时候，体育课程的教学目标就又完成了一部分。当然我们最好能够给学生提供他们能够受用一生的体育运动知识和技能，但是那是不可能的，我们只能尽可能紧随时代的变化，尽可能的让学生学习的基本技能是他们毕业后近几年能用的好的技能，就已经很不错了，体育教师无法预判未来几十年的体育运动情况。在体育课程的教学内容设计上促进学生体育能力培养的方法应当考虑以下几个方面进行内容设计。第一个方面，用技能提高促进体育能力，其实如果不谈创新能力的话，一提起一个人的体育能力强，无非就是指的这个人在参与体育活动的过程应用相对应的体育技能的能力比较强。所以在很多人看来体育能力就是等于技能高超，这是有一定道理的，只是不全面，体育能力和运动技能水平有着密切的关系，学生如果没有一定的体育运动技能的话，是没有办法谈体育能力的培养的，也就是说技能是能力培养的一个基本前提。基本技能，基本上就是可以在通过无限次的重复练习中找到动力定型，但是体育能力不行，体育能力不仅仅需要学生的千锤百炼，还需要学生在实际的运动活动中参与、应用、创新，这一切都是需要个人的感悟的。也就是说运动技能是可以通过教师的教和学生自己的练习来达成的，但是体育能力是无法通过教师的教学达成提高的。第二个方面，体育教学中不同的运动技能的练习能够促进学生学习兴趣，提高学生的综合技术能力，进而达到提高体育能力的目的。体育教学中如果只是学习一种教学技能，很快学生学会之后，就没有了继续练习下去的动力了，因为枯燥了。其实一开始学习的时候学生的学习兴趣是很大的，这就是为什么体育能力的培养的前提是学习基本技能的原因。在体育教学中可以进行将技能的量增加，使的学生在学习过程中有不断学习的动力。当然这一系列的体育技术要有关联性，并且从容易到困难，使的学生有不断的挑战自我的动力。另外要培养学生体育能力，在基本技术和基本知识上是一个桥梁的作用，很多体育的专业能力就是通过更多的涉猎和练习，不断的综合提高起来的。第二就是要使的学生在体育课程的教学实践中感受到快乐，人一旦在快乐的时候，就能有更多的创造性出现。我们要充分的发扬体育活动中的娱乐和游戏因素，这些内容很多都是与生俱来的，只是伴随着竞技化和专业化的发展，难度和要求都更高了，但是体育教学并不是比赛，我们可以将难度和专业要求降低，降低到学生都能参与，参与都能快乐的氛围里。为了使的学生创造性的能力得到提升，我们甚至将原来项目规则和游戏方法拿出来，然后将游戏的方法和制定规则的权力安排给学生进行创编，一些舞蹈的基本动作教完之后，可以将更多的时间教给学生自己创编，学生可以自己选择背景音乐，学生可以自己组织动作的先后顺序等，类似的方式也是很多的，不用一一列举。体育项目在最初的阶段除了是生活必须的技能之外，更多就是为了娱乐，所以在体育教学上教师要有一种娱乐的心态，将学生放置在主体地位上，和学生一起建设课程流程，一起促进课程改革。这是一条培养学生能力的一条路径。

综上所述，体育课程内容的设计不是由单纯一个设计问题，其中包含了哲学知识论、心理学、社会学和生物学等基础理论作为支撑，是根据体育教学内容的历史和现状的完美碰撞，这些理论学科对于体育课程内容的设计都有自己独到的意义，体育课程教学内容的设计受到这些理论基础的启示使的体育课程呈现出完全不同的形象。体育课程是一个十分复杂的体系，受到很多方面的影响，一方面我们要重视这些基础原理的观点，但是又不能直接运用，要结合体育课程的实际进行借鉴和根据启迪去执行。这些理论基础的之所以重要是避免了体育人在体育圈里面闭门造车，这些新鲜的理论给我们体育教师开阔了眼界，增进了自己对体育课程的理解。生理学、社会学、心理学和哲学知识论对于体育课程的作用点是不一样。而且他们作用的层次也是不一样。生理学因为体育课程身体运动的特性，自然是最为根本了，参照生理学的观点，能够使的体育课程内容的本质不发生变化，体育课程就是应当又身体运动性，所以生理学是体育课程的最基础的理论。其次是社会学，社会学是将体育课程的最终目的点给我们明确出来，因为学生最终的归宿就是走向社会，所以我们要参考社会动向、社会需要去调整体育课程。指导第三层的理论是心理学，这是我们能够了解学生、认识学生和发展学生的一条根本索引，没有心理学的指导，我们就会变成以教师为中心的填鸭式教学了。而哲学的知识论是连接第二和第三层的桥梁。有了这些知识，学生才能够学到应该在社会上使用的知识、技能、能力等。这四种基础理论都能够对于体育课程有所指导，都能够为了学生提供一个更好的学习环境的创设提供观点。

第三节　体育课程内容设计的构成因素

体育课程教学内容的设计是需要分成两块来进行的，第一块就是将体育课程的教学内容进行选择和分类，另一部分就是将这选择和分类好的体育教学内容进行有序的组织。

在体育课程内容的组织方面，主要可以从体育课程教学内容设计的纵向组织、体育课程内容的横向组织和体育课程教学内容的动态平衡性进行考虑。在纵向组织时，应当强调体育课程教学内容的顺序性设计、关注体育课程教学内容的连续性设计、重视体育课程教学内容的纵向关联。在横向组织时要注意确定好课程内容的范围和横向关联的整合。在体育课程教学内容的动态平衡性的控制方面要注意协调好课程内容的广度和深度、合理的安排不同年级的课程内容、要注意体现组织形式的规范性和灵活性。这个组织时非常重要的，我们接下来主要介绍内容选择、分类，也就是回答为学生提供什么的体育知识和技能的问题。

一、体育课程内容的选择

（一）体育课程内容选择的原则

体育课程教学内容的选择是一个非常重要的一个环节，如果在体育教学内容的做出了最优的选择，那么我们就距离实现体育课程的教学目标就迈出了成功的一大步。可以说从体育课程教学内容设计中体育教学内容的选择是一个最核心的问题，这个问题非常的棘手，并不像其他的文化课的知识一样，可以进行罗列。最主要大原因就是这些能够成为体育课程教学内容的素材太多了，从有人类开始，一直遗留到现在的所有的能看得见的体育运动活动，可以说只要是对学生的身心发展稍微有一点好处，就可以成为体育课程教学内容的一员。因为每一个体育运动项目的产生都有其独特的历史渊源和独特的文化价值，再加上其的体育性，都是不错的体育课程的教学内容。但是要是把全世界上所有的体育运动项目都纳入到体育课程的教学内容范畴是不可取的。因为我们学生在学校就读的时间是有限的，学校给我们安排的体育课时是有限的，我们自爱有限的时间内，无法完成这些几乎无限的体育运动项目。唯一的办法就是要进行精挑细选，选择出更加适合体育课程的教学内容。

在体育课程的教学内容选择方面，很多相关的专家都做过很多的努力和尝试，这些尝试不管是不是在此时此刻还有用，但是在方法和思路上总是能够给我们带来一些新的启示。美国大学体育联盟课程研究委员、日本学校体育要领制订委员会、德国的谢尔泰还有美国的麦肯迪等，都在为选择出最优的体育课程的教学内容进行了很多方案的设计，他们耗尽心血，搜索大量素材，然后他们根据教学目标，将这些体育课程的教学内容素材以能完成任务的多少进行分别打分，然后再将各占的分数进行求和，计算出这些项目在完成特定的教学目标时的占分多少，将这些分数按照一定比率进行权重换算，在换算后进行对比，择优入取。这是一种相对比较科学的方法。给了我们很多的启示。但是他们所做的这些工作不具有普世价值，因为他们所有打分都是依据教学目标进行的，而教学目标是在不同时期有着不同的要求的，这样的化教学内容上也需要进行相对应的变化，所以在众多的体育课程的教学内容素材中选择出一套符合所有教学目标的内容体系是不可能的。

但是根据我们对于体育课程教学内容的选择的进一步研究，我们依据专家和学者的意见，我们认为在学校体育课程教学内容的原则应当遵循以下几个原则。

1. 兴趣性原则

在众多的体育课程教学内容素材中，不是所有的运动项目都能使的学生有兴趣的。但是学生是体育教学实践的主体，我们在选择体育教学内容的时候，需要考虑学生在该运动项目上的兴趣点，这些项目的兴趣点是否符合学生的身心特点。如果符合的话，我们势必需要首先考虑。以兴趣为出发点进行体育课程教学内容的选择是符合《新课程标准》的要求的，《新课程标准》中明确的指出了对学生学习兴趣的重视，学校和教师自爱教学内容的选择上享有很大的自由，要以学生的学习兴趣作为出发点。由于很多教师对于学生学习兴趣不是特别重视，再加上《新课标》提供了空间，所以很多的体育教师就开始从自身出发，选择自己比较擅长的竞技体育运动项目。这些运动项目的选择并没有考虑学生的学习需要，所以在教学内容上选编大量的竞技化内容，在教学方法上采用系统的运动训练手段，在内容和教学上都不能够激发起学生的学习兴趣，以至于学生在一开始学习就对该课程有了厌学心理，更影响了学生参与体育运动的积极性和学生的身心健康情况。如果出现了这种情况，教师一定要认真的反思，要按照新课程标准的要求去进行体育课程教学内容的选择，要在选择的时候首先关注学生的兴趣爱好，并且在选择影响学生兴趣的同时还要考虑学生学习这些内容之后在生活中的实际意义，只有当学生学习的内容能引起学生兴趣的同时还对于学生的生活具有指导意义，才算是一个比较不错的内容。学生的学习兴趣决定着学生的学习兴趣和行为动向，所以说学生的兴趣是学生体育学生的先导力量。所以体育课程教学内容选择的第一步就是要选择的内容能够激发学生的学习兴趣，符合学生的身心发展特点。

2. 健身性原则

所谓的健身性不是仅仅指的身体健康，还要有心理健康和社会适应，在以上三个方面都能有很多促进作用，而不是只是从身体的角度来看。当然有很多的原有的运动技术在体育课程教学内容里存在了几十年了，虽然他们的资历比较老，但是并不能很好的在促进人的身体健康方面有什么好处，由于不和学生的身心发展特点相符合，甚至对学生的身体健康还有害处。比如说像30米跑这样的快速跑内容出现在小学低年级的体育课程教学内容之中，就是不符合学生的身心发展规律的。还有小学低年级的立定跳远也是对学生的小腿和心脏没有什么好处，以上这种内容建议删除，或者调整到其他阶段去。学校教育要树立健康第一的指导思想，这是在《中共中央国务院关于深化教育改革全面推进素质教育的决定》中明确规定的。在新课程标准中将体育与健康课程定义为以身体练习为主要手段、以增进中小学生健康为主要目的。这些都是指导我们进行体育课程教学内容选择的重要指导思想，而贯彻健康第一的指导思想，我们要关注的重点是体育课程内容在身体的健康、心理健康和社会适应能力三个方面对学生进行整体健康水平的提高。从体育课程教学内容能促进学生三维健康发展的角度出发，我们在选择体育课程教学内容的时候，就要进行多元的考虑和分析，选择一些能够满足一个更广泛的健康概念的体育运动项目或者技术，这些的内容的甄别要符合学生的身体发育的客观条件，其动作结构和安全卫生方面能够符合学生的生理和心理的特点，在健身健心的知识、技能和方法上也是要考虑能够通过运动能够更好的使的学生在社会适应能力的提升上有帮助，在心理和情绪的调节上有帮助，在有关于健身和身体发育的常识上有帮助。所以用这样一个标准去审视所要选择的体育课程的教学内容的素材，不是简单的只从生理健康的角度去理解。

3. 础性原则

这里的基础性说的两部分，分别是基本知识和基本内容。没有这些内容的支撑，是无法进入高水平的体育活动之中的，所以这些基本知识和基本技能就像是盖房子用的砖头一样，需要一层一层的垒砌起来。在基本知识和基本技能方面，我国历史上的经验是非常的丰富和多元的，但是并不是所有的基本知识和基本技能都不许要去学习，应当以体育课程目标为根本，按照要求进行选择，选择那些能够满足目标要求的内容进行教授，这些知识和技能是具有非常强烈的实用性导向的，在选择这些内容的时候，要做到以健康第一为指导思想的选择，要选择对于有利于将来学生正常生活中的一些基本知识和基本技能，要学以致用，要能够使的学生有学习下去的动力。因为很多基本知识有没有实际用处是觉得学生是否认真学习的主要原因。在选择相对应的内容的时候，要考虑这些基本知识和技能对于学生生活是否有帮助。这些学习知识、态度和能力在将来的社会是否用得上，是不是符合社会的需要是最核心的一个因素。有一些内容比较成人化、非常的单调和枯燥，学生没有学习的兴趣，在这种情况下，我们应当适当的更换，更换成为能够为他们终身体育锻炼打基础的、对他们养成锻炼习惯有帮助的、对于他们的休闲娱乐有促进作用的、还有一些日常生活中所必需要会的健身技能和保健方法等。

4. 是要考虑全面性

全面性更多是一种理念，其反对的就是不全面，只是从单纯的某一方面进行发展，或者某几个方面进行发展，比如说我们中国武术项目讲究的是习武先习德，未曾学艺先学礼，主要原因就是学习功夫之后，如果没有良好的品德就会出现一些品质问题。那么体育教学的目标也是要落实人的身体健康、心理健康和社会适应的全面发展，这里就能够涵盖德智体美劳这几个方面的全面发展。所谓全面性还体现在身体素质的全面性上，比如速度素质、力量素质、耐力素质、柔韧素质、协调素质等全面发展，不能因为短跑类对于学生的速度素质的发展有好处，就在学校期间的所有的体育课上只发展短跑，这是不全面的。当然从人的角度上讲，体育课程在发展人的时候，不能只是看在生物效应的反射效果上，应当从一个人的生活能力、独立意识、合作意识、沟通意识、应变能力、情绪控制等，在整个体育课程的过程自我的保持和成长这也是一个非常重要的指标，很多时候学生放弃一个项目又选择了另一个项目的原因，本质上放弃了自我，去追求他我。应当体现出培养综合素养全面发展的新型人才为宗旨，而有些人会在这里诡辩，说要是什么都追求到头来其实什么也追求不到，但是说出这句话的人就是对体育教学的历史不了解，因为我们从清朝末年开始有体操课开始就是不重视全面发展的，我们已经走了很长时间了，因为没有效果，我们才改革的，要是回到原来的目标，不就是重蹈覆辙吗？

5. 要追去实效性

之所以有人会对全面发展提出异议，一方面是对于历史观的认识不足，另一方面确实有些课堂上出现了教学实效不强的情况出现，所以教师应当追求实效，时效性就是指的一个活动的实用性和有效性。在体育课堂上开展的一系列的活动就是要让学生在这段时间内在某些方面有进步效果，能够在达成体育教学目标上有进步、在增进合作能力、表达能力等具体能力上有所提高，在整个过程中学生的学习态度和学习兴趣确实得到了提高和改善，这些都是考量教学时效性的质量的一个指标。质量是一个可以永远追求的的方向，永无止境，质量是人力所能达成的唯一可控的指标之一，质量的提高只有好处没有坏处，而提高质量就是在提高实效性。学生从上学开始一直到大学毕业，学习过的项目技术内容不计其数，但是到最后都不能用，这样课程有什么存在意义呢？这样的教师存在还有什么意义呢？而有这样的教师和课程在教学督导和学生监督方面，竟然没有能够查出来，要这样的督导还有什么意义呢？所以说追求实效性是一种系统努力的结果，要求我们没有个从事学校教育和体育工作的每一个人共同参与努力。除了一些活动，还有就是有一些体育技术本身的存在可能就没有实效性，比如说推铅球，我们当初在学校中专门学习过推铅球这一个选修课，然后就再也没有用过。这是一个非常现实的问题，不是人人都需要利用背越式跳高让自己翻越一些更高的障碍，在现实生活中即便是真的有可以展示的机会，也没有承接背越式跳高的垫子，所以由于这个技术的独特性，就是使的这个项目在活动范围中只停留在了课堂中，另外还有很多的风险因素在里面，所以也是在实效性方面有一些问题的。这里说的有问题，并不是说一定要坚决删除，可以转移到一些非必修的课程里面去，比如背越式跳高的观赏性要大于其在课堂上的实效性，我们完全可以让学生在体育比赛欣赏中进行开拓视野和感受体育的魅力。所以从实效性方面第一我们要树立实效的理念，第二我们要在课程的活动中组织具有实效的课堂活动，第三我们在内容的选择方面要考虑具有实效性的教学内容进行开展教学工作。

6. 要考虑的是文化性

文化就是以文化人，最终目的还是要在育人这个总目标上达成共识，在体育教学内容的选择上我们要根据体育课程内容素材选择一些适合我国的基本国情，符合我国悠久的优秀历史文化传统，要符合学生的身心的健康发展的体育文化，要有利于体育文化的传播。很多时候有些文化也是比较优秀的，但是在必修课上是不容易完成的，但是在文化传播方面就能够起到非常良好的作用。比如在2011年的第九届少数民族传统体育运动会上，第一次被列入运动项目独竹漂，独竹漂是发源于赤水河流域的一种独特的黔北民间绝技。独竹漂高手们脚踩一根楠竹，楠竹作为水上便捷的交通工具，漂行水上如履平地。"赤水独竹漂"被列入贵州省第三批省级非物质文化遗产保护名录。这是具有中国特色体育文化，像这样的优秀体育文化在中国众多的民族大家庭中不胜枚举，这些都是来源民间的人民生活的智慧的结晶。这样的文化是有生命力的，因为大多数都是人民生活的一部分，虽然像独竹漂这样的项目，不可能让每一个学生都能大面积的体验，但是作为一种文化欣赏和传承，绝对是独具魅力，能够激发学生的民族自豪感和对于体育文化的兴趣。我国地大物博，人口很多，再加上我国是世界上唯一一个没有文化中断的国家，具有五千年的文化历史，中华文明以独步天下的姿态向世界展示着中华的魅力，在其中独一无二的体育文化也是让人耳目一新，璀璨夺目的。我们要充分的挖掘和利用好我们宝贵的中国传统体育文化，激发学生的学习兴趣、增强学生的体育参与，提高学生的身体的综合素质。

二、体育课程内容的选择过程

体育课程教学内容的选择是需要一定的步骤来完成的。在选择的时候我们可以从教学观点、教学目标的对比、不同学段的学生情况和项目的代表性上来进行分析，接下来就做一下简单的展开：

（一）我们应当审视这些体育课程教学素材是否能够满足于教育的观点。这些体育课程教学素材其实就是人类的所以的体育文化的一个在体育课程领域的一个别称，可以说一切体育文化都有走进课堂资格，但是真正能够被选中的，应当首先要符合体育教育的要求。因为很多的体育文化来源于人们的现实生活，是通过劳动、娱乐、战争等保留下来的宝贵遗产，可以说体育文化包含了人类生活中的方方面面的不同领域的内容，其动作、方法、规则等都是有很多的与众不同的地方的。在这样的前提下，我们理解到体育文化浩如烟海，一方面我们感到很欣慰，说明我们的资源很丰富，从生活、劳动、防身自卫、娱乐健身、医疗卫生等等可以说社会上有的，体育文化里都有，体育文化都能以其

知识化或者活动化的方式将其展现出来，但是展现出来的体育文化是没有经过雕琢的美玉，他们独具特色，其存在就有其存在的道理，但是要想进入到体育课程的教学内容中还需要有一个共同的特点，那就是要有教育性，要符合体育教育的要求。所以在这样的情

况下，有很多的体育文化需要进行改编、调整、修剪，在保留其体育文化或者其独特本质的前提下，编入到体育课程的内容队伍里来。这里就要非常明确的指出来，体育文化并不等于体育课程的教学内容，体育课程的内容源于体育文化，但是不是简单的拿来主义，要根据学校体育的课程目标、学生的身心发展情况、并且按照体育教育的要求来统一进行加工和筛选的。从文化的角度需要重新审视的内容是很多的运动项目，无论这些运动项目是在民运会上也好，在这个奥运会上也罢，每一个运动项目都有其独特的体育文化，但是我们过去对于运动项目主要是从技术标准的角度去进行展示，让学生也是从这个方面进行学习的，但是其中对于教育有独到功能的文化挖掘还是不够的，这样的结果就是教师和学生只知道技术，但是没文化。其实最有文化的应该就是就是体育领域的人了，因为我们能够通过体育文化来进行对社会的各个领域都能有所了解。但是由于文化的张力不够，使的学生、家长和社会，甚至我们自己都对于体育课程的重要性产生不自信了。其实体育运动项目有些在教育功能方面对于学生德智体美劳、身心发展等都有很好的促进作用，所以我们应当对这些体育运动项目从教育的角度进行深入的研究。很多现在成型的运动项目原来并不是现在这种面目的，他们是伴随着人类社会文明的进步而不断发生改变的，有些是不受到时间、地点等的影响，所以保留和发展的完好，但是有些其实因为时间、地点、社会的改变而从此消失在了人类的历史文化长河之中。我们在选择体育课程教学内容的时候，要特别注意那些和人类的生活文化有密切关系的项目进行引进，使的学生和项目能够走的更长走的更远。竞技项目也是如此的，让学生通过体育课程这样一个平台了解体育项目文化的，掌握其起源、发展、现状和未来趋势，这些都是能够加深学生对于体育项目的再认识，在了解的过程中，把握该项目不变的一些本质性的规律，从而使的该项运动项目变成一个更合适的体育课程的教材。其实了解体育文化的本质不单单是为了让学生走进运动项目，而是让学生能够更好的了解人类文化，了解人类生活，比如我们中国民族体育中的赛马和吊羊，这些其实都是我们中国民族的一些日常生活的生活方式，并不是特意的去塑造出来一个运动项目，这个项目所展示出来的就是该民族如何的繁衍生息的生活场景。学生了解这个项目中的历史和现状，就会更加的热爱这个项目，更加的热爱我们的生活，更加理解人类进步和社会文化的进步。对于文化角度上去挖掘体育运动素材，能够更好的使的这些项目发挥其教育功能，我们需要进一步的将这些体育文化进行筛选和分析，将那些有利于学生身心健康的发展、有利于学生锻炼习惯的养成、有利于学生的体育文化素养的提升、有利于学生的社会适应和精神文明建设，只要是能够符合条件的，我们大可以发扬起来，而不是将其置之不理。

（二）我们应当考虑这些体育素材是否符合学校体育课程的教育目标，其实目标是我们的方向，我们不能够背离了方向，否则就南辕北辙了。总起来说体育教学内容非常重要，但其本质作用是帮助学生达成教学目标的根本手段。教育教学目标一旦确定下来，我们就可以围绕着达成教学目标去确定资源，这些体育运动项目其实都能够从某一个或者某一些方面促进人的发展，我们不能够将这些项目全部纳入进来，在思路上我们要明确考虑一些具有教育意义同时在对于学生的身体和心理上的具有主要的作用的项目，这里的主要就是该项目的在学生体育素养上的最大贡献值，并不一定是总量，在这种情况下进行等级区分，就可以选择出具有代表性的运动项目。在不同的运动项目中其动作特点和练习方式的不同，对于人的影响也是有区别的，比如拳击和跆拳道这两个奥运竞技项目，这两个运动项目一个是主要发展人的上肢，另一个主要发展人的下肢，所以在这种情况下，我们对于该项目的主要锻炼影响点明确之后，就可以整理出各个项目对于身体锻炼的作用。

（三）我们在进行素材分析的时候应当考虑该项目的典型性，因为很多项目发展的肌肉群和体育思想是差不多的，比如马拉松和耐力跑的目的都是能够锻炼一个人的肌肉耐力，但是木拉松是非常具有代表性的奥运会竞技项目，但是我们在课上无法开展，所以从可替代性上我们就选择了耐力跑，融入马拉松的精神和文化。而很多的项目其实都具有相似的可替代性，比如毽球和藤球基本上器械不同，在发展的肌肉群上都是只要以下肢为主。因此在体育课程时间非常紧张的背景下，我们要尽可能将内容精简，将一些可替代的、不符合社会最大需求的、甚至不符合学生身心发展阶段的都可以进行考虑删减。留下一些比较符合要求的项目作为体育教学内容。所谓的典型性就是指的其不可替代、且具有代表价值。比如发展发展速度的短跑。通过运动学的特点分类，我们就可以明确各个领域中的代表性项目。我们要根据具体的学生情况和学校的情况进行分析，学生是进行分水平的，每一个水平应当有明显的区分度和连接过渡的项目，这样就可以保证体育课程在教学内容的连续性。而不同学段的学生的实际情况决定了每一个学段的教学目标也是有很大的区别的，我们要围绕不同学段的具体的教学目标进行针对性的有效选择合适的教学内容。另外我们还要考虑学校的地理位置和不同的气候条件，有些地方正在大力的发展中阶段，并没有专业的网球场地，由于类似的实际差异，我们应当进行可行性的分析，新课程标准给学校提供内容的选择的空间就是基于这个方面的考虑，但是具体到我们教师的时候，就要进行操作了，我们需要切实的选择出能符合当地的学生情况和学校发展情况的运动项目，比如有很多民族地区的民族舞蹈就是很好的，非常广泛的开展，既能够使的民族文化继承和发扬，同时又与实际相结合。在课程内容的确定的时候，我们不要按照一些自以为是的思维去进行选择，而是确实的有科学依据额进行，不然跑步运动在中小学中的安排，不应当是以距离的长度顺序进行安排，并不是年龄越大就要跑的更长，年龄越小就追求更快的速度。总之我们在具体的落实教学内容时候，我们要将学生的身心发展需要和学校的具体实际进行结合。

（四）我们在内容选择的时候应当考虑教学内容的灵活性。这里说的灵活性就是以完成教学目标为总目的，而不是为了教哪一个项目为目的，教学内容是可以变得，不是一成不变的，这是一个基本原则，首先在体育开始进入到中国之后的内容只有体操和兵式体操，后来逐渐的发展和丰富，一直进化到了我们当前的教学内容要求。而现在的教学目标上有三大类，一类是国家的规定内容，这些内容在新课标和教材中都有提供，第二类是学校在这些规定的内容中选择在本校可以开展的内容，第三类就是根据新课标的要求进行改造和整合符合各个学段的教学目标的内容。着三个内容都是具有灵活性。这种灵活性源自于体育课程的内在统一性，也就是都是为了通过身体练习达到发展学生的目的，而如果出现了一个项目的技术是只能发展某一块的肌肉群的时候，教师就可以在实际教学中安排其他的活动来弥补发展不均衡的问题。比如跆拳道练习主要是腿，教师就可以安排一些增进学生上肢力量等素质的练习。另外体育教学内容的不断变化体现了体育课程包容和多元性，从我国开始有体育课开始一直到现状内容不断的变化，在目前的同一个时代，不同的地域也有不用的教学内容在开展，主要原因就是体育教学内容不能逾越了当地文化的影响，不能让当地人脱离他们的风俗和习惯。在我们中国这样的大国，很难用几个固定的运动能够满足全国人民的运动需要和文化特色。这一点是其他的人口较少的国家不可能出现的烦恼。因为每一个地域都有自己的独特的文化，这样一种国情现实需要我们在内容安排的灵活性上一定要掌握好，而不是不允许有任何的灵活空间。灵活性的出现能够在两个方面提供积极的作用，第一个就是转变了学校和教师的角色定位。像没有灵活性的时候，学校和老师就是执行者的身份，但是一旦有了灵活性之后除了对于教学内容的执行之外还有就是课程改革的设计者，这是一个非常大的变化，这一个变化能够非常明显的调动学校和教师的主观能动性，同时能够更好的使课程开展好，广大教师的参与感和获得感都是非常强的，所以积极性也是更加的高。有了灵活性之后，学校的课程内容也可以因地制宜，而不必一刀切，更能体现实事求是的理念，也更能体现各个地方的地域特色。第二个好处就是能够调动学生的学习积极性，在课程内容的选择上很多学生都参与了其中，在这种情况下，学生的兴趣肯定高涨的。另外一个由于灵活性的存在，可以使得教师随时调整教学内容，以保证学生学习积极性，要是没有灵活性的存在，可能就会出现一些无法改变的问题。比如呼啦圈出现的时候，由于大纲里没有，但是学生喜欢，教师也想教，但是就是无法执行，在执行层面的障碍直接影响了教学的效果。其实如果能够将一些时尚的教育意义又不错的内容随时调整，还会怕有学生不喜欢体育课吗？

三、中式体育教材的分类

体育课程教学内容的分类就是体育教材的分类，体育教材包括两个方面，一个是编写好的课程教材，另外一个就是教师的拓展内容。体育教材的分类有利于教师对于课程内容的把握，使的体育教学的内容条理非常的清晰，在应用的时候容易和相对应的教学进行对接，总之梳理的过程也是一个体育课程再认识的过程。只有对教材有一个清晰的认识，才能够更好的应用这些教材指导体育教学。当然课程内容的梳理能够将学校体育的课程改革朝着一个更为科学更为有效的高度上前进，所体育教材分类是一个非常重要的研究领域。目前在国内在体育教材的分类方面还没有一个公认的分类方法。在体育教材内容分类方面，我们认为可以按照以下几个思考点进行深入，从学生的角度就是可以从学段、性别、身体指标、活动特点、等进行分类，在运动的项目的角度可以按照运动项目的竞技性、功能、文化、特点、练习方式和方法等方面进行分类。在学校的角度可以根据地域文化、学校特色等进行分类。体育课程的内容和其他的文化课之间有着本质的区别就是在于身体的练习性，其他的文化知识很多就是知道了就等于学会了，然后直接用就可以了。但是体育的内容教师讲授完毕之后，学生必须要经过大量的练习之后，才能够将教师教授的知识内化为自己的技能，所以整个过程就是学生通过技能习练，学生进行自我神经连接的过程，另外一个就是体育知识和体育技能，本身就没有十分密切的联系，正所谓隔行如隔山，很多教师对于一个项目十分的精通，但是对于其他的项目却什么都不是特别了解，这是很正常的，正因为这样的特点，想要对他们进行系统的分类还是有很大的难度的。即便是从功能上进行分类，也会出现很多的重复或者可完全替代的项目，关键是体育教材里没有形成像学段一样从低到高的阶梯型，没有办法——对应。所以体育内容的分类是十分有难度的。其实这些困难一直存在着，因为我国的体育教材的分类也一直的进行着，伴随着体育课程内容的演变历史，能够感受的前人对于教学内容分类的一些思路。

体育教学的内容总共分为两个部分，第一个部分就是经过组织的内容，另一个是未经过处理的内容。无论经过组织与否的内容有基本知识和基本技能，这是构成体育课程基本砖块。但是体育课程的运动性特征告诉我们，体育课程是由体育运动的知识和技能还有各种各样的练习组成。这是我们体育课的特色。体育课程的内容不是直接讲授给学生，而是需要学生在练习中，通过参与其理解相关的知识、掌握相关的技能。从而培养学生各方面能力的发展，促进学生的身体健康、心理健康和社会适应能力。

所以从 2000 年前我国体育教材的分类由原来的有组织和无组织变成了，理论知识和实践内容两块。当然这样的变革使的有一些体育教师无从下手，只能像文化课教师一样在教室里坐着讲理论，然后在实践中进行运动，这样的安排就占用了学生体育活动的时间。而且导致的体育教学也像文化课教学一样开始做试卷考察知识点的掌握情况，这样考察对学生的身体锻炼真的没有什么帮助，还徒增了学生的学习压力。其实我们教师应当关注的不是学生懂不懂、知不知道的问题，更是更应该关注学生的身体、心理和社会适应能力方面到底有没有因为你的教学而提高。而这种质量就是出现在过程中，而不是要在评价中出现，否则为时已晚。

。另外还有一个没有定论的指导思想，这个思想认为体育课程其实是一个操作课程，就像一个车间一样，将学生送进来，然后按照我们的练习的流程，最终使的学生掌握了技能或者增强了某些身体素质，正是由于这种将体育看成一个非教育的过程，才会搞得体育课就像健身房一样，才会搞出了技能论的观点支持体育课程就是为了掌握运动技能和体质论的观点支持体育课程就是为了增强体质的两大派系出来。其实在教育的视角下，这两大派系都是有问题的，都需要进一步的调整。其实出现这种情况主要还是体育课程的实践性，必须需要身体的参与，这样课程就是动态的，人们很容易从生理学的角度上考虑体育课的评价，一旦从这个角度讲，那么基本的健康知识和人体科学就会被直接无视，因为都要以目标为导向。另外一个就是各个项目和内容之间的确是没有什么内在的关联性。接下来是对于我国的体育教材分类的梳理。

（一）1902 年的体育教材的分类

《钦定学堂章程》相当于中国第一部"体育课程标准"。因为这两个"章程"都规定了"体操"，体操就是体育，规定各级学堂都要开设"体操"。并且详细的规定了"体操的内容、课时数、课程宗旨等。""体操"科作为体育课的前身，在教学的内容上规定了两类体操，一类就是普通体操，另外一类就是兵式体操。

1912 年 9 月，中华民国政府颁发了《学校系统令》体育教学的内容还是主要以体操为主当时的教学内容不仅仅是兵操，在教学内容上还是有普通体操可以供学生选择的，但是兵操的训练量和训练的课时数要占大多数，那普通体操只能是做旁衬的作用了。

（二）1922—1949 年的体育教材分类

1922 年壬戌学制在教学内容上也进一步扩充，除了生理学知识之外，还要学习卫生知识，另外在完全废除兵式体操之外，在教学内容上增加以游戏、球类、田径、体操等为主要教学内容。

（三）1949—1956 年的体育教材分类

1956 年公布了以劳卫制为基础的《一般高等学校体育教学大纲》出了理论部分之外，还包括的 8 各理论部分和体操、球类、田径、游泳、举重、旱冰等实践部分。

（四）1956—1978 年的体育教材分类

在 1956—1978 年这段时期我国体育教材的分类还是停留在理论和实践两个部分，实践部分就是按照体育竞技运动项目分为田径、体操、球类、武术四大类。这时的体育教材分类基本教材和选用教材两大类。

（五）1978—1992 年体育教材的分类

其实在 1992 年体育教材的分类方面并没有什么太大的改善，但是又进行了进一步的细化，体育教材分类的第一层仍为基本教材和选用教材两大类，基本教材分为 12 类，即跑、跳、投归一大类，单杠、双杠、技巧、支撑跳跃归一大类，还有球类、武术、理论以及选用教材、队列队形和基本体操。

（六）2000 以来对目前体育教材分类的分析

新世纪以来已经走过了 20 多年了，在这一段时间内，我国的体育教学伴随着指导思想的变化，开始发生了巨大的变化，首先是体育课程的名字发生了变化，由体育变为了《体育与健康》，而且指导思想也变为了以三维健康观为基础的健康第一为指导思想。而在《体育与健康》的目标领域也确定了五大领域分别是运动参与、身体健康、心理健康、运动技能和社会适应。在这种翻天覆地的变化下，体育教材的分类也就有了明确的方向。在 2000 年的《体育与健康教学大纲》中就明确将内容分为了基础知识部分和实践内容两个板块。在实践内容方面主要是竞技运动项目，当然是为主，但是不是全部。关键是在《大纲》中强调了各运动项目的健身价值。可以说这在分类方式上提出了一个全新的体育教材分类视野，就是以健康来进行分类。虽然在实践部分的很多内容还是以竞技运动为主，所以有少部分的教师在执行上出现了健康和实践两条腿的情况，但是，这已经出现了非常大的尝试和变化。这里的问题的出现，主要是原因就是没有朝着既定的目标迈进，就是教学目标和教学实践的脱离，要紧紧的围绕着教学目标，使的运动项目为健康的增加服务，而不是只有在讲健康知识的时候才是帮助学生改善健康问题。所有的体育教学都应当围绕着健康为目标全力前行，就可以缓解上述的问题出现。这样就要求体育教师要深入的研究教材内容，使的运动基本动作和学生的健身结合到一起，要讲知识、技能、健康三个有机的结合在一起，绝对不是在原有的体育课上放进几块健康知识，这是完全的不协调的。无论是基本知识还是以竞技项目为主的运动素材都是为了健康第一的目标能够落实到学生身上服务的。当然由于以健康第一为指导思想的理念还是比较笼统，所以在 2001 年教育部颁布的《课程标准》。新课程标准就是以学生为中心，以健康第一为指导思想的细化，细化出了运动参加、运动技能、身体健康、心理健康和社会适应五大学习领域。这五大领域其实就是对于当下体育教学内容的分类，这是一种全新的分类方法，它并没有对具体的内容进行分类，而是所有的体育运动项目都可以在这五个方面进行对标入座，这样话体育教师就会在观察一项运动技术的时候，就会从五大领域的角度上去分析一个技术、一个项目以及安排组织一堂课。具体的内容需要细化，但是细化的方法不是规范下来，而是将自由度交给了实际教学的教师，教师要以健康第一为指导思想，增进学生在五大领域方面的能力提升。

第四章 中式体育课程教学设计

第一节 体育课程教学设计的概念、本质与基本作用分析

提起备课两个字，每一个体育教师或者从事教学领域的每一个人都是不陌生的，所以很多的教师一听说到教学设计的时候，首先想到的也是备课，但是备课和教学设计还是不完全一样的，并不能只是认为备课是我国的教学设计，而教学设计是外来的备课，这样的理解很容易理解，虽然这两方面有很多的相似之处，但是有一些方面还是需要重新的梳理。课程设计是在我国也是在新课程改革之后，才逐渐的引起教师们的注意的，另外经过这几十年的理解和深入，使的我国教学设计领域的研究越来越深入了。我们研究关于教学设计，需要明确教学设计的内涵、教学设计的应用范围，还要正确梳理教学设计和备课之间的关系，最起码要在两者关系上有一个清晰的认识。其实在这个领域我国的学者已经有了很多的研究结论，但是到目前为止没有统一的达成公认的观点，所以在这样基础上我们提出自己的一点认识，主要是为了将两个概念进行明确，避免模糊不清。

一、"教学设计" 与 "备课" 的内涵

备课是一个非常特殊的过程，有点像电影的剧本成型的过程。备课就是指的教师正式上课前的一切准备工作。这里包括跨度一整个学年的年计划、跨度一个月或者几周的单元计划、还有每一次课的课时计划，这是时间和内容方面。

在这个过程中的主要工作，要进行教材的钻研和学习、学生情况的了解和掌握、组织方式和方法的搭配等。这就是我们常说的备教材、备学情、备教学方法等。在具体的体育教学备课中要进行备学情、备教材、备场地、备器材、备体育骨干、写教案和预先排练。其中备学情就是要了解学生的实际情况，以明确体育教学中的情境和方法，包括负荷量的大小控制，这些都需要结合学生进行符合实际的调节。备教材就是指的将要进行教授的内容进行深入研究和分析，研究动作的示范和动作要领的讲解，在备动作要领的过程中，教师要根据学生的情况将教材的教学重点和难度进行分析，制定相对应的解决办法，还要注

意学生在练习中容易出现的错误，已经纠正这些错误的指导方案。备场地，由于体育课堂的特殊性就是教学环境的开放性，体育课可以在室内场地上进行，也可以在室外进行，室外的环境有很多的不确定性，所以有的学者提出还要备气候和时间，因为同一天的不同时间的天气温度会有变化，而不同季节的上课温度也有变化，在这种不同的温度下，学生的活动时间和负荷量包括热身的时间都是不一样的。特别是在我们国家的北方地区，四季分明，气候变化大，在我国海南等南方城市受季节影响的要小一些，但是还是会有影响的。然后就是备器材，器材是很多体育项目中都有的。比如说足球、篮球、排球等，这里器材出了主要的内容的器材之外，还要有辅助器材，例如音响、音乐等都是其中的一个很重要的内容。备体育骨干是体育课程中一个比较特殊的一个模块，体育骨干是学生，同时又是班长，最重要的还在课堂常规中有特定的任务。所以体育骨干本身也是一块需要体育教师明确的。写教案就是将自己之前备的各个方面进行系统整理，书写到教案本上，这里还有一个内容是在上课以后进行编写的，那就是教学反思，教学反思可以帮助教师整理教学经验，同时为下一次的的教学修正做好提示。提前预演，就是像话剧的排练，只是这个过程更像一台独角戏，教师心中有学生，但是一直都是自说自话，有一个专业的属于叫做试讲，在这个过程中可以说是自导自演自己修改。在这个过程中的最高的境界就是讲课稿的口语化，课上的台词讲课稿话，这就有点我国著名的相声表演大师马三立的相声稿和表演中的每一句台词都一致，所以对教师的要求还是比较高，因为我们体育教师不仅要说还要有动作的展示。这就使的体育教师的备课难度再一次增大。其实这里所说的每一块都是为了通过教师单方面的努力，更好的使学生在课堂上达成教学目标。通过以上的备课的概念的梳理，我们在认识上形成了一个相对比较详细的备课定义和结构，这个备课的核心就是研究教材，认真的分析教材，确定教材重点和难点，明确具体的突破方法，这是真个备课环节中最主要的环节。但是还有一个问题就是备课的整体的系统性和备课各个环节的分散性来说就弱了很多，使的备课的各个要素之间没有形成一个比较系统的架构。

与备课的概念有些不同，教学设计是另外一个概念，其实一直以来我国都是在使用备课这个词的，但是备课这个词由于在国际上应用的时候避免出现偏差，在此将教学设计的相关概念进行梳理，教学设计是一个没有定论的概念，虽然随着教学实践的不断发展和关于教学设计的研究进一步的深入，关于这个概念依旧没有公认的一个体系和权威，只有大概的一个思路，关于教学设计的概念整理如下，教学设计是指的为了以最好的教学效果，达成教学目标，运用系统方法分析教学问题和确定教学目标，组建、试行、评价和再修改解决教学问题的策略方案的过程。其实通过刚才的表述哦，我们发现备课和教学设计还是有一些特殊的区别的。当前我们教育界更多的开始使用教学设计，而不再使用备课这个概念，这里我们就需要了解两两个概念在深层次上有什么样的关系。

二、现代教学设计与备课的关系

很多专家学者关于备课和教学设计的关系上，还是进行了大量的探讨和研究的，当前学界有两种主要的观点，一种就是有关系论，一种就是无关论。

有关系论的观点是说备课和教学设计就是指的同一个事物的同一个过程，内容、过程都在有一定区别上又有很大的联系。无关系论的观点就认为，备课和教学设计本来就是两个完全不同的两个概念，从本质上讲两者完全是两个不同的事物。接下来就将相关一些观点进行引述。有些学者认为备课是一种完全传统的灌输式的教学进行服务的课堂脚本，认为其最主要的问题就是太过于强调教师的主观作用、知识的学科本位、灌输式传授和课程的预设性，而使得学生的主观能动性、情感和激发和未来生活应用都无视，忽略教学的生成性和课程整合。所以说备课是没有把学生作为主体，也并不是以学生的学习为出发点和目的。就是因为教学设计的出现才使得这种传统的教学依据的问题暴露了出来，使得课程的整体上发生翻天覆地的变化。这种变化不仅仅是一种名词的改变，而是很深刻的。这一个观点是比较绝对的，主要支持的就是无关论，就是说备课和教学设计是没有任何关系的，有本质的区别，而且教学设计能够很好的代替备课的不足，从而推动教学的进步。但是这个逻辑有问题的，提出这个观点的人的思维也是比较混乱的，不管教学设计和备课是不是同一个事物，单从工具性而言都是为了上好一次课而准备的一个活动过程，备课能够设计灌输式的课堂，同时也可以设计不是灌输式的，可以设计探究式的课堂、启发式的课堂、互动式的课堂、翻转式的课堂，好像这课堂上如何开展都是在备课或者教学设计中进行思考和成型的。所以说备课式灌输式的强调教师的这个很偏激的话，教学设计要是设计出灌输式的课来怎么解释？所以说如果教学设计可以重视教师，那么备课也能做到，教学设计能做到中式学生，备课也是可以做到的。所以上述的观点是比较狭隘的认识论，或者说根本就是形而上的谈论，并没有进行更为深入的了解。我们并不认同以上的观点。当然还有一种观点这种观点的阵营主要就是有关系论，他们认为就是说教学设计和备课是一种现代和传统、新和旧、继承和发扬的关系。他们认为备课是传统的，教学设计的新鲜的，是教学设计继承了备课的优良基因，然后又有所发展。证明他们之间有关系的主要就是第一在目的上都是为了能够让教学效果更佳的好。第二在时间上都是课前准备的活动，课后也都有反思和改进，在过程上都需要理论和资料的支撑，都有教学内容的分析和课程过程的建构，并且都是要选择一定的方法和手段，都需要落实成教学计划，并且都要有教学评价。所以他们就是一回事，只是名字不一样，他们是从历史上具有继承性。至于里面对于教学观念的改变，那时备课的人或者教学设计的人的教学思想的改变问题，和备课这个工具没有关系。就像动画片里的光头强，他经常伐树，是光头强的思想和方法有问题，和这个伐树的锯子没有关系。有人将教学设计是广泛的运用了现代的教育理论和科学技术成果，难不成我们教师在备课的时候不能够借鉴现代的教育理论和科学技术成果吗？在教学设计的时候可以对教学资源、过程和方法的系统化设计，难道在教学备课的时候不可以对教学资源、过程和方法的系统化设计吗？备课一定就是要按照自己的经验进行组织课堂吗？那要是在备课中有创新和借鉴了，是不是就应当叫教学设计了？我们并没有看出教学设计和备课有什么太大的区别，出了名字之外。就像有的人在学校里面被称作老师，回到家被称作丈夫，这不说的是同一个人吗？为了这一个人有什么好争辩的呢？

这两个事物的差异，目前还是没有特别清晰的从本质上去划分清楚，所以暂时就认为是一回事，当然一定要说两个有什么不同，也不是不可以的。只是在不同时期的名称和解释方式有区别。在时间上出现的有差别。要说谁比谁更系统和更科学，那还要看怎么用。

三、体育教学中课堂教学设计与备课的关系

关于体育课程教学设计与备课之间的关系很多专家学者都认为是有区别的，但是主要是由于他们对两个不加深入的理解，然后根据教学设计出现的时间节点进行对比，认为有差异主要是新课标的出现让课的设计和备课的复杂程度发生了变化，但是这不是工具更难用或者更好用的对比，是由于体育教学指导思想改变之后，引发的备课的画风改变，并不是备课改为教学设计，以至于备课的难度系数就增多了。那么新课标的出现给我们教师在教学设计上带来了什么新的挑战呢？

（一）《课标》的出现使体育课程教学设计的功能较备课有所改变与拓展

新课标出现之前，主要是以教学大纲为参考，备课的内容方面都是大纲定，所以教师只需要思考如何将这些知识传授出去，让学生的学习效果最好，课堂效果最好。但是没有权力去修改教学内容的，更不能自行设计教学内容。所以当时备课的时候功能就比较单一。在'大纲'作为指导文件的时期，备课的重点是如何传授《大纲》规定的教学内容，思考的焦点落在运动技能的教法探索上。但是大纲的时代变成了《体育与健康课程标准》的时代之后，原来的备课已经满足不了新课标的要求了，因为指导思想变了，学习领域变了，教学内容可以变了，这些都是在《大纲》看来比较先进的改进，到一线教师的手里的时候，就变成了丈二的和尚了，摸不着头脑。因为《新课标》改变原来的理论基础，使得原有的一些理论无法继续指导实践。这个时候的指导思想换成了以健康第一为指导思想，而不是以技能论或者体质论作为考核目标了，这是一种全新的理论思想，是需要用全新的

教学设计去完成教学目标的。当然教学目标也发生了变化，由原来的基本知识和基本技能变化成了运动参与、运动技能、身体健康、心里健康和社会适应五大学习领域，关键是满足这五大学习领域的教学内容也给了填空题，给了体育教师更多的自由发挥的空间。这些变化绝对都是积极的变化，都是具有划时代的意义的变化，但是这时候给体育教师带来的麻烦，那就是原来的经验和理论无法支撑现有的新课标要求，新课标给予教师的自由的空间，正好是体育教师的知识盲区，所以由此引发了一些问题。比如说不知道如何选择内容，这一块在上一章中已经详细的论述过了，还有一些教师不知道什么是好课，不知道怎样上好一堂课。这绝对不是因为备课变成了教学设计引发出来的问题，这是新课标的革新带来新气象。不知道怎么选择内容最主要的问题是在选择内容上没有方法和手段，无从下手，伸手一抹黑。不知道什么是好课，主要原因是没有以健康第一为指导思想，没有从五大学习领域构建教学环节。而不知道怎样上好一堂课主要说的是教学方法的问题。当有了理论依据和执行思路之后，接下来就是执行的问题了。这个时候就需要一定的理论来支撑这新课标给予教师提供的自由空间，使得不走放羊式课堂，不处与迷茫和彷徨的边缘。在新课标的语境下，体育教师的课程设计的困难恰恰是这五大领域的细化和自主选择内容进行一一对接，然后达成教学目标的过程。教师首先要自己选择教学内容，这种教学内容不再是只要是一个竞技运动的项目技术动作就可以，这个技术的选择要考虑是否符合学生的兴趣、是否符合学生的实际身心情况、是否符合终身体育理念、是否符合学生主体性的突出、是否具有典型性、是否具有娱乐性、是否能够具有健身性和教育性等等，在这样的思路下寻找一个能够满足一堂课的教学内容实在是不容易。第二这些教学内容实在是太过于庞杂，而且非常的没有逻辑，关键是和教学目标中的学习领域不是一一对应，没有这种直接的关系。另外在经验方面的不足，使得体育教师有了一种不会教的感觉，这是很正常的，如果新课标出来了，教师直接就能上手，不是这个教师理论水平高，就是这次新课标没有什么创新性。所以新课标的出现带来的一系列的指导思想的变化、学习领域的变化、教学内容的变化，等到了体育教师手里的时候，就直接变成了教学设计（备课）的变化，以至于在每一次教学实践中落实新课标的健康第一指导思想。可以是，新课标以来教师教学设计（备课）在功能方面，或者使用方法上要更复杂了，因为原来指导思想变了，教学设计就需要随着指导思想，再内容上进行改变，使得设计出来的教学内容符合体育教学实践的目标要求，并能够达成最终的教学效果。教学设计就是一个搭桥的过程，教师需要根据新课标的指导精神，在教学设计过程中选择教学内容、策略、方法，设定出一次次的符合新课标目标体系的教学方案。

（二）教学设计实现了备课由经验型向科学型的转变

教学设计就是备课，备课就是教学设计，所以这两就是指的同一个词，教学设计和备课没有本质的区别，其工作的对象都是教学系统中的主要构成部分，任何的学科备课的主要构成都是差不多的，教学设计的工作对象由教学内容、学生、教学目标、教师和教学工具等。教学设计的目的就是让这些教学系统的每一个不同的构成部分，通过教师按照一定的理论思路进行组织安排，达到符合教育教学指导思想和教学目标，达到最佳的教学效果和学生学习效果。在备课的过程中也是对大纲、教材、学生、方法等，这些教学中的关键要素都是需要考虑周全的，即便是有一些教师反对的填鸭式教学，不考虑教学内容的教法，教师也不会开展教学活动啊。另外有一些文化课的课堂可以出现教师不讲，让学生讲的这样的课堂模式，所以提出了要进行课堂改革，但是有一些体育课堂的经验教师不讲，动作教师不示范，学生自己学习是无法完成的，要是学生自学能够完成，教师也可以退出历史舞台了。所以说体育教师在把握一些技术动作的时候，以健康第一为指导思想，围绕着五大领域安排组织教学活动，但是在示范和讲解中教师也要发挥必要的支撑作用，不能因为填鸭式的教学概念出现之后，教师就不用讲解和示范了。因为体育课的教学内容和文化课方面确实有一些很大的区别。只是新的教学指导思想，改变的我们的教学设计理念，在教学设计的时候要注意一下几个方面，第一，教学设计的过程要有理论依据，这种理论依据的支撑作用，能够帮助体育教师在教学设计的过程中更佳的具有科学性，有的学者认为之前备课的时候，教师们不去参考科学依据，只是凭借着个人的经验进行教案的撰写，其实这是有问题的，其实原来的备课也是有科学性的理论依据的。只是由于指导思想不一样，所以在科学理论的采用上有所偏重，像当初的军国民体育思想主要是参照的巴甫洛夫的理论学说。这种强调人的动物性的反射思想，由于在我国持续的时间太过于漫长，很多专家学者和一线的体育工作者，不需要再翻书去反复去学，早已经内化在自己的脑海和实践经验之中了，对于凭借经验写教案的老教师们，不应该批评和否定，这样的理论虚无主义的观点一再的出现，其实是一种理论无知的表现。只是新课标的指导思想和教学目标发生了转变，教师需要在理论上继续学习，以满足教学改革的需要。在学习的时候教师要有空杯心态，不能自满，感觉自己什么都会了，其实指导思想一变，整个支撑课程教学设计的理论也发生了很多的改变。这种是否学习和使用科学理论作为支撑并不是备课和教学设计的区别。在教师进行教学设计的时候，是以学生的各项素质的全面发展为教学总目标的，具体细分下来就是要落实学生的运动参与、运动技能、身体健康、心理健康和社会适应五大学习领域的相对应的发展，这时候就需要借鉴学习心理学和发展心理学作为理论基础，将其系统的应用教学环节的设计上，使得教学环节和心理学理论一一对应，学习心理学解决的是学生如何学习的问题，发展心理学解决的是学生如何发展的问题，这两个理论的应用体现了学生的主体地位，整个课堂也就围绕着学生的学习和发展进行展开了。教学设计就是给科学理论基础和教学实践搭桥，用科学理论解决实际的教学问题的一个应用技术。由于科学理论的系统性和科学性，就决定了体育教学设计的科学性和系统性，也解决了体育教学内容内在逻辑性不强的问题。作为一个应用技术而言，就像一个驾驶汽车的司机的驾驶技术一样。有些纯熟，有些可能就是经验不足。这些都是可以从课程环节的安排是否符合学生学习的客观规律上体现出来，还可以从教学设计的时候对教学过程中的问题的分析和解决方案预设是否符合学生发展的客观规律上体现出来，还有教学设计中方法手段的应用有没有科学理论的——对应等，都是能够反映的出来的。可以说教学设计中的每一句专业术语、每一个动作的示范、每一个教学环节的组织都是有其背后的基础理论做支撑的。这些理论的作用就是保证你给学生的每一项输入性的活动，都能在教学目标和教学指导思想上得到落脚点。在教学环节上，这些基础理论的存在能够支持上一项的内容安排和下一项的活动环节的科学性，使得每一个环节能够在科学理论的关照下，环环相扣，节节推进，最终实现各个教学构成要素相互关联成为一个整体系统，使的学生在这个系统中得到全方位的发展。所以说理论是非常关键的，理论就像是盖房子的钢筋骨架，一旦钢筋骨架形成，就能够保证整个教学设计不是一盘散沙。第二，任何的教学设计由于其的前置性，到时教学实际中很多不可预测因素的发生，使得体育课堂的效果不一定按照教学设计的预先设计的环节顺利进行，这个时候，教师要发挥自己的主观能动性和教学经验，以帮助教学目标的达成。如果说科学基础理论是框架结构，那么教师的经验和主观能动性就是粘合剂和润滑剂。教师可以根据自己的经验和主观能动性在教学实践中弥补教学设计的不足和缺陷，保证课堂的教学质量，教学质量不能等到课程结束之后进行反思，等待下一次课的时候再完善，大多时候，学生对于课堂的体验是一次性的，是没有下一次的，即便是下次课的时候弥补了，那么这一次课的缺陷也是存在的，我们不能以完美的教学设计为目标，而应当以学生达成教学目标的情况为主要的关注点。这个时候教师的经验和主观能动性就特别的重要了，教师的作用就是主导，就像春节联欢晚会的节目主持人，很多次春晚最后倒计时前的时间是不确定的，以至于主持人的台词也是不确定的，这个时候教师的经验、主观能动性是课的质量的最好保证，因为每次课的学生、上课环境都是不一样的，那些基础理论也具有一般性的特点，用一般性指导具体性，需要教师经验作为润滑剂。以学生为中心并不是把课堂直接给学生。第三教学活动要成为艺术性和科学性的统一结合体。能否达成这样的效果，一方面看教学设计的科学性和合理性。另外还要看教师驾驭课堂的能力，就像买的新车司机不会开，汽车制造工艺再好，也会出车祸。这就是艺术性的体现。艺术性的体现还表现的教学设计的艺术性上。教学设计的本质是一种技术，教学设计技术的升华就是教学设计的艺术，教学设计的艺术性首先要有科学性做保障，如果不科学，一定不是具有艺术性，即便是符合科学性也不一定能够达到艺术性的高度，这是一种追求，教学设计的技术性和艺术性不是对立的，这两者只是再质量上的完美程度不同而已，这需要教师很好的教学设计经验、很深厚的教学基础理论的根基、还要与实际学生、教材、时间等完美的搭配，这就像厨师做菜，关键就看一个火候，还要在色香味和食客的反馈上都达到一定的水准才性。所以说教学设计的科学性和艺术性是一种相互关联，互相和谐统一的两个方面。从大的框架结构和教学环节设计上看的主要是科学性，而各个环节的衔接和润色这都是可以看出一个教学设计的艺术性来的。另外保证教学设计科学性的是教师单方面的努力，而保证教学设计艺术性的条件要在教师、学生和教学各环节的无暇衔接和达成上。并不是靠教师单方面的努力就能够达到的，但是教师的教学设计的科学性是教学艺术性一个根本前提。教学设计是学校教学工作给教师预留的自由空间，使得教学可以被无限设计，教师利用教学设计这一系统的方法论，自由的发挥自己的主观能动性，写出一篇一篇的精彩绝伦的教学方案，使得教学目标更好的被达成。教学设计和备课都是给教师上好课提前做好准备工作提供的方法，教学设计和备课两个不是两个完全不一样的事物，它们两个是同一个事物在不同时代的别称，在两者的对比上没有谁比谁更高，或者谁不谁更科学，只是教师更习惯怎么称呼这一工具，就像教师，现在我们都统称叫教师，过去叫教员，再往前叫先生，这些都是一个事物在不同时期的名称改变而已。至于教师是不是教员的继承和发展？我们觉得只是不同时代对于教师工作的内容有所区别，教师就是教员就是先生，没有本质区别。

关于有些学者关于教学设计和备课在生成标志和中心需要不一样，这也是有问题，认为教学设计的生成标志是指的以学生能力的生成，而备课的生成标志则是传授基本知识和基本技能。在中心需要方面，教学设计是以学生学习的需要为中心，备课则是以教师的教学需要为中心。这些都是在教育教学理念的变化的结果，并不是教学设计和备课的区别。教学设计能够设计出什么样的形式的课堂来，备课也是能够达到同样的效果，只是备课在我国应用时间更久远，更具有中国特色，在这种情况下有三种选择，第一就是继续使用和保留备课这一名称，同时也保留教学设计的存在，让教学设计和备课根据教师的喜好随意使用，具体交给历史长河进行淘汰。第二就是继续使用和保留备课的名词，但是要废除教学设计这个名词的使用，使得我国在关于课前设计这一块有一个统一的名词，便于沟通和保持中国特色。第三，就是直接非常备课这一名词，直接使用教学设计这一概念，毕竟这两个概念是可以相互使用和相互替代的，并没有什么高低贵贱之分，但是一个时代有一个时代的特色，就像教书的先生现在被统一称之为教师。但是也有不同的，比如韩国跆拳道的输出教师的统一名词叫做师范，但是我国并没有采用，在学校跆拳道教学中依旧是使用教师这一名词，所以大可不用追求和世界名词统一而消除自己家的特色名词。但是最近的体育相关的教材中关于备课这一词语正在消失，取而代之的是教学设计，关于这一现象我们并不作态度上的点评，反倒应该对于教学设计更加细化的认识和了解。

第二节　体育课程教学设计的概念

体育课堂的教学设计其本质就是教学设计的本质，所以想要知道体育课程教学设计的概念，就需要再次的明确教学设计的概念。关于课堂概念依旧没有公认的一个体系和权威，只有大概的一个思路，关于教学设计的概念整理如下，教学设计是指的为了以最好的教学效果，达成教学目标，运用系统方法分析教学问题和确定教学目标，组建、试行、评价和再修改解决教学问题的策略方案的过程。而体育课程教学设计的概念就是指为了以最好的体育教学效果，达成体育教学目标，运用系统方法分析体育教学问题和确定体育教学目标，组建、试行、评价和再修改解决体育教学问题的策略方案的过程。关于这个概念需要补充的是整个教学设计的过程，要依据体育教学的指导思想和教学目标，然后选择相对应的恰当的教学内容，结合学生的身心发展特点并且要综合考虑更正体育教学资源和条件，利用现代的学习心理学和发展心理学等理论进行系统的组织和设计。通过以上的概念界定，我们能够从以下几个方面的对体育课程教学设计进行界定。第一体育课程教学设计是一个工具性质的教学技术，体育课程教学设计能够帮助教师搭建理论和实践的沟通桥梁，或者说整个体育课程教学设计过程就是教师利用相关科学基础理论对接各个教学要素，组织教学环节的过程。第二体育课程教学设计的最终最终目的不是为了体育课程教学设计，也就是设计活动不是为了设计而设计的。体育课程教学设计的最终目的是为了实现以最好的体育教学效果，达成体育教学目标，这种教学设计的达成，几乎就可以实现教学设计的艺术化。体育课程教学设计的直接目的是为了接下来的体育教学实践，而体育课程教学设计的最终目的是为了完成教学目标，体育课程教学设计还有一个目的就是间接的评测体育课程教学设计的效果。如果体育教师为了体育课程教学设计而设计，使得设计脱离教学实际，整个体育课程教学设计的过程就是无效过程，所以作为体育教师而言，方向不能出现错误。第三体育课程教学设计是以学生为中心，围绕着学生的身心发展特点进行的，教学内容的选择要适合学生的身心发展特点，教学方法和手段的采用也要适合学生身心的发展特点，体育教学中各个环节的衔接也是需要适合学生身心发展的特点。脱离了学生的身心发展特点就是脱离了学生的实际，就不再是以学生为主体为教学理念的教学设计了，相反就变成了以教师为主体的课堂设计了。这是不符合现代体育教学理念的。另外在教学设计的是否符合学生的身心特点，不仅仅包括一般性的学生身心发展特点，还包括特殊性或者个别性的学生身心特点，使得体育课程教学设计符合学生的个性发展。第四，体育课程教学设计是建立在学习理论基础上的科学，其本身就是一套系统科学技术，其次体育课程教学设计的过程都是有相关的基础理论作为支撑的，其中哲学、心理学、社会学、体育学等全方位的理论支撑是保证教学设计科学性的基础。哲学的知识论能够知识的方面提供理论支撑，心理学中的发展心理学、学习心理学和人本主义心理学使得整个体育课程教学设计更符合学生的心理客观规律，社会的额基础理论能够保证体育课程教学设计的内容活动能够在培养的学生社会适应能力等方面起到方向性的作用，体育学中的生理学基础等能够保证体育教学的本质属性不被改变。还有很多关键性的特殊理论也是需要教师进行广泛涉猎后，在体育课程教学设计中尝试使用，使得体育课程教学设计不仅能科学化，还能够达到艺术化的效果。

第三节　体育课程教学设计的基本作用

教学设计是有其独特的作用的，之所以会有教学设计，主要目的是为了更好为学生服务，使得学生能够体验更好的教学过程，达到最好的学习效果。体育课程教学设计主要是围绕着体育课堂的教学内容、学生情况、教学目标、教学方法和手段等进行系统设计的过程。体育课程教学设计是在理论和体育教学实践方面搭建起了一座桥梁。使得体育教学更加的科学和可操作。体育课程教学设计的主要作用我们总结出了以下几点：

一、教学设计能够促进体育教学工作的科学化

体育课程教学设计的科学化就是指的体育课堂的教学设计要在相对应的基础理论支撑的情况下进行教学环节的设计，体育教学设计的科学化是体育教学设计的艺术化的基础，在科学化的基础上，教师根据自己的教学经验和对学生、教材等的理解，在每一次上课前，将上课的教学环节进行认真的设计，这一个体育课程教学设计的过程在过去就是指的备课，这两个是同一个概念。体育课程教学设计中教师进行科学化的设计，再具体的设计中融入教师个人的看法和经验，使得体育教学呈现出在效果上更加好，课程表达流程上更加的和谐统一等艺术化的效果。这种艺术化的效果是具有私人性的，很难复制，因为就有独特教学风格的体育教师使得教学实践中也始终能充满他们独特的风格气息，即便是教师愿意教授，但是其他人也学不来。所以教学艺术化是一种追求，而教学科学却是一种基础，是上好课的前提，如果教师上的课不科学，岂不是自己绑石头下海同归于尽嘛。为了克服体育教学艺术化的不可复制的局限性，应当在教学环节的支撑理论上予以系统性的探

索，使得理论基础变成体育教学活动的主筋骨，这些是可以复制和学习的，第二在教学手段和教学方法、教学器材的配置方面也是可以进行复制性传授的，所以对于没有那些高超的教学经验的体育教师而言，遵循体育课程教学设计的科学性原则，可以解决一般教师的燃眉之急。因为只要按照相应的理论进行组织架构，再填充相对应的方法和手段，就能够快速的设计出一套具有科学性和实际操作性的体育教学方案来。通过科学性的教学设计思维，教师克服教学艺术化无法复制的局限性，学习和掌握相对应的较为系统的理论原理和技术，从而使得体育教师在这个教学流程上也是科学化的。这是一种快速提升体育教师课堂实践的教学方案组织能力的最好培训方法和有效途径，从而使得教师在这种备课的流程中，不需要更加专业和丰富的实践经验，也能够完成教学设计任务。虽然说克服了教学经验的局限性束缚，但是体育课程教学的科学性和艺术化并不是两个相互矛盾的事物，也就是说科学的教学设计也需要艺术化、需要教师经验。因为教学设计具有一般性，而教学课堂具有针对性，按照一般性的教学设计，将能设计出千篇一律的体育课来，因为基础理论的相对稳定性，所以教学流程和教学环节的展开也就具有这种稳定性特点，很容易形成千篇一律的课堂。而在体育课程教学设计的设计过程，教师融入自己的教学经验和个人特色，使得整个课堂教学艺术化，处处体现出别具风格的艺术之光，使得体育教学令人耳目一新，又能很好的达成体育教学目标，何乐而不为，这样体育教学是我们支持甚至是提倡的。当然艺术化的前提一定是要符合科学化，不然就会出现问题，又科学化又艺术化这是我们最终的目标，只有艺术性没有科学性的体育教学一定不是什么好课，没有科学性更没有艺术性的体育课堂就不用评价。总之体育教学的科学性和艺术性在体育课程教学设计中最好都要兼顾和谐，艺术性需要教师的经验磨合，而科学性是体育课程教学设计对教师的客观要求。所以说体育教师在上课前，一定要做好体育课程教学设计。

二、教学设计能够促使体育教学理论与教学实践的有机结合

体育课程教学设计在促使体育教学理论与教学实践的有机结合方面，发挥非常重要的作用。体育课堂的教学实践是需要相对应的理论支撑的，没有理论支持，教学实践中的各个环节就不成立，就不存在科学性。而没有教学实践的体育教学理论也就变成了无根之木。所以从客观实际上来说，实践离不开理论，理论也离不开实践。但是在现实生活中，体育教学理论在很多一线的体育教师看来，太过于抽象和理论化，用来指导实践总是不能得心应手。主要原因是在很多体育理论工作者每天花费大量的时间和精力在总结实际教学的各个模块的经验方面，形成了相对独立于教学实践的知识体系，这些体育教学理论的确是在体育教学过程中对于影响体育教学的各个因素进行了分析和研究，但是由于过于理论

化，在一线体育教师看来，相对比较晦涩，另外有一些理论是关于理论的再总结，就比较脱离实际，无法和现实体育教学进行有效的连接。但是由于大纲多年以来的延续性，使得很多体育教师不需要再进行深入的理论学习，就可以凭借自己之前的教学经验，就能够胜任教学目标任务。但是新课程标准的颁布使得原来的一套理论和实践体系得到了大规模的失灵，因为新课标的指导思想和学生的学习领域都发生了非常巨大的变化，原来的理论基础无法顺利指导教师完成新课标给予体育教师安排的教学实践。这个时候体育教师再进行促使体育课程教学设计的时候，就需要深入的开始学习行对应的理论，目的是为了更好的进行体育课程教学设计，就这样体育课程教学设计就将理论和实践进行一次非正式的连接，拉建起了理论和实践的沟通桥梁，从教师的角度上，也帮助体育教师完成了体育理论的快速储备。出现这种现象的根本原因就是新课程标准再教学内容的选择上给体育教师留下了很大的自由空间，教学方法和教学手段以及教学器材设备的选用都是更多的依靠体育教师自己去执行。这时候体育教师就需要快速的了解和掌握关于如何选择教学内容、如何组织方法等以完成教学方案的撰写。所以说是体育课程教学设计促进了教师对于理论和实践的相结合。在沟通理论和实践的方面体育课程教学设计起到了两方面比较总要的作用，一个是能够直接将理论付诸于实践，进行实践应用，这样的理论指导实践使得我们的体育课程教学设计出来的教学课堂更具有科学性。第二在通过实践中总结出比较具有指导意义的经验，升华为体育教学理论，丰富体育教学理论成果，这两个方面是相互促进的关系，而体育课程教学设计在中间起到了牵线搭桥的作用。另外基础理论也对于体育课程教学设计起到两方面的作用，第一方面在体育课程教学设计的宏观方面，决定着体育教学的内容选择、教学思路和组织环节的组成，第二方面是在体育课程教学设计微观方面，理论决定着体育教学的具体方法等。

三、教学设计的某些环节能有效突出学习者的主体地位

学生是教学过程中的主体，教师在教学中的作用是主导，这是在现代教学论中决定的，在教学这种教师和学生的双边互动的实践活动中，叫让学生的主体地位得以体现，这一理念反对的就是以教师为主体的灌输性的课堂，这样的课堂就容易引发出填鸭式教学。要在教学中发挥学生的主观能动性，让一个个的活生生的人的个性在教师的引导下各有各的成长，而不是让众多有意识的学生只能成为课堂的旁观者，应当想尽方法激发学生的学习兴趣，调动学生的课堂的参与感。

为了能够体现出教学过程中学生的主体性，教师应当在上课之前对自己班上学生进行非常深入的了解和全方位的分析。首先是对于班上的学生人数、年龄等基本情况的了解，

这些基本情况是对于体育课程教学设计的拿捏会更加的准确。对于当前学生学段的身心特点进行了了解，其中包括生理特点和心理特点。其中心理特点是一个在很长时间之内都在忽视，而在新课标颁布之后，特别凸显的一部分内容，只有在了解了学生的心理特点，在能够在教学中发展和促进学生心理健康。还有对于学生的运动基础和学习兴趣的了解。只有对学生进行了大量和深入的了解，在体育课程教学设计的过程中，才能根据学生的实际进行相关的设计。如果没有相关的了解，就开始进行设计的体育教学的化，就是没有以学生为主体的课程设计，这样的课堂设计是不足取的。以学生为主体的教学设计不仅仅是止于对学生的了解，而是要在体育教学目标的确定、教材的具体分析、重点难点的确定、教学策略、教学方法等确定，在体育课程教学设计的各个环节都是要站在学生角度上进行展开，在展开的各个环节都要以科学的理论为依据，从而体育教学在突出学生的主体地位的同时保证体育教学的科学性。这样以学生为主体的教学设计，是以学生在体育教学过程中可能遇到的一系列必须要解决的主要问题进行开展，在教学实践中进行一一突破和解决，最终完美达到体育教学目标。

四、教学设计是提高体育教学效率和教学效果的有效手段

教学设计是在课前完成的，之所以放在课前进行，就是要让老师对课的教学做好充分的准备工作，而不是什么的不准备，直接去上课。无法想象如果什么都不准备的老师直接去上课如何保证体育教学的教学质量。但是很显然充分的课前准备，并进行系统的教学设计思考肯定要比什么都不准备，在体育教学效果、教学效率方面一定是有非常重要的提高作用的。首先是从教学效率方面，其实在体育课程教学设计之前进行理论和学生的了解，还有对于教材分析，设计针对性的教学环节和突破方法，最重要的一个目的就是为了提高教学的实际效果，而降低体育教学时间的消耗。整个体育课程教学设计的过程就是一个降低消耗提高效率的研究过程，科学的基础理论保证的这个研究的科学性，而新课标和学习领域为体育课程教学设计的过程指明了方向，避免在体育课程教学设计中对于课程中可能出现的问题、针对这些问题制定出相应的解决方案，从而避免什么都不做而引发的盲目性。体育课程教学设计其实就是教学实践最优化的过程，其实在体育教学实践中，影响体育教学的各种因素是很多的。其中包括上课的时间和气候，冬天和夏天的不同气候和温度，使得整个课堂的热身和练习的密度等都会不同。但是大多的体育课程实践是不需要考虑特别细的，不是每一次课都需要注意气候变化，气候变化在一年之中也就发生几次。所以整个体育课程教学设计的过程就能够筛选出体育教学实践中比较重要的像学生需要学习的内容、学生情况的分析、教学目标和场地等。这样的由于体育课程教学设计中减少很多

的不必要的关注环节，使得在把握大方向上不容易跑偏，从而在三位教学目标或着五大学习领域的对应目标上的阐述更加的清晰，在教学策略的制定上更加的科学和实际，在教学时间的分布和控制上更加的合理，从而提高课堂时间的利用率，在体育教学实践中人员的活动环节、时间控制和器材的预设都能达到最优化。可以说，这些教学效率的提高都是源于教学设计的过程的减低或者控制消耗。另外从学生的学习效率上来讲，由于教师在教学设计中针对于学生和教材的特殊情况进行深入的分析，从而使得教学的重点更加的突出，教学难点也更加有针对性的进行予以突破，使得学生的学习难度进行降低，从而使得学生的学习效率更加提高。如果没有体育课程教学设计的预设，学生的学习中的种种困难得不到解决，使得学习效率大大降低，学习兴趣也大大的降低。

从教学效果上，教师的准备使得自己能够更好的在教学实践中发挥自己提前准备的好的教学流程，有备无患，使得在教学过程中，教师不容易出现太大的偏差，更能体现教学流程的合理性，很多的台词都是提前预设，以至于教学效果大大的提升。另外由于教师的充分准备，在这个设计都是更符合学生身心特点，所以更容易调动学生的学习积极性和参与性，学生更愿意参与到体育教学实践活动中来。从而使得学习的效果大大的增加。课件不论是教师的教还是学生的学，在教学设计之后整个教学实践的效率和效果都有很大的提升。

五、教学设计的某些内容能够促进体育教师专业素质的提高

我国的一线体育教师大多都是专业的体育教师，不再有新中国成立之前需要去请退伍军人来临时替补的情况出现，但是我们知道世界上的知识更新的速度一直在加快，旧知识的淘汰速度也在大大的增速，在这样的历史时期，我们地球上每一个人都应当及时的学习，以保持自己不掉队。而教师更是需要不断的学习，因为有句话说的是要给学生一杯水，教师要有一桶水。从事体育教师的一线工作着，也是需要不断的学习的，要想在自己的专业方面得到进一步的提升，就需要加强特别是专业理论知识和实践知识的继续学习。特别是在新课标颁布之后，体育教学的理念和学习领域以及教学设计的各个反面都发生很大的变化，如果一线体育教师不进行相关的学习，可能就已经不会教学了。新课标让教师由原来的教书匠的角色变成了一种研究者和设计者的角度上，这种情况以为着体育教师在教学实践中不需要在完全的照本宣科，可以在这个过程中找到一些自己的个性风格融入其中，可以按照学生和学校的实际进行一部分的内容和方式方法的调整，这一角色的改变，使得体育教师更需要不断的加强理论学习，用新鲜的理论知识来武装自己，在自己的教学理念、教学手段、教学方式方法等都要进行大力的更新。这是新课程标准提出的客观要

求。新课标本身就从教学指导思想和学习领域方面都进行了翻天覆地的变革，使得只要体育教师读新课程标准就可以更新自己的教学理念，特别是在围绕着达成新课程标准指出的教学目标来进行教材分析、学情分析、教学方式、手段进行体育课程教学设计的时候，无形之中督促着体育教师在理论和专业能力的不断提升。使得他们对于体育教学在认识问题、发现问题、解决问题的思维方式上都发生了翻天覆地的改变。这就是教师专业素质提高的证明。教学设计就是体育教师对于原来知识和新学的专业知识进行融合贯通，这其实就是一种了不起的创新，教师的创新不一定要想新课标之于大纲，而是只要比自己之前的教学有了科学性方面、合理性方面、对学生的综合发展方面以及自己教学的艺术性方面有了一点点的改变，都算是创新，只要按照这样的轨道继续行走，每前进一小步就是创新一大步。毕竟相对于其他的文化学科而言，体育课程从清朝末年到新时代，经历十分漫长的岁月，但是对于教学上并没有太大的革新，很多都是受到根深蒂固的一些老传统老思想的影响。在这么多年来体育教学都没有什么创新，而到如今，是因为新课标的颁布，使得教学的革命发生了本质上的改变，这种革新也使得体育教师在教学实践中的创新动力被激发了出来，教师开始对体育课堂再塑造，体育教师对自己的专业素养也开始再塑造，这样的洗心革面，必然使得体育教师的创新思维和创新能力已经创新意识都得到进一步的提高。从而推动体育教师的专业素养的综合性成长，提高教师的专业化程度。

第四节　体育课程教学设计的理论基础及其原理

体育课程教学设计是有一定的理论基础的，并不是说提出一个概念，再教学实践中有这一块的需要就可以凭空捏造出一个概念来，这些都是需要再一个相对比较完整的理论体系中才能够将体育课程教学设计这个概念立起来。这些基础理论是支撑体育课程教学设计的科学性的一个保证，没有这些理论作为支撑，教师在把握体育课程教学设计的过程中，就不知道所以然，不知道体育课程教学设计到底是以谁作为基础，体育课程教学设计以什么理论作为以及，也不知到体育课程教学设计理论之间是一种什么样的逻辑关系，这些都是很基础并且需要解决的问题。

关于体育课程教学设计的理论进行研究，需要注意三个层面的把握，第一个层面，就是要知道体育课程教学设计的这些基础学科统合之后形成了一个什么样的基本理念。第二个层面，根据这些基本的理论，要明确教学手段和方法能够实现教学目标的核心原理是什么。第三个层次，基于这样的理念和原理进行分析、设计、评价的技术开发。这三个层次环环相扣，步步深入。下面我们将对体育课程教学设计的理论基础进行逐一分析。

一、体育课程教学设计理论基础的内在逻辑关系分析

体育课程教学设计的理论基础有三个层次，这三个层次中，每一层都对于体育课程教学设计有不同的作用和指导意义，这三个层次的理论基础中，不光有哲学认识论、学习理论。这些理论基础是体育课程开展教学的理论基础，同时体育课程有具有自身的独特性，所以应当将像体育教学论、《体育与健康课程标准》等都要归到其理论基础中，这些理论基础是体育课程教学设计的理论基石。这些理论基础也是决定体育课程教学设计的核心原理的关键因素。

体育课程教学设计的理论基础中最基础也是最上层的就是哲学的认识论，哲学是认识世界上的万事万物的钥匙，所以哲学认识论对于世间的一些和认识相关的一些学科都有指导意义，当然不同的哲学观念就形成不同的认识论，导致最终的教学设计的根本原理将发生本质的变化。我们中国坚持的马克思的辩证唯物主义哲学，作为我们的基础哲学，同时以中国特色社会主义的哲学理论体系作为实践哲学，中国特色社会主义哲学是和中国国情实际相结合的马克思辩证唯物主义，并且验证成功了的根本哲学，是经得起历史考验的哲学。所以在教学设计过程中，我们秉持中国特色社会主义的哲学理论体系指导理论和现实的相结合，集体和个别的区分对待等各种关系。在整个过程中不仅仅是要让教师的主观能动性释放出来，同时也要让学生的主观能动性释放出来，构建教和学的统一关系。

处于第二层的理论基础是学习理论，学习理论处于第二层的原因就是学习理论要受到哲学认识论的影响，物质决定意识和我思故我在一定会产生两种不同的认识论，所以学习理论也会发生直接的变化。而学习理论和知识论息息相关，可以说有什么样的知识论，就有什么样的学习论。目前全世界上有两种知识论，一种就是客观知识观，认为知识是客观的、不变的。另外一种就是主观主义知识观，认为人们接收到的知识才是真知识。这两种知识观直接影响了学习机制的问题，但是不论哪一种知识论，当前学界统一的共识就是都需要用系统理论进行教学设计。所以系统理论在体育课程教学设计的重要理论基础之一，是保证教学设计的科学性的基础理论之一。最下层的理论基础具有更实际的指导作用，像体育教学理论、传播理论、一般教学论和《新课程标准》等，这些都是能够具体针对体育课程教学设计的某一个环节或者某几个环节进行直接影响的。他们在整个教学设计的分析、设计和评价的全过程中都发挥着非常重要的作用，这些基础理论是受到学习论的影响，也就是学生如何学习，设计就应当任何设计，因为要体现出以学生为主体的地位。在学习观的影响下这些基础理论的相互关系会随之改变。

二、体育课程教学设计的理论基础分析

（一）体育课程教学设计与系统理论

科学系统论是一个近几年来应用的比较广泛的一个在教育领域的基础理论。系统论的观点就是有几个不同功能的组成部分组成一个具有一定功能的新的整体，这个整体就是系统，它就像龙，中国的龙，这是中华文化中的一个极为重要的图腾标志，很多人都没有见过龙，就以为龙不存在，无论龙存在不存在，龙的图腾是绝对存在的，中国人也被成为龙的传人，那么龙是什么呢？龙的图腾是有鹿角、牛蹄、鱼鳞、蛇身、鹰爪等各个十分具有特色的生物身上最厉害、最美、最有特色的位置组合而成的一个具有新意义的事物。可以说龙就是一个系统。从这样的角度看，世界就是一个系统，世界上的万事万物不是系统，就是系统的一份子，系统和系统直接的组合又出现新的更大的系统，系统论是体育教学设计的一个特征。系统的特征就是不断的在变化，因为系统无时无刻不在和系统外的其他事物发生着能量或信息的交换，包括系统内部的各个要素直接也在时刻的发生着关系。所以如果把体育课程教学设计看成是一个新的系统，那么其组成部分的关系以及整体的教学设计方法就是系统方法了。其中系统理论的下列基本思想和观点对研究体育课程教学设计系统几个要素有重要作用。

1. 系统的概念

系统的概念是由相互作用的元素的综合体，这是系统论的创始人贝塔朗菲提出的基本观点。系统中的元素和相互作用，是这个概念的关键点，以上概念可以从三个角度进行进一步的解释，第一就是系统是有很多的元素组成的，就像成立歌唱队，要是队伍里面没有人，那么歌唱队就自动解散，就不成系统了，所以系统里一定要有元素，而且还不能只有一个元素，当有几个或者多个元素的时候，其中对于这个系统非常主要或者起到主要作用的元素就是这个系统的要素。第二这些元素之间是有关系的，是能够相互作用的，就像物理学知识的作用力与反作用力，在这种相互关系中，各个元素组成了一个独特的系统。第三这个系统有特殊的作用，不论是什么作用，总之一定对于系统外的环境和内在的元素作用之下，对外在的环境起到一定的作用。那么在系统这个概念中的环境也是一个非常特殊的必要的因素，没有环境也就没有系统了。环境在体育课程教学系统中就是课堂以外的所以的环境，包括学校环境、家庭环境、社会环境等这些环境对于体育课程教学有着或多或少的影响。体育课堂受到学校、家庭和社会的监督，而体育课堂的学生最终要走进社会系统，这样的话，体育课程教学设计的时候应当考虑一些社会因素，为学生将来走入社会，

培养学生的运动健身能力和终身体育意识等。所以在体育课程教学设计中不能只是考虑体育课程教学的内部元素之间的关系。而由于受到不同家庭因素的影响，在体育课程教学系统中的每一个学生是具有特殊家庭背景的独立个体，在进行体育课程教学设计的时候，要重视各个学生的个性特点，但是又不能够全部让学生进行随意的张扬个性，所以应当站立在系统的高度，强调各个学生个体之间的相互关系，而不是单纯的只强调个性，只有这样一堂课中的众多学生才能汇集成为一个有机的整体。除了体育课程教学系统的外部环境，决定体育课程教学系统的本质作用的还是又其内部元素的相互关系决定的。在体育课程教学系统中有很多的主要要素，体育教师、学生、教学内容、环境、手段和方法等，这些元素的相互关系使得体育课程教学系统形成了一个具有独立功能的系统，这个系统随着时间的不同又有了新的作用，比如一整年等体育课程教学和一节课的体育课程教学。体育教学系统是学校教学这个大系统的一个小系统，体育课程教学系统无论是年课还是单次课的建立都是要以体育教学目标为纲。

2. 系统的结构和功能

任何的系统都有自己独特的功能，由于内部元素的组合排列的不同形成了独特的结构。结构就是顺序，有的系统的各个元素之间的顺序非常的有序，所谓系统的结构就是指的系统内部要素之间在时间和空间上相互关系的方式或者顺序。也就是说系统的各个要素之间是有相对的排列次序的。如果各元素之间的顺序比较稳定，那么整个体统的结构就相对比较稳定，反之，则系统的结构不稳定。系统内部各个主要元素的相互关系就决定了系统的发展走向，另外系统外部的大系统环境也是对于系统的发展起到一定的作用。所以从系统论的角度看，比较复杂的系统是有多个层次的。在这样的系统中，了解好一个系统处于什么样的层次更有利于对于系统的把握。比如体育课程教学系统就是处于复杂的学校教学系统中，在体育课程教学系统中又可以有小组系统等，当我们清晰的了解体育课程教学系统的层次之后，对于体育课程教学设计就更具有针对性。

由于我们了解到不同系统的层次、环境和内在元素之间的排列顺序的不同导致其结构的不同，所以各个系统的功能有所差别。功能和结构有着直接的关系，不同的系统的不同元素的排列有可能取得同样的功能，而相同的系统内部元素的排列顺序有了变化，其功能也将发生很大的变化。所以说系统的功能应当从以下几个角度来进行把握，第一任何系统都有自己的功能，但是不同系统的功能是有其内部元素的在时间和空间上的排列顺序决定的。第二，同一个系统在外部环境一定的情况下，内部元素之间的结构改变，其功能也将发生改变。第三，不同系统在不同的外部环境和内部元素的结构的双重改变也能得到某些系统的功能。第四，同一个系统的功能是多样的，而不是唯一的，不同的结构决定不同的功能，而人们应当围绕了目标利用系统的不同功能。例如体育课程教学设计就是利用体育课程教学元素的不同排列的结构和其不同的功能达到最优化的教学效果的目的。在耐久跑这样一堂体育课的教学设计中其主要的要素是教师、学生、教材和教学手段。在这些要素中不同的体育课程教学设计就能使的这个系统发挥不同的功能，如果以符合学生身心发展的特点增加适当的负荷量就能够起到增进学生身体素质，提高学生耐久力水平的作用。而在这个过程中发挥学生克服耐久跑的乳酸堆积带来的积极作用，就能在学生心理上起到培养学生吃苦耐劳的意志品质的作用，而耐久跑和篮球等团队项目进行结合，就能够起到在长时间内团队合作的能力，所以说不同的组合排列，其功能就不相同，我们体育教师在教学设计的时候，不能被这些不同的功能所迷惑，我们要以体育教学目标为依据，采取合适的教学系统的元素排列顺序，为了达成目标而实施教学活动。

3. 系统的特性

（1）整体性

整体性是系统的最根本的性质，系统是由具有不同的功能的各个元素组成的，各个元素之间有着本质的区别，只是在系统中由于不同的结构而发挥着不同的作用。有的是主要作用，有的是次要作用，这些不同元素的不同作用，使得整个系统拥有了一个独特的功能，这时候系统就是一个整体了。如果一个系统中各个元素之间没有使得系统拥有独立功能，就使得系统不成立了。系统的特定功能不等于某一个系统内部元素的功能，而是由不同的元素的某一个或者几个因素的相互作用才决定的系统的特定的功能，这样就是有可能不需要发挥某系元素的全部的功能，为此，也就可以允许系统中的元素不完美，不完善，只要系统的功能完善就可以了。而有时候系统的某些元素十分的完善，但是系统却没有形成完善的功能也是一个无效的系统。而且即便是有一些系统能发挥一些特定的功能，但是如果某些系统的功能还没有系统中某一个元素的功能在这方面更强大的话，这个系统也是无效系统。所以系统的功能一定要大于某一个元素的功能，并且一定要比各个元素的总和的功能要大，但是系统的功能并不是一加一等于二的简单叠加出来的，这些元素在一定的逻辑的思路下，按照一定的顺序发挥不同的功能的同时使得系统呈现出一加一大于二等特殊功能。体育课程教学系统就是这样一个系统，在体育教学过程中体育工作者按照体育课程的教学目标，将体育课程教学系统中的各个独立元素进行有机的整合，整个体育课程教学元素在不同的理论基础的约束下，按照一定的顺序进行组合和排序，使得体育教师、学生情况、教材、场地等都发挥其特定的作用，使得整个体育教学出现教育功能、德育功能、体育功能等，这是一个完整的综合体，各个构成要素之间密切协作，这种密切程度就像学生离不开场地。

当我们以系统论的视角去观察体育课程教学设计中的各个要素，就可以围绕着系统目标，对系统内的各个要素进行有序的排列，在体育教学设计中安排特定目的的教材、使用特殊的教学方法和手段，控制适宜的练习负荷和密度，使得学生在体育课堂中朝着教学目标进行发展，并实现教学效果和教学效率最优化的程度。

（2）相关性

系统中各个元素的存在，就是由于各个元素围绕者系统的功能能发挥自己独特的作用，这种在系统的角度上，各个元素之间是有关联的，这种关联性是有一定的顺序的。也是可以改变的。之所以体育课程教学系统中的各个元素，也是相互之间有关联性的，从而能够在一起组成一个特殊的独立系统功能。教师是需要教材的，没有教材就无法开展教学工作，教学设计的时候尽管眼前没有真实的学生，但是每一个教学环节的安排都是要围绕着学生进行开展的。也都是要依据学生的实际情况进行开展的。可以说在教学设计过程中叫做此时无生胜有生，这个生就是指的学生。学生想要达到锻炼身心、进行运动参与和社会适应等各方面的发展都是需要教材来进行，另外在体育教学过程中教师的指导也是离不开的，所以说各个要素之间是相互关系，相互之间谁也离不开谁。这些系统内的元素在教学目标的引领下各自发挥自己的作用，使得体育教学过程变成一个具有特定功能的系统。

（3）目的性

任何一个系统都有自己独特的功能，这些功能就是为了解决特定的问题，所以系统存在的目的性是非常明确的。体育课程教学系统的目的就是为了更好的达成教学目标。而教学设计的目的是为了发挥体育课程教学系统中各个元素的功能，调整各个元素之间的顺序，使得在体育教学实践中教学效果、教学效率最优化。使得学生能够在单位时间内，更好的达成体育教学目标。

（4）反馈性

反馈性只是的系统根据外在环境和内在各因素的作用下，针对其特定功能的效果得到的效果信息。这些效果有可能是达到预期、有可能是超过预期，还有的就是不如预期。这里主要说的是当系统收集到是不如预期时的信息后。当系统的功能没有能够达到预期效果的时候，就需要进行自我调整，自我优化是一种根据反馈信息，依据具体目标，将自己的功能朝着目标优化的过程，这个过程可能快到一步到位，也有可能是一种缓慢进行的。在体育课程教学设计中对于教学方案的信息反馈主要是依据相关基础理论和现实的可行性分析上，要是既能够符合科学理论依据，又能够符合学校和学生实际，教师还能够很好的驾驭，那就说明这个教学设计是成立的。如果不成立，就应当进行针对性的调整。

（5）动态性

动态性是有系统的内部和外部因素共同的动态性决定的，系统内部各个因素之间顺序和结构可以根据具体的目标重构成特定的功能，另外在外部环境的影响下，内部的各个因素之间的作用关系也发生着改变。这就像我们老祖宗在易经中所说的，天下唯一不变的就是变。这里强调的世界的动态性，马克思主义哲学更是明确的指出来世界是运动的。所以系统的稳定性都是相对的，其功能的稳定性也是相对的，这种稳定性给人们的使用提供了机会，同时其动态的变化性，又给人的创新提供了启示。像体育课程教学设计是一个相对稳定又无时无刻不在变化的过程，教学内容每一节课都有变化，即便是内容相同，侧重点也会有所改变，所以教学设计的这种变化，是在推动着整个体育教学的进步。当教师指导体育教学的这种动态性之后，也就自然培养一种变通性心态，而不会老重复旧程序了。

总的来说，系统论的确是能够对体育课程教学设计产生作用，第一个作用就是能够使得体育教学的各种元素能够按照一定的顺序组成一个系统，系统论就是这个系统的组织者，系统论为体育教师提供了一个工具。第二个作用系统论给体育教师提供了一个视角，这个视角是科学的，是可以系统的分析体育课程教学系统中的每一个部分，从而使得体育课程教学系统更好为教学目标系统服务。

（二）体育课程教学设计与传播理论

传播学就是研究一个信息的结构、传播的过程、效果功能等的学问，传播理论就是相对应的理论，信息的价值就在于传播，或者说信息只有在传播中才能够体现其价值，所以信息的流动性就是其本质，传播就是信息从这个地方流动到另外一个地方，信息是有抽象的概念，是一切可以传播的事物的总称。在教学中的信息就是指的知识、技能等通过教师和各种手段和方法流动到学生的一个传播过程，这个传播可以是以学生为主体的启发式或者探究式，也可以是填鸭式和灌输式，只是教学目标和教学理念不同而已，信息传播的本质并没有变化。传播理论解释的就是教学系统中各个要素是如何将信息传播的整个过程，这个过程的描述对于体育课程教学设计是一个非常具有科学性的指导意义。通过整理和总结，我们发现传播理论对于体育课程教学设计的作用有以下几个方面。

1. 信息的概念与种类对体育课程教学设计的影响

（1）信息的概念

尽管我们处在信息化的时代，但是对于信息的概念还是没有一个公认的概念，具体原因是因为研究者都是从不同研究领域对于不同的事物的信息进行研究，得出的概念都具有自己的领域特点，由于信息和知识的相似性导致的概念上主要存在于两个方面，第一个方面就是信息从传播源的角度上将，那个元信息才是真信息，信息不回增加或者减少，信息是客观存在的，是确定的。另一个方面认为信息是应该从接收者这个角度上看，而不是看输出者，当接收者接收到了的就是消息，那些在传播过程中由元信息上消减和增加的都不管，就以最终接收的消息为准。这两个角度都是有一定道理的，但是这里引起我们关注的是元信息和最终信息，这两个其实有三种情况的出现，第一种就是信息不增不减一模一样，第二种就是最终信息相对于元信息而言有所增加，第三种就是最终信息相对于元信息而言有所减少。我们是研究传播理论对于体育教学设计的影响，其实我们更希望的是能够保证信息能够完成的传播的同时有所增加，这样才更加符合我们体育课程的五大学习领域的范畴，在这种情况下，我们主要任务应在如何利用传播理论优化教学的过程，使得信息的传播和加工更有利于学生接收，使得在最终教学目标的达成上效果最优化。

（2）信息的类型

任何事物按照不同的标准进行划分都会产生不同的分类结果，在这样的情况下，我们搜集前人的关于信息的划分，像吉尔福特在对信息进行分类的时候，将信息分为视觉、符号、语义和行为四各方面。我们不知道如果视觉、听觉、动觉来进行划分是有相等的标准的话，视觉和符号如何成为同等的标准。但是这样的分类给我们带来了很多的其实，我们在体育教学实践中的信息大体就可以分为视觉、听觉、动觉三类信息。不同种类的信息，传播的过程和效果也是不一样的。比如在教学示范阶段学生主要是视觉和听觉，在练习的过程中更多的是动觉系统在发挥作用。

2. 信息的特点对体育课程教学设计的影响

对于信息我们需要了解其特点对于体育课程教学设计的影响。这非常的重要，因为我们只有能够准确的把握信息的特点，才能够在信息的传播过程中更好的使得信息作用最大化，而不是囫囵吞枣的自以为是。我们经过总结归纳出信息的特点主要有以下几个方面。

（1）信息的动态性

信息在不同的时间和空间中所表现出来的价值是不一样的，类似新闻，如果时效性不足的话，那么价值将会大大的缩小，但是其信息量并没有改变。但是时空发生了变化。另外同一个时空不同的理念去进行观察，收到的信息量也会发生变化。在体育教学在尽量教师要在体育教学设计时，较好的控制信息所要呈现出来的内容和教学目标一致，这样的话自爱将信息传递给学生的时候，才能够达到教学目标。另外给学生的呈现方式上决定学生接收的程度，必须要在呈现的过程中保证方法和手段更能符合学生的身体和心理特点，能够更加的凸显学生的主体地位，以及更加能够促进学生的多元全面发展。

（2）信息的不完全性

信息的不完全性又叫信息的绝对不完整性，因为我们人类永远无法掌握一些信息，比如过去的已经消失的信息，现在我们无法捕捉的信息，和未来不确定的信息。这是有人的在自然界中的局限性所导致的，这是一种客观的实际，并不是说要通过各种方法去改变的。所以人在时间和空间中我们对赖以生存的自然和社会的信息永远不能完整。而往小了将一次体育教学实践中教师所要给学生呈现和传递的信息也是无法完完全全的传递到每一个学生身上，一方面学生的情况各自不同，另一方面传递的方式和手段使得信息会在传播过程中或多或少的发生改变，另外教师本身的不完美性使得教学过程在单位时间内总是无法完全输出，所以只能时有所舍弃，我们在要传播的信息中把握主要信息和关键信息，不可以眉毛胡子一把抓。

（3）信息的可伪性

信息是可以或多或少的增多和减少的，如果信息量过多或者过少，出现本质上的变化之后，那么信息就不再是原来的信息了，这时的信息相对于元信息而言就是错误的。这种错误是由于传播过程中的某一个或者某几项元素的错误导致的，这样的情况在体育教学实践中经常出现。使得很多学生做的动作都是错误的。其中原因也是多样的，一内容原因，内容太难，或者难度超过了学生的接收程度，二学生自身的原因，由于学生先天的运动能力不足导致，比如在军训中齐步走的时候，很多学生出现顺拐的情况，这是由于动作概念不准确，加上自身动作能力和心理紧张等情况导致的。第三教师的原因，很多时候，教师教的不正确、或者教的很片面，使得学生接收的不完整，就容易导致这些问题。在这样的情况下，教师要根据具体的问题具体解决，以帮助学生接收到真信息。这在教学设计中要提前预设一些容易出错的动作，准备好解决方案，随时解决。如果内容比较难的话，可以进行难的系数降低的分解或者游戏化来进行，使得学生的学习更加容易，要是由于学生的动作能力较弱，就可以安排相对于的针对性练习，使学生建立动作定形，从而逐个突破学生在课上出现的问题。要是教师出现问题，教师要在教学设计中提前安排好克服方案，增强自己专业能力的学习。另外体育教学过程中的信息传播并不像其他文化课的信息传播方式，在体育教学中非语音的信息更多一些，另外由于体育课的场地开放性的原因，所以在信息传播中的干扰性也是在体育教学中信息传播的一个特点。教师应当利用好体育教学的特点，减少信息的错误。综上所述，信息传播理论对体育课程教学设计的作用主要体现为以下儿点：

第一信息传播论对于体育课程教学设计中最主要的一个作用就是要信息传播中考虑信息接收者的情况，也就是学生的情况，如果不分析学生的情况，就不能够以学生的身心特点、兴趣爱好、基础经验等为上课前的基础，从而能够更有目的性传播信息。第二信息传播论对于体育课程教学设计中另一个作用就是针对学生的实际身心情况，教师要选择出适合的传播手段和方法，是采用讲解示范，还是小组合作，还是练习和比赛法，这些都是需要学生的情况进行针对性的预设的。第三信息传播论对于体育课程教学设计中的另外一个作用就是能够根据信息的反馈情况判断信息传播的真伪，如果体育教师在教学过程中发现学生做的动作或者概念理解上出现了错误，这个时候，教师可以采用个别指导、集体指导、让学生自学、或者小组指导等方法将这个错误进行弥补。这种弥补的过程就是促进信息传播的过程。

（三）体育课程教学设计与体育教学理论

体育教学理论是体育课程教学设计的最直接的指导理论，如果其他学科的应用范围方面比价宽泛的话，那么体育教学理论就是专门为了体育课程的教学服务的，其目的就是为了指导体育教学，而其他的基础理论可以指导体育教学，也可以指导其他学科的教学活动，所以说体育教学理论是体育教学的直接理论。

单从理论的角度上来说，体育教学理论是一个相比体育课程教学设计来说更高一层的理论，从实践的角度上来说，体育课程教学设计更偏重于实践方面，而体育教学理论更偏重与指导体育课程教学设计。从作用上来说，体育课程教学设计是给体育实践和体育教学理论进行牵线搭桥的作用，而这里的体育教学理论就是体育课程教学设计牵线搭桥的对象。从两者的研究对象上来说也是有很大的区别的，体育教学理论是研究教学规律的学科。体育课程教学设计是研究让体育教学实践更加的符合包括体育教学理论的各种相关的基础理论的学科。从上述的分析上来说，体育教学理论肯定要对其下属的体育课程教学设计起到一定的指导作用的。具体的左右如下。

1. 教学时间对教学效果影响的研究

学校的教学都是有时间限制的，并不是可以无限重复的进行循环教学，更多时候是一次性的体验。这样的客观条件要求我们体育教师在单位时间内达成教学目标，取得最好的教学效果，但是面对这样的情况，教师就需要研究教学时间对于教学效果的影响。教学时间对于教学效果有影响吗？这自然是肯定的，比如我们在进行某一个动作学习的时候，我们经过大量的练习就可以使得肌肉记忆更加的深刻。可以说在某种条件下，刻意练习的时间越长，那么取得的成绩越好。但是时间是有限的，这时候时间一定的情况下，教学效果的影响因素有哪些呢？布鲁姆认为教学时间适合的情况下，只要学生的能力呈现正态分布，教学的种类和质量符合每一个学生的特征和需要，那么大多数的学生是能掌握的。我们的教学时间一定，也就是说教学时间适合，在这种情况下，学生能力方面呈现正态分布就是一般的教学班，这里也不是我们需要特殊关注的，接下来的关键就是教学的种类和质量要适合学生的特征和需要。这就回答了为了教师要在教学设计中研究学生的情况，研究教材的教法，使得教学方法和手段更适合学生的需要和身心发展的特征。所以说教学时间对于教学效果的影响就是如果时间充足的话，刻意练习的越多，技术和知识掌握的越牢固。而在教学时间一定的适宜情况的时候，教师要想让教学效果达到一定的程度，就需要认真的研究如何使得教学环节、教学手段和方法适宜学生的身体特点和需要。反过来说，就是在教学设计方面越能够调动学生的学习积极性和学生的参与性，教学效果会相比而言更好，越是能够将课的方法手段适合学生的身心特点，那么教学效果越好。新课标上之所以在教学内容和教学方法和手段等的教学设计上给教师留出更多的空间，其主要的原因就是要关注学生的需要，为学生提供更适宜他们需要的体育教学内容，采用更加符合他们心理预期的方法和手段，满足学生学习的需要，只要教师在落实这一块的时候没有问题，最终的教学效果就可以得到保障。为了更好的服务学生学习的需要，我们需要对学习需要进行更近一步的研究。

2. 对学习需要的研究

需要，就是有机体缺乏某种物质时产生的一种主观意识，它是有机体对客观事物需求的反映。简单地说，需要就是人对某种目标的渴求或欲望。关于学习的需要的解释其实是学生学习的需要，也就是要回答学生为什么需要进行学习本次课的内容，是为了升学考试需要、增长见识、提高能力、交往的需要等等，这些都是学生的需要的一部分。美国心理学家阿尔德佛，在大量调查研究的基础上，提出一个人的需要可以分为以下三种：生存需要、关系需要、成长需要，按照马斯洛的需要理论认为人的需要主要包括：生理需要、安全需要、社会需要、自尊需要和自我实现的需要。学生为什么会有学习的需要，我们出了研究需要的分类还要明确学习内容能否满足学生的需要，以及如何满足学生的需要，如果能够在内容上满足学生的需要，又能够在如何满足学生的需要上满足学生。之前这些需要都是一般性需要，是人人都共同拥有且具有普遍意义的。但是在教学中我们面临的是一个一个的鲜活的个体，他们都有自己鲜明的个性特征、学习动机、经验背景、目标追求等，我们在体育教学设计的过程利用对于学生的了解处理教材和选择教学策略，是我们教学目标达成，教学效果良好的根本保障。

3. 体育教学的特点和规律是教学设计时必须参考的重要内容

体育课程教学设计需要遵循体育教学的特点和基本规律，不能用一般教学论来进行指导，不具有针对性，因为体育课程的教学以实践性为主，以身体练习为主，是一个综合性开放课程，教学环境是开放的，所以整个特点和规律不能和其他学科同日而语的。其他学科不管导入不导入然后就可以直接进入教学了，但是在体育课堂上需要的是先热身，热身是体育教学的开始部分最重要的一部分。除此之外教学中需要是学生按照基本运动规律进行学习，一般一个技术的学习按照学生掌握的情况可以分为泛化、分化、巩固自动化三个阶段，并且在每一个阶段都要有不同的注意事项，同时参照新课程标准的五大学习领域，在教学实践中还要进行针对性的环节设计等。除此之外教学环境也是很重要的，教学环境有两块，一个心理环境一个是物质环境，物质环境就是场地器材等，它们相对来说相对固定，但是有和没有将会对于教学效果有很大的影响。包括器械使用的出场时间对于学生教学效果也是有很大的影响的。总之在体育教学中特别是在体育课程教学设计中一定要遵循体育教学的特点和规律进行教学开展，避免盲目性和不科学性的教学。

综上所述可以看出体育教学理论对于体育课程教学设计具有较大的影响，当然体育教学理论对于体育课程教学设计不止这些，在教学设计的时候，体育教师还要具体参考和分析。（四）体育课程教学设计与《体育与健康课程标准》

《体育与健康课程标准》一项全新的学校体育教学实施的重要文件，可以说这就是标准，在体育课程教学设计方面其他的基础理论非常的重要，但是《体育与健康课程标准》是关于本课程的标准，也就是是用来进行检验和评价的一个最终指标，或者说是最低指标。很多时候我们在谈论国家标准的时候，认为能够达标的就是优秀了，其实不是的，能够达标很多都是底线，只有高于国家标准才是优秀的表现。在体育课程教学实践方面也是这样的。《体育与健康课程标准》是国家性质的标准，但是和以往同等级别的标准来看，有着翻天覆地的变化，可以说是就有划时代意义的标准，最显著的变化有以下几个，第一体育课程教学指导思想变了，转变为以健康第一为指导思想。第二学生的学习领域发生的很多的变化，变为了运动参与、身体健康、心理健康、运动技能和社会适应五大领域。第三在教学内容方面给学校个教师提供了更多的自由空间。当然变化还有很多，这些变化对于课程设计方面带来很大的转变。由于有了这么多的变化，这是可喜的事情，但是对于执行体育课程教学设计的一线教师而言，也增添很多新的麻烦，体育教学的内容如何选择？体育教学方案中如何贯彻落实五大领域和以健康第一的指导思想？这些都是源于《体育与健康课程标准》的颁布之后带来的需要急切解决的问题。关键是体育教学设计无从下手，不知道从哪个方面进行把握。可见《体育与健康课程标准》的颁布对于体育教学的影响是十分巨大的。体育课程教学设计必须要参照《体育与健康课程标准》的精神进行教学方案的生成，同时教学实践也必须要按照《体育与健康课程标准》的精神去实施，至于其他的基础理论是用来达成《体育与健康课程标准》的体育教学目标的。在《体育与健康课程标准》的影响下，指导思想和学习领域基本确定，接下来就是在教学内容的选择和设计上的问题，当内容明确之后就可以进行微观的课堂教学设计思路的问题了。可见《体育与健康课程标准》对于体育课程和体育教学实践的重要性。

1. 体育课程教学设计原理分析

什么是知识，这是一个这些问题，知识有两种一种是客观知识，一种主观知识，这两个不同对于知识的观点形成了两点学习观，一个是客观主义学习观，一个是主观主义学习观，客观主义学习观认为知识就是客观的，不会增加也不会减少。而主观主义学习观认为只有学习者接收到了知识才是知识，无法感知和没有接收到的知识都不是知识。这样就形成了哲学的知识论和学习观，什么样知识论就决定了什么样的学习观。知识论和学习观都是教学设计的上位概念，体育课程的教学设计原理就是在不同的知识论和学习观的影响下生成的。体育课程的教学设计原理指的是在具体操作层面的理论基础和实际应用技术。

（1）客观主义学习观下体育教学设计原理

知识论和学习观决定了教学设计原理的不同，我们在这里讨论其原理的同时也要考虑该原理是否适合我们《体育与健康课程标准》视域下教学要求。客观主义学习观认为知识是客观存在的，也是可以进行学习的。而学生的学习方法就是通过教师的传授，达成教学目标。

客观主义学习观的核心代表理论就是认知主义学习理论和行为主义学习理论，核心原理就是斯金纳提出了刺激与反应学习理论，该理论认为可以把认识和认识产生的行为都看作是特殊刺激与特殊反应之间的联合。刺激与反应学习理论也包含两方面，一方面是刺激与反应的联合是天生的，即巴甫洛夫的非条件反射。一方面是有些刺激与反应的联合是后天学习的，学习就是特殊刺激与某种反应联合的形成过程。将这些理论付诸于实践之后，就形成了程序教学和教学机器这样的教学模式。其思路是将教学内容细分成很多小步骤，然后采用递进式学习方法进行一步步的学习。这样的学习思路的问题就是后面的学习必须要建立在前边的知识学习和掌握程度的基础上进行。

到了20世纪70年代开始，认知学习理论异军突起，开始逐步的替代行为主义学习理论。成为了指导教学设计的核心思想。后来甚至还出现了将行为主义学习论与认知主义学习论相结合的思想。从这些指导思想的改变上就可以看出，教学设计研究者已经开始关注学生的学习心理过程，这是对于只关注学生在教学中的行为的模式发生很大的转变。从另一个角度上讲，此时的教学设计研究者也更加的重视学生的主体地位了。因为从行为主义模式看来，学习者就是一个客观知识的承受着，只需要相应的刺激就可以达成最终的反应，在这个过程中不考虑学生的心理过程。虽然已经开始重视学生的心理过程和主体地位的凸显，但是依旧是以知识客观存在的客观主义学习观为基本观念。

在我国，从引进体操课开始，我们在体育课程教学设计方面就是按照这种知识论和学习观进行开展体育教学的。在体育教学实践中教师进行各种技术动作的示范和讲解，学生进行模仿练习从而达成教学目标。教学目标指的是基本知识和基本技能的达成目标。所以当时所有的体育教学系统中的各个要素都是围绕着体育教学目标服务的。按照巴甫洛夫的刺激与反应学习理论，学生当达成相应的刺激之后，就会达到相对应的教学效果。这个从理论和实践中都是能够帮助学生完成基本知识和基本技能的学习的。特别是整个教学方法、环境、设施、内容和形式等都是为了建立这一反射服务的。这样教学结构在长时间的执行之后，就是也形成了条件反射，所以教师可以不用在继续学习就能够按照既定模式进行开展教学。但是这是有问题的，随着《体育与健康课程标准》的颁布，这样的课堂设计和教学模式只能完成基本知识和基本技能的学习和练习，但是在运动参与、心理健康、社会适应等方面上却没有什么好办法，甚至更高阶段的技能学习也不能靠单纯的外在刺激。因为当前的课程标准不再围绕着学生掌握运动技能进行开展体育课程，而是以健康第一为指导思想，要在身体健康、心理健康和社会适应的三维健康观上对体育教学提出新要求。而相关的指标无法在教学目标中进行量化，同时达成的程度也不方便评价，只有学生自我感知，和语言表达能力的配合。所以在新课程标准的要求下，单纯的客观主义学习观下的体育教学设计不能够满足当前教学设计的要求。

（2）主观主义学习观下体育教学设计原理

如果客观主义的学习观指导下的体育教学设计无法满足《体育健康课程标准》提出的全新的教学任务的话，那么主观主义学习观构建起来的体育教学设计能否胜任《体育健康课程标准》提出的教学任务呢？那么主观主义学习观下体育教学设计原理是什么呢？客观主义的学习观的具体操作方法无非就是提示、练习和强化这样的教学策略，在基本知识和基本技能的学习方面都是能够起到非常好的作用的。这是经过了多少年的实践应用得出来的结论，但是行为主义者这种刺激与反应的应用关键就是反射的建立和增强。不过这种链接在解释获取更高层次或者理解更深层次的问题时候，行为主义者就不能够提高很好的解释。

20世纪80年代，建构主义学习理论开始崭露头脚，同时在教学理论领域引起了很大的影响。建构主义学习理论主要是对于支撑行为主义理论和认知主义理论基于知识是客观存在的，是在学习者之外的一种客观存在，教学过程就是给学习者和客观知识进行牵线搭桥这样的一种哲学学习观提出了质疑。这种质疑首先怀疑知识的客观性，有没有可能是学习者自主建构起来的知识架构？如果是那么就不存在客观的知识论了。同时也就不需要在通过给知识和学习者搭桥使他们产生联系了。当人们对于这种理论产生质疑的时候，就开始采用建构主义理论来审视学习过程。构建主义不在强调单独知识，而是任务教学应当是可以存在变化的，整个教学过程应该是一个整体。学生学习的知识结果是学习者依据自己的实践经验独自建构起来的。这一思想的转变，动摇了教学设计的基础，使得指导教学设计的思想也开始发生变化。第一，学生学习的内容不是客观存在知识和技能，这种学习内容是一种包含了知识与技能的一种综合整体，这种包含了知识与技能的活动过程就是学生目标能力的达成过程，学生能力不能游离于活动之外独自生成。所以教学设计的主要任务应当创设一个能够使学生能够获取知识、运用知识的教学情境，学生在这个教学情境中按照相关的活动要求，达成教学目标，形成自己建构的知识框架。所以说在建构主义看来学习的一切意义都是由主观构建的，不存在客观知识和客观真理，即便是巴甫洛夫的刺激与反应学说也是由于主观认识后，自身构建起的一个知识领域。学习的过程不再是刺激的强化再强化，而是变成了自身的构建和生成。学习观决定着教学设计的原理，在这种学习观的关照下，体育课程的教学设计也在发生着本质的变化。发生最大变化的就是教学设计的核心，原来体育课程教学设计的核心是学习目标，之后在教师的主观作用下开展各种教学方法和手段，以达成教学目标。在这种新的教学设计思想的影响下，教学设计的核心变成了学习活动任务的设置，这种任务和目标从叫法上就出现很大的差别，任务更能体现是要学生挑战完成。目标更偏重于达成。教师的主要任务就是将活动任务设计出来，学生的学习目标就是活动任务的达成。活动任务的设计最重要的是学生学习环境的设计，这是一个非常重的环节，学习环节预设的好，那么将有利于学生的学习意义的生成，相反可能就起不到效果。这里的活动任务不仅仅是游戏，也包括技能的学习过程，这种运动技能的学习不再像之前客观主义的学习观指导下的体育教学设计将技能分成若干部分，然后再一个一个的教给学生，而是给学生一个有意义的课题，然后将学习技能和强化学习的过程安排在整个活动中，在整个活动过程中学生掌握了运动技能的同时，还能够通过活动对于运动技术的意义有更为直观体验。像耐力跑这样的一节课，之前体育教师可能就是直接告知学生耐力跑的注意事项，以及在跑步过程中的技术要领。但是按照建构主义的课程设计理念就需要构建一个活动，可以创设一个叫做行军夺宝的情境活动任务，让整个耐力跑的过程由几个具有实际意义的活动组合而成，让学生分组，每个小组成员都要负重跑向终点，在终点有一个夺宝任务，但是要提出任务要求，夺宝需要全体成员共同参与，也就是说只有整个小组中的全体成员都到达了终点中，才能夺宝。那么这样一个活动，使得原来的枯燥无味的耐力跑，变成一个需要团队配合的挑战任务，使得团队精神在这个活动中得以体现，另外还完成了耐力跑的训练活动。行军夺宝很明显不是这节课的教学目标，但是通过这样一个活动完成了教学目标的同时还使得学生收货的更多，这样的设计是从学生的发展的角度出发，要比原来的那种没有目的性的达标跑动更能够调动学生的参与和积极性。同时在活动的引导下，使得原本耐久跑的耐久心理也因为团队精神和竞争意识大大的降低，从而是学生身心都得到了进步。这节课耐久跑中的教学目标其实就是培养学生的合作互助精神，这样的目标因为这样的活动而达成，不是直接性的达成，而是间接性的达成，之所以会出现这样的结果，只是因为设计理念发生的转变的结果。

上述我们介绍了两种知识论下的学习观，这两种学习观中很明显第二种更能够符合我们《体育与健康课程标准》的指导思想和学习领域的架构。但是在建构主义的课程设计中并不是就完全不出现行为主义的工作原理，将一个动作的掌握熟练，还是需要相关理论原理，即便是有相关任务活动的设计，其背后的根本原理也是行为主义的理论，因为行为主义的刺激与反应的理论是客观存在的科学，只是在两种学习观的表述中仿佛将两者对立起来了。其实不然。马克思主义哲学任务人的认识是来源于实践，无论是客观主义的学习观还是主观主义的学习观，两种学习观都是实践，因为知识并不会因为你也不思考也不练习，就在大脑中出现了，这是有可能在大脑连接了外连了数据光盘之后才能出现的情况吧。人的认识是内在的主观世界和外在的客观世界相互关系的结果。

第五节　体育课程教学设计的原则

从教学设计的本身出发，总结体育课程教学设计的原则，是在不增加任何前缀和附加条件的总结，接下来总结的是几个一般意义上的原则。

一、系统性原则

系统论是体育课程教学设计的核心理论，遵循系统性的原则就是要在体育课程教学设计的全过程，自始至终都要坚决贯彻系统论思想，也只有依照系统论的方法，才能够使得体育教学设计形成一个完整的有机体，不然各个元素之间就是互相没有关系，无法发挥作用的元素。体育教学活动中教师、学生、教材等各个因素都有自己特定的功能，但是一旦进入到体育教学设计这个系统中之后，就要按照系统的功能和教学目标各自发挥自己的作用，使得整个课堂呈现出一种独立的功能。这就是系统论的观点，它们认为这个特定的功能就是由各个组成部分的相互之间的联系组合而生成的。体育教学设计使得各个元素形成了一个有机的整体。使用系统论的观点，就要将教学活动中的各个要素按照系统论方法，教学目标的要求进行排列，在排列过程中，要对各个要素进行了解和分析，然后进行不同顺序的排列，在这个过程中筛选出最佳的一套教学方案，最终在教学实践中取得最好的教学效果和最好的效率。系统性原则是一个思维方式，如果没有这种思维方式，就会导致出现突出某一项元素的情况，只能完成那一个突出的元素的功能，从而使得教学目标无法达成的结果，比如在教学篮球的时候，教师在不了解学生情况的前提下，开始进行某些技术，这种情况就是非常冒风险的，不了解学生情况而开展的课程实践，就是填鸭式教学，还有不知道学生情况确定的教学目标也是没有意义的，因为要么就太过于容易，又或者太难，总而言之考猜测总是不能得出比较适当的教学目标的。

体统里的每一个元素在经过教学设计的统一协调下使得教学效果达到最优化，比如关于场地的了解，如果有些偏远地区没有网球场地，在教学设计中预设了网球场地上的活动，可想而知就会变得无从下手。又或者要教游泳没有游泳池，可以说这就是纸上谈兵，无法实现。从系统论的角度出发，系统的梳理系统内各个元素之间的关系和自身的功能，然后根据具体的学生和学校情况进行系统的设计，增加教学设计的可行性和科学性。

二、目标性原则

目标性原则是指教学设计的方向性、具体性与重点性。教学设计的目标性是指的真个教学设计是围绕着一个特定的课程总目标的进行的，课程目标细分到每一次课中的时候，就变成了教学目标，教学目标在课程目标和课程指导思想的关照之下，根据学生、教材和学校的实际情况，确定出来的目标。在体育教学设计中主要目标是围绕运动参与、运动技能、身体健康、心理健康、社会适应五大学习领域展开的，经过教学目标的确定，整堂课的教学设计开始变得更加的具体和重点也就更加的突出，所以整个教学的过程就是围绕着这个教学目标的达成而展开的。这里的目标性是课程目标的相对稳定，而具体的教学目标的可变化性。教学目标的达成并不是每一个都是重点，要找到一个重点进行针对性的突破，从而达到预期效果。教学目标的特征一定要可量化，如果不能够量化就不能进行评价，从而失去了目标的意义。在《体育与健康课程标准》颁布之后，整个体育课程的教学分为了知识与技能、过程与方法和情感态度价值观三个方面，这三个方面分别有自己的功能，同时又是一个相互融合相互作用的整体，共同指引着一次课的开展过程。知识与技能就是本次课学生将要达成的基本体育知识和体育技能，这方面要明确学生的掌握、了解、熟练掌握等指标。过程与方法是指的在本次课中学生通过什么样的方法，在学习基本知识和基本能力的过程中提升什么样的能力，比如合作能力、沟通能力等。情感态度价值观就是在整个课中学生在情感、态度和价值观方面有什么感受和改进。在《体育与健康课程标准》中虽然建立和一个非常严密的课程目标体系，但是并不具体，无法直接指导具体的体育实践，这就要求体育教师在确定教学目标的时候动一些脑筋，既要能每一次课都能使得学生达成一定的目标，同时在每一次的课的集合后最终能完成课的总目标。

三、组织性原则

体育教学要想上好，体育教师的组织能力是十分重要的，组织性方面主要是两个方面，教学设计出的教学方面是可行的，在里面能够体现教师的组织性特征，学生是教学的主体，但是教师是教学的主导，教师在教学过程中要发挥自己的特殊作用。另外在组织性方面体现的是在教学设计过程中教师对于体育教学系统的各个元素的组织，在这个过程中体育教师不再是一个执行者，而是一个具有自己设计能力和独立设计意识的研究者，教师要根据课程标准的要求，结合学生和学校的实际情况，将教材、教学方法、教学手段、教学场地等进行有效的组织，使得各个元素之间相互发生作用，并且将不合适的进行改造和加工，已达到教学目标的要求。在这种搭配的过程中，不同的组合结构同样的教学内容，其最终效果也不一样，这是一个体育教师设计能力的一种体现。这就要求教师要不断的尝试和学习，使得教学设计的组织更加的科学化和艺术化。

四、可评价性原则

所谓可评价性原则是指：教学设计是可以被评价的，可以在实践前用相关理论进行一一对应的评价，在进行实践的时候还能进行反馈性评价。教学设计的评价有多个方面，可以是自评、他评和学生评价等。但评价不是目的，教学设计的目的是为了达成更好的教学效果和教学效率。在评价的过程中针对教学设计的所有内容都是可以进行评价的。在评价内容上看教学设计是否能在五大学习领域和以健康第一为指导思想。这时的可评价不再像过去只是单纯的评价运动技能的掌握情况这样一种考核标准了。在对于教学设计的评价方式上可以有诊断性评价、过程性评价和终结性评价等，在诊断性评价上主要是看教学设计是否按照围绕着系统论的思想将系统内容的各个原则进行了更加合理的结构优化，以及是否各方面的安排符合学生和学校的实际，是否符合各种理论的观念。在过程性评价就是在教学实施过程中，将对教学设计的不合理的地方进行调整，在课后进行修改。终结性评价是在课程结束的时候，对于整个课程对于学生的发展起到的促进作用和教学目标的达成情况的评价。对于教学设计的可评价性要求体育教师要做好随时调整的融通心理，不可以在设计方面钻牛角尖，都是可以调整的，调整的目的是为了更好的教学。

五、趣味性原则

趣味性原则，指的就是通过体育教学设计出来的教学方案要有趣，要让学生能够感受到快乐，而不是相反的心理感受，这是一个心理学的范畴。其实每一次教学内容的不同导致学生在学习上是有不同的期待的，但是长期以来，很多教师在进行教学实践中，经常以完成教学目标为目的，而忽略了学生的心理感受，兴趣是最好的老师，调动学生的学习兴趣，使得学生更积极的加入到体育课堂中来，使得学生身心在快乐的过程中得到了发展。这里的趣味性并不是只做游戏，游戏是很有趣，但是很多的项目技术是没有必要运用游戏的，特别是很多教师一旦看到娱乐，就认为要多开展游戏，不是这样的，娱乐是一种课堂元素，但是不是主要材料，像是做菜中的盐和味精，它们能够使得菜的味道更加的美味，但是没有哪个厨师上菜的时候，上一盘子味精的。这是一个比喻，也就是告诉广大体育教师，尽管我们要强调趣味性原则，但是不是全盘娱乐化，要有运动技术、身体素质练习、体育知识的教学，由于这些内容的教学中拿捏不好容易引发学生的厌学情绪，出现学生喜欢体育但是不喜欢体育课的情况，这里的趣味性是指的在调节课堂气氛的时候，使得整个课堂的效果更加的有趣。趣味性的原则是源于现代学习理论，现代学习理论提出学生学习的影响因素有智力因素，但是除此之外还有很多因素，比如学生的学习动机、兴趣等，所以说课堂设计的趣味性十足是能够达到促进学生学习效果的目的的。

教师要做到课堂教学设计的兴趣性原则，主要应该把握好以下几点：

首先体育教师要知道学生的兴趣点在哪里。不同年龄段的学生的兴趣是不一样的，年龄越大就对于群体运动更加的投入，而相反年龄越小注意力容易分散，较多的活动内容可以使得学生的学习兴趣一直保持。所以教师应当根据学生的兴趣点去把握教学设计。针对学生不同的兴趣点设计不同的课堂教学过程。第二应当利用好体育本身的趣味性特征。体育教学的内容大多是体育运动项目，这些项目大多是源于体育游戏的内容，伴随着竞技化的需要才发展的更加的专业而已，在教学过程中没有必要强调学生的太过于专业化，而是应当以适当的水准要求班上大多数学生都能在运动参与中增进运动技能，发展身心健康，达到社会适应能力提高的目标。发挥好运动项目本身的趣味性，降低难度，使得学生进入到体育项目中来，再根据自己的内在追求去攀登自己想要达到的更高的专业水准，这是不矛盾的。第三教师的教学艺术化使得课堂的趣味性更加明显。发挥体育项目本身的魅力使得学生爱上体育活动就能够达到非常好的娱乐效果，但是教师是课堂的主导者，并不是教师在体育教学中一点作用都没有，其实教师的教学魅力和艺术手段能够使得学生感受到一种别样的感受。很多教师不理解自己的教学艺术对于学生的学习效果有什么促进作用，我们用一个比喻，学生学习武术，跟随一名普通体育教师上课和跟随成龙学习，学生的心理感受能一样吗？很多体育教师由于没有在这一块更多的努力，使得教师魅力一直以来发挥的还是不够充分。我想跟随一名普通教师学习一辈子，都不如跟随成龙学习一会儿值得炫耀一辈子。若是体育教师都能朝着这样一个方向努力的话，体育教学效果也能更加的好。

六、符合学生生理特征原则

符合学生的生理特征包括两个方面一个方面体育课程教学设计要符合学生的身体特点，在体育教学内容中有很多的体育运动项目，这么多运动项目中只有在找到符合学生身体特点的运动进行教学开展，否则对学生的身体健康没有好处，反倒是只有适得其反的结果。另一方面体育课程教学设计要符合学生的心理发展特点，说到底整个教学过程是为了学生的身心成长服务的，必须要符合学生的心理特点，在教学方法和手段上选择更能够调动学生的学习积极性的，在教学内容和教学策略上安排能够更更能引起学生学习兴趣的。在符合量的安排上也要符合学生的身心发展特点，在练习的时间长短和符合量的大小上都要以学生为中心。以学生生理特征进行体育教学设计要符合生理机能变化的规律，不同年龄的生理发育特征和体育教学符合量安排的规律。

七、可操作性原则

可操作性是指的体育课程教学设计的真个思路和过程是可以完成设计目标的，这就是要求教学设计的流程和思路不能太理论化，而是确确实实能够在理论和实践上起到牵线搭桥的作用，并且就要普遍意义的可操作性，不是只有单纯的少部分人能够操作，否则教学设计将会成为大多数体育教师的梦魇。可操作性的另一个指标说的是教学设计的成果，也就是教学方案是能够在被教师设计出来之后能够可操作，可以真正的在教学中进行实践，如果达不到教学目标的要求，就说明整个教学设计的可操作性出了问题。在整个设计过程中教师应当按照《体育与健康课程标准》的指导思想和具体的教学目标，来进行教学设计，使得教学方案能真的的起到促进教学效果和教学效率的目的，让整个教学设计过程更有存在的意义。

八、简明性原则

教学设计是一项技术，但是应用技术应当是一个越来越简洁的，并不是越来越难，越来越复杂的应用技术，因为这是不符合时代发展和技术发展的客观需求的。教学设计的简明性除了在应用上越发的简单明了之外，对于教师的整个教学工作的负担上也是简明了很多的，如果没有教学设计的课前工作，实际教学将会一塌糊涂，教学设计使得教师的教学工作更加的清晰明了。第三随着教学设计的实践和体育课堂实践的反馈，使得教学设计进一步的提升效率，在教学效果和教师的教学艺术上都能起到更进一步的作用。

第五章 中式体育教学评价

第一节 教 学 评 价

一、对教学评价的认识

对于同一事物的认识由于观察角度的不同，最终得出来的是不同的结论，关于教学评价方面也是存在同样的问题。要正确认识教学评价的概念，首先要对教学评价的概念有一个全面的了解和把握。像国外很多的相关定义，都是从不同的方面对于教学评价进行了阐述。

（一）国外学者对教学评价的不同观点

经过我们在文献搜集和数据的整理，我们归纳出来五大类的不同观点，它们都是在对于教学评价的研究实践过程中，从自己的视域出发，得出了很有见地的观点。像克龙巴赫，他就认为教学评价是指的一个对于教学活动的各个部分的情报进行收集、整理和反馈的过程。这个情报的内容是指的教学活动中的各个部分的状态、机能和成果等。这样一个从收集到反馈的过程其根本目的是为了获取教学决策的资料。所以从这个角度出发，可以认为教学评价就是一个单纯的为了教育决策服务的资料收集过程。和他的观点相似的是得雷斯。得雷斯认为评价是为了觉得某种活动、目的及程序的价值而进行目的明确化、收集有关情报和决策三个阶段的过程。这两个概念都是为了给决策提供决策的数据和信息，帮助决策者进行价值判断和方案优化。只是后者将决策也纳入到了教学评价中的一部分了。

但是斯坦福评价协作组则对于教学评价提出了不同的认识，认为评价是一种系统的方案，这种方案是对对于当时方案中的事件和结局系统考察之后得出的。也就是说评价是一个通过对于当时的方案中发生的时间和结局进行系统考察后所得出一种改进方案。这样的角度就是在对于评价的认识有所不同，认为评价就是一个帮助之前方案改进的方法和途径。泰勒认为，教学评价就是审核课程和教学大纲在现实实践中实现教学目标的程度的一个确定过程。教师或者学校等督查者必须要通过这样一个过程审视教学效果。这个是一个督查的意义，但是缺少了之前优化方案的意义。和其观点相似的是桥本重治，他认为评价是按照教学目标和价值观对学生的学习成果、教学计划的效果进行测量的过程。这里重点突出了学生的学习成果，可见在评价的理念中也可以体现学生的主体性。但是他们两个都是强调教学评价对于教学过程的审查和测量的过程。尽管他们对教学评价概念的理解各不相同，但也给了我们很多的启示，我们在综述中不难发现，教学评价在总体上是一个活动的过程。在这个教学评价过程中有两大作用，一方面是信息收集、整理和反馈，为决策提供参考数据。另一方面是对于教学实施的过程进行测量和审查，也就是强调了教学评价的监督的作用。

（二）我国学者对教学评价的认识

说完了国外的学者们的相关观点，我们接下来汇总一些国内学者关于教学评价的认识。国内学者对教学评价的概念也没有形成一个公认的标准，所以国内专家学者的认识并不统一。这种仁者见仁智者见智的观点使得教学评价的概念呈现出一个代表性的观点。李秉德主编的《教学论》一书指出："教学评价是对教育效果进行的价值判断"王汉澜主编的《教育评价学》一书指出："教学评价是对教学过程、教学成果的价值判断。"这两个对于教学评价的概念都是认为价值判断是教学评价的本质属性，就像大夫的诊断执行手册一样。区别就是教育效果和教学过程、教学成果的区别。从中文的角度上看，成果和效果是有区别的，成果成偏重于结果，效果更侧重于结果的结果的评判。这两个概念中都是可以涵盖教学过程的全部组成部分的，教师的主导活动、学生的学习行为和结果等全部都包含在内。这里没有说明诊断之后要如何，也就是说决策、优化等功能并不是在教学评价范畴之内，在我们看来优化和再决策应该是体育教学设计的范畴了。而教学评价更偏重与对教学活动教师的教的能力和教的效果以及学生的学习能力和学习成长效果的测量。这样一个测量过程也是需要各种方法和手段的，测量之后还有进行收集和整理。而田慧生所著的《教学论》认为："所谓教学评价，主要指依据一定的客观标准，通过各种测量和相关资料的收集对教学活动及其效果进行客观衡量和科学判定的系统过程"这样一个概念相比前两个概念更强调过程，并且从系统论的观点进行阐述，因为这教学评价也是一个具有独立功能的系统。并且更突出了一个客观标准，这个客观标准不是由人为随意确定的，这样的诊断和测量过程也就更加的具有科学性。这里评价的内容也是和上边的教学过程、成果、效果不同，而是更偏重与教学活动和教学活动效果。吴志超在《现代教学论与体育教学》一书中指出："教学评价是把教学工作作为客观存在的对象予以测量、分析和判定"这里指出了教学评价的对象是教学工作。这样一个教学工作是一个非常不好把握的宽泛的概念。在上述的几个关于教学评价的概念中，我们得出教学评价的对象有教学工作、教学活动、教学过程、教学成果、教学效果等，可以说每一个概念都是从自己的角度对于教学评价的对象提出了一个新的对焦，但是很显然教学评价的对象到目前为止在学界还是一个非常不统一的局面，由于研究对象的不同，使得整教学评价的概念也就出现了很大的偏差，在理论指导实践的可行性上也就大打折扣了。

虽然上述观点有着各自的视角和特色，但是在各有不同的见地之中还是能够发现有几个非常统一的观点的。

第一教学评价的本质属性是价值判断，教学评价的过程就是价值判断的过程，这样一个过程不等同于教学测量，但是包含教学测量。

第二教学评价是有客观依据的，不是以人为的意志所决定的，以保证其科学性。

第三教学评价是有评价对象的，虽然目前并不是特别统一，但是，没有评价对象的评价就是没有意义的。

第四，教学评价的内容包括教师的教和学生的学，不是单方面的割裂开的评价。

二、教学评价的定义

经过以上概念的综述与分析，我们尝试着对教学评价的概念予以界定：教学评价是一个依据客观标准对教学过程中教学活动的价值判断的过程。这里提出的客观标准就是一定社会时期的教育理念、教育方针、教育政策、教育标准等，不同时期的客观标准不同，所以教学评价的内容和指标也不一样，不能够用过去的政策标准评价当前和未来的教学实践，也不能使用未来的客观标准审视当前的教学实践。第二这里的评价对象是教学过程中的教学活动，其中包括教师的活动和学生的活动，教师的活动中主要评价出教师的教学能力和驾驭课堂教学设计的教学效果，学生的活动主要考量的是学生能力和在教学设计的活动中学生各方面的发展情况。第三价值判断的方法是指的相关的方法和手段，进行各种测量和收集、分析后所得出的结论。在此需要明确几个和教学评价相关的概念。主要是教学评价、教学测量、教学测验三个概念的区分。这三个概念名称上不同，但是都要诊断和测量的相近含义，所以有必要进行区分。教学评价是一种价值判断。教学测量是教学评价中的一个评价手段。教学测验是就是教学考试，但是不只是局限考试。课堂中的教学展示等都是一种测验的形式。考试是一种测量的工具，考试的过程是测量，考试结果的评判就是评价。放在教学评价和教学测量以及教学测验上，教学评价是一个通过各种测量手段对教学过程的教学活动及其效果的评判，这是一种价值判断，是按照客观的标准和相对于的手段得出数据之后的评判。而教学测量是一种评价过程中实施的手段，这种手段的目的是对于测量事物的数量和质量的确定。测量像是学生考试的分数，但是分数只是一个结果，对这个结果的价值判断是评价，比如同样是 60 分，如果及格线是 60 分，那么评价结果就是及格，如果 60 分是满分，那么评价结果就是优秀，这就是评价和测量的区别。至于测验就是一种测量工具，测量的数据是需要测验这个过程得出数据的。就像分数的来源是进行考试。但是测量是可以用不同的测量工具进行测验的。

三、教学评价的功能

从系统论的角度上来看，每一个独立的系统都是由于其内部元素的不同的结构，而形成特定的功能。教学评价是有自己独特的功能的，在教学过程中，教学评价的功能很多，可以从诊断、激励、调控和教学等方面发挥独特的作用，可以说教学评价是教学活动中的一个非常重要且不可缺少的环节。接下来我们就对教学的评价的功能进行进一步的阐述。

（一）诊断功能

教学评价的本质就是价值判断，整个教学评价的过程就是对于教学过程的诊断过程。我们知道中医诊断的四个方法是望闻问切，这是医生进行诊断的方法和工具，教学评价也是使用一定的工具和手段，参考一定的评价标准，进行教学全过程的诊断。从而确定教学过程中存在或者出现的问题，为接下来的教学决策提供具体的参考。这种评价过程是一种全面的系统的工作流程，在这个方面不只是在教学过程的某一个或者几个部分进行诊断，而是全覆盖的诊断。就像在医院进行从同到脚从内到外的各个方面的诊断。这个过程包括教师的能力和教学实施过程的诊断，也包括学生能力和学生活动过程的诊断，包括学生的态度、兴趣、参与等各个方面，甚至包括学校、社会等客观因素的对应程度的诊断。

（二）激励功能

激励是每一个教学活动中的成员都需要的，教师需要，学生也需要，激励的方式有两种一种是物质激励，另外一种的是精神激励，在教学评价中的激励功能就是属于精神激励的范畴。有关研究表明，学校经常开展记录成绩的测验，就可以激发其学习动机，诱发其学习兴趣，促使学生积极主动地学习，这是对于学生的学习有极大的促进作用的。其中的原理就是评价结果好的，会进一步的激励学生继续加油，因为满足了学生被认可的心理需求，从而在新起点上激发其学生的百尺竿头更进一步的冲动。那么在这个教学评价的过程中，对于教学过程是诊断，但是对于教学过程中的教师和学生就是激励作用了。对于教师而言也是一样的，成绩优异，就会激发教师的干劲，争取做得更好。要是成绩不好，对教师也是一种鞭策，比如教师对班里某位学生的鼓励夸奖的评价，也是引导其他学生向该名学生学习的过程。

（三）调控功能

调控功能指的是因为教学评价的反馈而进行改进和优化的作用。教学是一个过程，是一个没有完美的、可以无限追求的过程。但是很多时候，由于教师个人的原因，容易进入闭门造车个人满意的情况出现，这时候教学评价的出现，就能够从客观上发现现阶段教学过程中出现的问题，并且提出相对应的数据，这些数据是进行教学设计优化和调整的客观依据。教师总结之前的成功经验和失败经验，在结合评价反馈，改进教学设计的教学目标、教材分析、学情分析、教学手段教学方法的情况。在教学过程环节上进一步优化，从而使得每一次课程能够更符合教学目标的实现，使得教学效果和教学效率大大的提高。

（四）教学功能

从学生的角度讲教学评价是一个学习的过程。因为就像期末考试一样，为了考试成绩优异，学生除了认真学习之外、还要复习、整合知识的架构等。这是一个学习和在学习的过程，当成绩出来之后，学生依据错误的情况，进行修正自己的知识架构，从而使得自己的知识体系更加的完善。从教师的角度也是一样的，教师通过教学评价，检验自己的教学问题，能力和知识的储备和理念的更新和贯彻的问题。可见教学评价就是一个教学活动，这个活动不是为了围绕着考试这样一个情境，学生的学和教师的教一起协调配合的结果，但是很多时候考试的前学生的学习积极性和认真程度更高，所以可以好教学评价的功能，督促教学过程的再飞跃。

四、教学评价的范围

教学评价是有范围的，但是不同的学者对于教学评价的范围有不同的认识，有的学者人为教学工作都是教学评价的范围，也有的学者人为教学评价范围是教学过程和教学成果，更有学者认为教学评价的范围就是教学效果。在这种不同认识的前提下，我们需要从教学评价的上位概念进行教学评价的定位，从而明确教学评价的领域范围。教学评价的上位概念是教育评价。教学评价和教育评价既是有联系，又有区别。教学评价是教育评价的一个重要方面，是构成教育评价的主要部分和基础。教学评价的对象是在教学领域，它主要对教师的备课、上课、作业批改、课外辅导、课外活动等工作、教学成果及学生学习情况进行评价。而教育评价是以教育的全部领域为对象，它涉及到教育的一切方面。从外部看，教育与政治、教育与社会、教育与经济、教育与文化等的关系需要评价；从内部看课程设置、要进行评价教育内容、教育目标、教育方法、教育管理、教育质量、教师、教育体系、学生等都需。从教育评价的层次上看，根据教育现象的不同，教育评价可分为宏观评价（以某一地区或一个国家的教育为主的对象）、中观评价（以一个学校的办学水平和教育质量为对象）、微观评价（以一个学校内部的教育、教学、管理等为对象）3 个层次，教学评价主要是一种中观和微观的教育评价。在这里我们提出教学评价的范围一般包括三个方面，分别是对教学结果的评价、对教师的教学行为的评级还有对学生学习行为的评价三个方面，接下就对这三个方面进行一一诠释。

（一）对教学结果的评价

教学结果的评价，也叫终结性评价，这是对于整个教学的最终评价。教学结果的评价，主要评价的内容是学生对于教学目标中的知识、技能、情感等不能领域的达成情况的一个客观评定。教学结果评价还要评价整个课程教学过程对于课程目标的达成情况的评定。这样的评价是一个历史最悠久的评价方式，也是教学评价的最主要的工作范畴。这样的一个工作可以使得人们清晰明了的了解这个课程的整体上的教学质量，也可以一目了然的计算出教学目标的达成情况和教学任务的完成程度。这样的评价能够整体上反映出一门课程的质量和教师驾驭课程的水平情况。但是这样的评价虽然非常重要，但是有很明显的时空局限性，终结性评价必须要在课的结束的部分才能够进行，而且一旦课程结束，评价的结果无法作用于被评价的课程，使得错误无法修正。另外由于课程的整体性和系统性的原因，在整个过程性评价的时候，不利于分析和反应在教学过程中教学系统的各个因素之间问题发生的原因，更不能帮助协调课程的进度等问题。所以教学评价只有结果性评价是不够的，在评价范围上还需要扩大。但是相对应终结性评价而言，增加诊断性评价和过程性评价，由于教学评价本身就是诊断性评价，所以在接下来只是讲过程性评价的内容进行展开，过程性评价的内容包括两部分，一个好似对教师的教学行为的评价，一个是对学生学习行为的评价。

（二）对教师的教学行为评价

对于教师的教学行为的评价，是放在教学过程中进行的，所以可以诊断教师的教学行为，同时及时的修正教师的教学行为。教师的教学行为不是某一个动作，而是某一些动作的一系列。这就要按照一定的标准对于教师的教学行为进行划分，从教学实践的时间上来划分，可以分为教师的课前、课中和课后三个时间段来进行。每一个时间段教师的教学行为是有很大区别的，所以在教学评价的侧重点和具体内容也都是不一样的。例如课前的教师教学行为主要是在教学设计方面，在这个方面可以评价的主要内容就是围绕这教学设计方案，观察教师对于教材、学情的了解和把握情况，以及在教学设计的过程中，关于教学目标、教学方法和手段、教学环境等的安排是否合理等。在教学过程中主要评价的就是教师在教学过程中的教学目标、教学内容的正确与否、教学速度和节奏的把握得当情况、教学方法和手段在解决学生学习的目标上是否得当，教学中的教学效果和实际预期是否统一。还有教师在教学过程中对于学生的评价、指导、纠正与帮助的应用是否得当等。课下就有教学反思等活动。从不同的角度看教师的教学行为又可以划分出不同的行为，例如人际交往行为、课堂管理行为、教学设计行为等。只有全面的把握教师的各种行为，对于教师的评价才会更加的客观。

（三）学生的学习行为评价

对于学生学习行为的评价，我们可以分为学生的结果评价和过程行为评价，所谓结果评价就是以结果为导向，来评价学生学习的效果。这种评价方式是在过往的评价中经常使用的。使用时间的长度上和使用的范围的广度上都是非常强势和普遍的。但是这里面有一些问题，就是对于学生的过程中的变化情况并没有具体的测量，有一些学生在学习过程中根本就没有怎么努力就达到了教学结果评价的不错成绩，但是这个学生的过程行为是不值得学习和推崇的，而有一些学生由于自身原因，虽然在最终成绩上不是最好的，但是进步程度、学习态度的转变、学参与的程度等等都是可圈可点的，这种情况下单纯的结果性评价是比较片面的，这时候我们采用过程性评价和结果性评价相结合的方式就能够很好的解决这些问题。只是用结果性评价，评价的范围上也是缩小的，在评价的效果上也是不全面的。往往结果是由过程中的行为决定的，在关注学生的过程性行为的时候，进行相对应的干涉和调整有助于教学目标的达成和学生更好的成长。

五、教学评价的过程

教学过程是一个非常复杂的综合过程，其中包括前期的预判、中期的测量和后期的价值判断三个主要的环节，这些环节都是在教师和学生通过教学活动中进行完成的。在前期额预判中需要根据教学设计方案去预判教师的教和学生的学在教学目标的完成情况。并选择和设计相对应的评价手段和方法。在进行教学中期的测量的过程中，需要对教学的各个环节从分散到整体的进行评测。从时间上就按照诊断性评价、过程性评价和终结性评价进行。诊断性评价是对于学生能力和其他的行为等进行评测。形成性评价是对于学生的进步情况和不足的情况进行测量。总结性评价是对学生学习情况的大检查。在评测中将每个时间段的评价测量给出测量结果，并进行量的描述和量的形成过程进行描述，最终按照客观标准给予相对应的价值判断。每节课这样的评价，每学期和每学年的教学评价也是以这样的过程进行。

第二节　体育教学评价

体育教学评价，就是教学评价在体育课程中的具体实践。是一般理论指导具体学科实践的一种形式，其平行的还有兄弟学科的教学评价，比如数学教学评价、语文教学评价、美术教学评价等。是教学评价的下位概念。体育课程需要教学评价，体育教学评价是体育教学实践中一个不可缺的的一部分。没有了体育教学评价，体育教学就是不完整的。体育教学评价对于体育教学的意义和作用，相当于教学评价对于教学的作用，诊断功能、教学功能、激励功能和协调功能。这些也是体育教学评价的功能。体育教学评价对于体育教学的功能除了上述的一般功能之外，还有对于体育教学的发展和改革收集和提供决策性信息，对于指导和督促教师的教学行为、体育教学活动的调整、体育教学工作的工作走向、体育教学目标的设计等等都有很大的作用。同时还能够对于现在的体育教学工作中的问题进行过程性诊断，为保证体育教学的正常发展保驾护航。

一、体育教学评价概念的界定

体育教学评价是依据体育教育的指导思想、相关法律、方针、政策和体育教学相关规定为标准，对于体育教学过程的价值判断过程。这个过程中的依据是体育教育的指导思想、相关法律、方针、政策和体育教学相关规定为标准。其诊断和评价的主要对象和范围是体育教学过程和结果的量评。对于以上概念，可以从以下几个方面进行系统理解。

第一体育教学评价是以体育教育的指导思想、相关法律、方针、政策和体育教学相关规定为标准进行开展的活动，在这个过程中所有的考评结果和价值判断都是以以上体育教育的标准为依据的，不能脱离客观的体育标准去进行体育教学评价评量体育教学成绩和效果，这样的评价能够保证教学过程确实是朝着体育教育标准的方向发展的。

第二体育教学评价的对象包括教师的教和学生的学两个部分，教师的教是包括了教师的讲解和示范进行客观的评价、还有教师的专业能力、教师教学水平、教师的师德师风和教学效果等进行评价。在学生评价方面不仅仅是一种结果性评价，还有学生的道德行为和体育技能行为的评测。评价的阶段主要是过程性评价和终结性评价。

第三体育教学评价在教学过程的评价时，通过教学目标、教学活动的组织、教学内容的选择等各个环节进行综合性评价，主要是评判教学方向、教学方法、手段等的恰当与否，体育教学设计的科学性和可操作性分析，在能够进行定量评价的方面，就要进行量化评价，在可以使用定性评价的方面就要采用定性评价，将定量和定性评价结合参考进行评价。

第四体育教学评价主要是从教学基本要求对于体育教学的合理性进行评价，并相应的反馈，指导体育教学设计的再优化。教学的基本要求和客观规律都是有具体的标准。

体育教学评价可以分为广义体育教学评价和狭义的体育教学评价两个方面。广义的体育教学评价指的是指的和体育教学有关各个领为研究对象的评价，这样的评价面比较广泛，大到哲学思想，小到教学方法都要研究。而狭义的体育教学评价就是以学生为评价对象。就是专门评价学生的识与技能、过程与方法、情感态度与价值观在运动参与、运动技能、身体健康、心理健康和社会适应五大领域的的情况进行价值判断的过程。这一个过程的目的是为了掌握和了解学生的学习情况，督促学生进一步的学习，另外诊断教师在体育教学设计、体育教学实践过程中的问题，帮助体育教师提高教学质量，提高教学效率和教学效果。现代体育教学评价是依据《体育课程标准》的价值、理念、目标，运用科学可行的方法和手段，对体育教学要素、过程、和效果进行价值判断的活动。

二、体育教学评价的特点

（一）体育教学评价功能的决策性

在体育教学评价的功能方面和教学评价的功能基本一致，但是这种测量评价的过程能够收集大量的信息，在这些信息中就能反映出体育教学中的优缺点，这是决策者就可以根据目标进行下一步的决策。这里的决策这有多个，从学生层面，当学生了解到体育教学评价的反馈信息之后，就可以检查自己学生过程中存在的问题，并进行对于下一步的学习计划进行调整。这种决策可以从学生自身进行改进，以提升自己的学习效果。在教师层面在接受的体育教学评价反馈回来的信息，就可以针对具体情况调节教学进度、教学方法、教学活动等，以帮助整个教学朝着教学目标发展，这种决策有利于体育教学效果的提升。在学校的层面，校领导可以根据评价反馈的情况进行教学管理上决策，有利于学校工作的更好开展。

（二）体育教学评价指标的客观性

之所以在各个层面都可以使用体育教学评价的反馈信息，主要原因是体育教学评价指标的客观性，以至于其结果也是客观的。这也是教学评价存在的意义。体育教学评价的要揭示体育教学的价值并作出评判，这时就要求体育教学评价的指标也必须是客观的，否则就无法保证体育教学评价结果的客观性。明确体育教学评价指标，并且对这些指标根据其重要性进行打分，这种打分是一种赋分方法，目的是为了使得各个指标的权重能有所凸显。根据各个项目的权重，选择出最主要的几个要素进行精准测量。测量的手段和结果最好能够可量化，最终能够更容易的得到客观的数据。针对不同的指标有不同的测量方法和手段，在保证指标的客观性的同时，还要确保测量手段的科学性和客观性。

（三）体育教学评价过程的有序性

体育教学评价是针对既定的评价指标进行展开的，但是，展开评价工作也是一个有序的过程，不可以没有章法。整个体育教学评价的过程可以分为体育教学评价计划的制定阶段、体育教学评价的实施阶段、体育教学评价的检查阶段和体育教学评价总结阶段四个阶段。体育教学评价计划的制定阶段的主要工作是对于体育教学评价方案的制定工作。体育教学评价方案是执行体育教学评价的依据。在体育教学评价实施阶段是整个体育教学评价的关键环节，这个环节的好坏就决定了真个体育教学评价的质量。这个阶段的主要工作是组织、分工和执行，其中重点工作就是在执行阶段的信息收集和信息处理。这些收集上来的评价信息是无序的、是不能够直接用来反馈的，是需要科学的手段使这些数据能够为人所用。体育教学评价的检查阶段是一个纠错的环节，主要是按照执行方案检查执行情况，对于执行过程中出现遗漏、差错、问题等及时的纠正，保证体育教学评价的顺利完成。体育教学评价的总结阶段是体育教学评价的最后一个阶段，在这个阶段根据体育教学评价的整理好的数据，进行具有科学依据的评价结论，并进行反馈。

（四）体育教学评价的即时性

所谓即时性，这个在心理学上有一个专业的名词叫做及时反馈，意思就差不多。意思是说如果被教育者出现了积极的进步，就要立即给予奖励，使他们的到正反馈。体育教学评价的即时性也是就有相同的意思，首先在整个体育教学评价结束后，可以及时的反馈给体育教师，使得体育教师能够在第一时间得到教学评价的结果，并作出下一步的计划和安排。另外一方面在体育教学实践中，体育教师和学生之间的反馈是相互的也是即时的。比如学生上手侧平举，当学生不到位的时候，教师给学生帮助抬高，这一下学生的本体感觉就立即能够感受到这种正确姿势的反馈。由于体育教学中很多都是有身体活动展开的，学生只要做一个动作教师就能够明了学生的掌握情况，从而可以立即了解学生的情况而进行即时的帮助和纠正。在学生做出正确的动作之后，教师的及时鼓励，能够确实的帮助学生激发他们的学习动力。

三、体育教学评价的类型

依据各种不同的理论标准或者从不同的角度出发，对于教学评价就会产生不同的类型。体育教学评价的分类也是这样，依据不同视角就会产生不同的体育教学评价类型。

（一）相对评价和绝对评价

相对评价和绝对评价的区分是由两者的评价标准不同而出现的不同，相对评价是将所有的评价对象进行集合，根据集合的实际情况，在集合中确定一个明确的指标，然后集合中的每一个个体再和这个指标进行比较。在这个比较过程中，是有条件，是在指标的关照下，得出的评价结果。绝对评价指的是所有在集合里的评价对象，不设置任何的条件和指标，每一个个体和标准进行比较，从而得出评价的结果的方法。这两评价由于标准不一样，所以得出的结果也是不一样的。前者的特点是成正态分布。而后者是以客观的目标为标准来进行测定。在选拔比赛中通常使用的是前者，也就是谁比谁更好一点。

（二）综合评价和单项评价

综合评价和单项评价的区别是指的评价的涉及面，评价的涉及面多就是综合性评价，而如果只是进行单方面的评价就属于单项评价。单项评价和综合评价是一个范围上的概念区分。就以全国学生体质测试而言，每一个指标的评价就属于单项评价，而所有项目的评价指标的集合就是综合评价。广义上的综合评价可以包括一个学校的所有的体育课程教学情况的评价，狭义的综合评价是针对某一个体育教学中的学生或者学生群体进行的综合评价。而单项评价和综合评价的关系就是集合和个体之间的关系，单项评价是综合评价的子项，所有的子项的集合就是综合评价的结果。所以说单项评价离不开综合评价，综合评价也离不开单项评价。综合评价需要每个个体进行完成，而单项评价需要综合评价来进行解释。

（三）对学生的评价和对教师的评价

从评价的主要对象来划分，就可以分为对学生的评价和对教师的评价。由于在体育教学过程中参与的人员只有这两类，所以就此划分，对学生的评价就是主要评价学生在课堂上活动行为和各方面的发展情况。对教师的评价就是评价教师的能力、行为等。学生和教师是教学活动的主要参与者，所以这是在体育教学评价的主要对象。

（四）内部参与者的评价和外部参与者的评价

从参与评价人员的角度来看，可以分为内部参与评价人员和外部参与评价人员。内部参与的人员在课堂内就是自己班级里的学生和授课的教师，一般的期中考试都是由自己老师进行监考的，这就是属于内部参与人员的评价。当然内部参与人员不仅仅是教师和学生，还有学校内的领导和同事，这都算是内部参与人员。而外部人员参与的评价就是学校之外，学生家长来进行评价，还有其他和这个评价有关系的人员，都是外部人员。这种评价也可以具体到谁评价上。比如教师评价、学生评价、领导评价、教师评价、家长评价、其他人评价等。

（五）主观评价和客观评价

从评价标准的角度可以分为主观评价和客观评价，主观评价就是以自己的经验作为评价标准。这时候评价者就是通过各种主观的感知方法去体验，然后给出主观的评价。这种评价的结果一般就是定性的，行不行，好不好，都是这样的评价方法。而客观的评价其标准就不安主观进行了，而是通过各种定量的方法和手段去进行测量，然后收集客观的数据进行分析和整理，依据客观数据进行评价。这样的评价是非常客观的，就像高考，分数要比较客观一些会公平一些。但是实际操作中主观评价和客观评价要进行相互结合的进行才更好一些。比如研究生考试就是要笔试之后，再按照面试进行择优入取。所以进行主观和客观的评价结合，也是定量和定性的结合，会在实际操作中更加的全面。

（六）初始评价、形成性评价和终结性评价

按照体育教学过程的实施阶段上来看，可以将评价分为诊断性评价、形成性评价和终结性评价。在1967年的时候斯克里芬只是提出了形成性评价和终结性评价两种。后来布卢姆又补充了诊断性评价，这样的三大类型就确定下来了，我国的教学实践在广泛的使用这三种评价。诊断性评价又叫初始性评价，这是在教学前使用的，很多学校的入学考试，就是诊断性评价。这种诊断性评价的关键作用就是能够摸底，另外还可以了解学生的实际情况，为接下来的教学计划的制定和教学分成做准备。像摸底考试一般都是在正式的教学前进行评价。形成性评价就是过程性评价，就是在教学过程中对学生的学习行为进行评价的一种方法。这是一种教学界都非常重视的一种评价方式，这种评价方式的特点就是及时纠错，在教学过程中通过学生的反馈，直接判断出学生问题，可以常采用适当方式帮助学生纠错，达成教学目标。对学生自己而言也是一种自己评价自己的方法，这样的自省过程

可以很快使得学生自己认识到自己的问题，然后开始探索解决方案。终结性评价是在教学活动完成之后，对教学成果进行的评价，是对已经完成的教学加以价值判断，目的是为做出各种决定或决策提供资料或依据。人们习惯采用的教学评价基本上都是终结性评价。我们普遍采用的学生成绩报告单就是终结性评价结果的典型表现。教学评价的种类有很多，但是我们需要制定，这些种类都是根据人们的评价需要而出现的，我们需要什么评价，就利用什么样的评价方式。

第三节　学校体育教学评价的发展历程

一、国外体育教学评价的发展情况

社会在发展，教学研究的方法也在进步，体育教学评价也在变化和发展。体育教学评价受到社会学等更方面的影响，所以每当历史前进的步伐有了迈进之后，体育教学评价也会在当时打上时代的烙印。最新的体育教学评价的方式由原来偏向终结性评价的历史改为过程性评价和终结性评价相结合的评价方式。由原来的相对评价转变为主观定性评价和客观定量评价的多元评价改进。进入 21 世纪，特别是《体育与健康课程标准》颁布以来，我国的体育教学评价也发展到了一个全新的历史阶段，我们在了解我国教学评价改革的可喜进展的时候，我们也不能忽视其他各个国家也在这方面有发展和进展，这需要从历史角度上进行阐述，是我们对于处于历史发展中的体育教学评价有一个更加整体和清晰的把握，了解世界上具有代表性的几个国家的体育教学评价的历史进程，从而在国际视野的角度来审视我国带有明显时代特征和中国特色的体育教学评价。用国际视野去看我国的体育教学评价发展，会更加的清晰他国的情况和我国的体育教学评价的特色。这样的探讨是非常具有现实意义的。因为我们指导我国教学评价的革新不会就此止步。

（一）美国学校教学评价的改革与发展

美国在 20 世纪三十年代前，一般都是主观评价为主，由于当时没有什么评价标准，所以在教学评价方面就是以主观性的像面试等方法进行学生成绩的评定。这种评定方法非常的具有主观性，对于学生的学习从评价上是无法形成评定意义的。因为教师的这种评定是一种无法重复的成绩测试方法，上一次优秀的，这一次可能就不是优秀了，主观性太大，形成不了客观的评价作用。桑代克对此进行了尖锐的批评，并提出了学习能力的评价概念，即学力评价。泰勒在 30 到 40 年代期间，领导者评价委员会在美国进行了半年的相关研究。从而使得教育评价开始出现在历史舞台，而且很快得到了大多数学界的支持，可以说是教学评价的代表性的人物。泰勒他们指出，评价不应该是一个两个的考试和测验就能够报告出学生的真实的情况，所以除了能够有反应学生分数的成绩单之外，还需要根据学生在整教育过程中的该结果和学校教育要达成的目标的一致程度，并形成的成绩报告，这个过程就是评价过程。从最终成绩和描述中，根据目标和现状的差异性，发现问题，然后在教学方法、教学方案、教材等方面进行针对性的修改，从而以结果为依据，倒推教育教学的改革创新。这时候的评价一词就成为了教学评价领域的一个新词语和新的指导思想，评价取代了考试和测验两个原来评价的主要方式。但是具体而广泛的贯彻和执行还需要一段很长的时间，所以在这段时间主要还是主观评价为主要的评价方式。美国的的基础教育改革新的阶段也是在 20 世纪后半阶段开始，在这个时期美国开始疯狂进行教育改革运动。特别是在 50 年代以后，50 年代他们颁布了《国防教育法》。后来他们先后出台了一系列的教育改革计划。60 年代他们开始进行大规模的新课程、新教材的实验，70 年代他们又搞了一个"回归基础"运动。到了 50 年代至 70 年代这一段时间，伴随着一系列的教育改革法案和教育实验的运动，使得在教学评价领域除了泰勒通过八年的研究得出了评价学说之外，又有了布鲁姆在评价方式上对于形成性评价思想的推出。使得教学评价在理论上得到了进一步的完善，从而使得教学评价逐渐的从主观评价过度到绝对评价的阶段。布鲁姆在这一时期提出了完整的诊断性评价、过程性评价还有终结性评价三大评价概念，同时还提出了教育目标的分类理论，由此以来，整个客观的教育目标就成为了教师在进行客观评价的参考依据。理论的发展是整评价改革成功的基础。绝对评价成为了美国的一个重要的在教学评价领域方面的方法。人们参照教育目标进行客观评价，检测和关注教学结果和教学目标的一致程度。并且通过结果性评价、诊断性评价和过程性评价辅助，对于学校教学开始进行相对客观而真实的价值判断。在 1983 年当时的美国的一个"高质量教育委员会"出台了一部《国家处于危机之中教育改革势在必行》的报告。这个报告非常重要，持续时间很长，一直到现在还在持续。这个报告中的一个主旨就是要以提高基础教育质量为旗帜。1985 年他们启动了"2061 计划"。1989 年在教育高峰会议上，他们通过了《国家教育目标》。1991 年签发《美国 2000：教育战略》。这份文件的宗旨是要彻底改变美国中小学教育的模式，不拘一格的创办全球第一流中小学，从根本上提高全体美国人的只是和技能水平，是美国在 21 世纪保持世界头号强国地位。1993 年颁布了《2000 年目标：美国教育法》。2002 年签署《不让一个孩子掉队》的教育改革法案。2015 年底，修订签署了《每个学生都成功法案》这些法案全都有一个共同特点那就是为提高美国基础教育的整体水平。这一系列的教育改革，主要是集中在课程改革方面，以及对于学生的学习评价上面。从《不让一个孩子掉队》到《每个学生都成功法案》，从这个名称就可以看出，这是一种平均主义思想指导下的教育改革，其评价的指标也一定是让每一个学生都成功，都不掉队。所以在教学评价上，美国采用的评价思想就是淡化结果，重视过程。在80年代以来的教育改革，在学生的学习评价方面得到了广泛的关注，人们开始对于原来的评价方式进行系统的改革。比如传统的通过有客观标准的运动技能和体能标准测试、相关体育知识的测验、还有教师进行主观的观察进行主观评价等方法，这些都是传统的评价方法，这些方法对于终结性评价有非常明显的倾向性，这种倾向性容易导致的就是一考定终身，特别是在发展运动技能方面，使用统一的客观标准，在学生中进行比较，鼓励和奖励少部分的结果优秀者，显得相对不够公平。在80年代开始，建构主义心理学和其他相关领域的基础理论在教育思想领域有了新的影响，基于多元智能理论和建构主义学习理论，人们提出了"替代性评价"，"替代性评价"的关键就是评价的思想更专注人的能力教育和教育过程的真实教育性。在这种情况下，评价的过程开始发生改变，人们开始对学生的体育能力采用真实情景下的多种方法和手段进行综合性评价。这些能够客观反应学生能力的方法例如角色扮演、健康测验、学习档案展示等。这些方法能够在发展学生的体育知识和体育技能的实操和运用。在这么多方法的综合作用力下，评价出的学生能力也是综合的。在这种情况下评价的方式对于体育教师的评价能力也有了新的要求。比如当学生参与的是改造过的和潜在性的活动时，教师应该对这些学生的活动做出水平的描述和判断。《美国最佳体能教育计划》的评价内容包括身体活动的态度、健康概念知识、健康测验、身体活动的努力水平、健康技能的应用，并给予态度部分最大的权重。在健康测验的体适能方面，主要关注的是与健康相关的体适能，通过当前的能力，再提出新的更高的要求。而不是关注可竞技相关的体适能。

二、日本学校体育教学评价改革与发展

日本学校教育的现代基础教育革命开始是源于1868年的明治维新时期，到1945年二战结束，这是日本国家主义教育体制的建立时期。从大正到昭和初年，再学生评价方式上都是采用相对评价的方式。在1938年的时候，日本对于学生在学科上测成绩按照相对评定来进行，还统一了标准，并做出了明确的规定。在二战结束之前，日本奉行的都是法西斯军国主义教育体制，在体育教学评价方面，采用五级评分制，在这个评分制中采用主观的相对评分方法，像中学就是按照竞技活动的参加，运动技能的提高、健康与生活的习惯还有健康与生活的理解四个学习领域进行评价。二战结束后到60年的末，是日本民主主义教育体制建立时期，废除的是法西斯军国主义教育体制。开始第二次基础教育革命。1872年《学制》是日本现代教育肇始的标志，目的是为了学习西方先进科学技术。60年

代板仓圣宣发表《正确的学力评价》，这是对于日本的评价的一篇专门论文，在这篇文章中，提出达到度评价的概念，到达度是依据一个客观的到达目标而进行的评价方式，这样的思路其实就是绝对评价了。这个时期和美国的布鲁姆时期在时间上差不多。此时日本在教学评价的方法和内容上并没有像美国开始进行是执行的变革，基本上没有什么变化。20世纪70年代是日本战后的教学改革新浪潮，开启追求个性化教育。体力，无论是从字面的解释还是从力学的角度去思考，都是一个可以量化的指标。这是一个在20世纪70年代日本在体育教学方面的追求的转变，他们放弃了原来的学科为中心的教学思想，开始以体力主义为指导思想。解释起来更像中国的身体综合素质的概念。从那时起，学校在体育教学方面主要追求的目标就是发展学生的体力。于是在评价方面也出现了相对应的变化。学校的体育成绩评定就是按照技能、知识和态度三个模块进行终结性评价。与此同时，增加"学校家庭联络手册"这个手册就是学生体育成绩的测试结果，其中包括两个方面，一个是运动能力的测定情况，一个是身体健康体力的测定情况。这两个也都是终结性评价。终结性评价尤其独特的作用，但是也有非常特殊的局限性。20世纪80年代后期以来，日本开展了第四次教育改革。1989年公布了新的中小学学习指导纲要，1995年提出培养学生的"生存能力"是学校教育今后的发展方向。1998年颁布新的《学习指导纲要》。2001年制定和实施的《21世纪教育新生行动计划》。改革的主要目的是针对传统教育的弊端进行调整，以适应现代社会的要求。这次改革提出了四个基本效果：第一建立了终身教育体系，第二强调教育的本质是促进人的个性全面发展，第三重视选择和多样性，提高教育的现代化和信息化程度，以适应时代的变化。第四采用国际视野把握和发展教育，以培养有国际视野的人才。20世纪90年代，学校体育的教育理念开始发生了很大的变化，快乐体育、生涯体育等新提出的概念也受到了人们的追捧，在体育教学中学生的自我教育和学生个性的发展得到了人们的重视，人们开始关注自我教育能力的培养和学生个性发展的能力的提高。在学校教育内容改革的同时，对于学生的体育教学评价也发生了很大的改变。学生的体育课成绩开始从五个等级，变为了三个等级。这三个等级分别为充分满足、大致满足和经过努力可以满足。但是评价方法还是主观评价。在评价内容方面也分为了四大领域，其中最重要的评价领域是，学生关心、意欲和态度的评价。除此之外还有思考、判断；技能、表现；知识和理解三个主要内容上。但是在教学评价对于学生的个体化差异是非常尊重的，只要表现就是教学评价的个体化。

三、其他国外体育教学评价的主要特征

韩国实行的是逐行评价，从1998年开始对小学生进行一种评价方式，这种评价方式，

非常重视体育学习的过程，是要求学生自己将正确的答案表现出来，而不是选择答案。逐行评价是一种总的评价方式，强调对于学生认知、情感身体等领域进行全面的综合的评价。强调个人努力和学生身心能力、运动能力的提高。

德国在体育教学评价方面与众不同的一方面是在评价的作用方面要求评价能够促进学习气氛的积极的一面，希望评价能够帮助学生在自信心方面有所增益。

法国和日本有点相似，有一个持续检查的学生手册，手册上的内容是学生的学习表现和行为的记录。从小学一年开始，一直记录，这种联系性的记录，就能够很直观的让学生看到自己的成长。这种评价方式在我国目前也没有完全的普及尝试。

英国在体育教学评价中有一个特色评价方式，他们叫做改善学习的评价。首先有一个诊断性评价，评价的目的是为了让学生自己知道自己的实际情况，然后以自己为参照，设定明确目标，然后学生还要知道自己如何能达到目标或者叫做缩小自己当前能力和具体目标之间的差距。加拿大安大略省体育课程的学习评价内容包括：1—8年级为概念理解、运动技能、积极参与、必备知识的交流；9—12年级为知识和理解、思维和质询、交流、应用。

从上面各国的教学评价中我们就能够发现，每个国家都有自己的特色，都是为了让学生更加积极的参加体育课，不断的提高学生的运动能力和技术水平等。

但是在评价的价值导向上，更加重视每一个学生个体的进步情况，更加重视在过程中通过过程性评价分析和掌握学生的情况中，进行调整和控制。在评价的功能上更看重的不是反馈也不是诊断，而是诊断之后的教育功能。各国都很重视终结性评价，但是改变终结性评价结果的方式是在过程性评价上做文章，这就使得在过程中出现了法国的学生手册、英国的改善学习等评价方法。

第四节　我国体育教学评价的历史进程

新中国成立以来到今天，中国已经进入到了新时代，我国的学校体育的教学评价也和共和国一起有了新的更大的发展。特别是改革开放以来的学校体育改革，更是使得学校体育发生了深刻的变化，在学校体育教学评价领域，也发生了很大的变化。在我国体育教学评价不是只围绕学生成绩评价进行的，同时还有体育教师工作的评价。也就是从教师的教和学生的学两个方向共同发展的。

一、对于体育教学质量的评价

对于体育教学质量的评价是对于体育教学把握的一种方法，其中对于激励教师的能力提高以及保证体育教学的质量都有很好的作用。质量是没有终点的，可以永远的抓下去。教学设计也没有完美的，可以永远的改下去。20世纪50年代到70年代，当时我国全面学习苏联，在体育教学质量评价方面，主要是按照一般分析和专题分析而言，一般分析就是按照教案的情况，从教学任务、教学目标、教学方法和学生完成情况而定。这样的分析能够从比较全面的角度上去把握一个教师的教学水平和教学质量。专题分析，就是从一堂课的某一个指标上选择一个，然后进行分析，比如运动量和运动负荷等。这些都是可以通过量化人后进行客观分析的。这样的督导和评价，能够切实督促教师的教学，对于提高教学质量是有很大的好处的。但是也是有问题的，因为评价教师的教学质量也是需要客观指标的，否则就容易进入到主观判断的评价旋涡之中，但是当时在评价指标体系的构建方面还不是很成熟。80年代的教学质量评价改革是建立在之前教学评价的基础上进行的，吸取当时一些评课的优点，然后再采用具体的手段对之前的不足进行了改善。当时心理学、统计学等都已经开始在学科交叉的指导思想下，进入到了一个广泛应用阶段，各个学科相互渗透，在学校体育教学质量评价中，也进行了相关性理论的借鉴和应用。在这一时期，根据体育教学实践制定了科学客观完善的评价标准，以及综合的评价方法。既有分析课，又有整体的评价方案，在统计学的指引下，在生理负荷和练习密度的测定也有了定量的评价标准，所以整个教学质量得到了大幅度的提升，特别是在几次全国性的教学比赛的推动下，更多切实有效的教学方法和教学手段都得到了普及型的推广。使得体育教学质量提升的同时，展现了体育教学的新活力。

在90年代以来，我国在体育教学质量评价的指标方面再次扩大，可以说在评价内容上涵盖了所有的影响体育教学效果的因素，包括体育教学环境的评价，教师教学的评价、学生学习效果的评价、教学内容的评价等教学环境的评价指标推动了体育教学场地和环境的极大发展。这也是评价推动教学的一个非常直观的案例。在评价方式上，我国更加关注定量评价，更加的了新。评价类型上呈现出诊断性评价、过程性评价和终结性评价全程评价的阶段。

二、对学生体育学习成绩的评价

体育教学的只要目的就是培养学生，使得学生在相关学习领域得到发展。所以教学评价的主要阵地就是对于学生在体育学习成绩上的评价。这是体育教学评价中最重要的部分，没有学生体育学习成绩的评价，其他的评价都是没有意义的。学生体育学习成绩是体育教学的终点和出发点。我国对于学生体育课成绩的考核标准都在体育教学指导性文件的《体育教学大纲》中有明确的要求和规定，所以关于体育课成绩的考核标准及评定方法我们全国体育教学实践一盘棋，都是按照体育教学指导性文件的《体育教学大纲》的要求来进行的。所有接下来就对体育教学指导性文件的《体育教学大纲》的相关规定做一下梳理。

（一）《准备劳动与保卫祖国体育制度》达标阶段

新中国成立后，从50年代初到60年代中期，是学习苏联模式的一个时期。1950年《小学体育课程暂行标准（草案）》提出了体育成绩考核的原则，考核没有规定统一的项目内容和项目的考核标准。在1954年国家体委颁布《准备劳动与保卫祖国体育制度》之后，在1956年教育部制定了《中学体育教学大纲》。其中规定了学生的考核标准。初级中学毕业学生要达到《准备劳动与保卫祖国体育制度》低年级合格标准，高级中学毕业生要达到《准备劳动与保卫祖国体育制度》一级合格标准。可见，新中国成立开始采用的评价标准就是客观标准评价，有效避免了主观评价的不可重复性。1961年教育部修定了《中小学体育教学大纲》，其中对于体育教学评价的要求是贯彻《准备劳动与保卫祖国体育制度》要与实地情况相结合，并在体育成绩考核项目上提供了各地参考标准。使得教学评价更加的客观实际。虽然此时还在实行《准备劳动与保卫祖国体育制度》但是并没有按照《准备劳动与保卫祖国体育制度》进行达标，而此时在体育课成绩评定方面没有全国统一的考核项目和考核项目的标准。在这一时期体育教师的教学质量评价是通过观摩课的形式进行。在学生的体育成绩上主要包括技评和达标两大块，这是一个在技能论和体质论两派都公认和支持的评价方法。

（二）体育锻炼标准达标阶段

1964年国家废除了《准备劳动与保卫祖国体育制度》，试推行《青少年体育锻炼标准》。1973年国家体委颁布试行《国家体育锻炼标准》，1975年获国务院批准试行。《国家体育锻炼标准》的不断修改和完善，对当时我国学校体育教学评价发展起到了重要的促进作用。在这一阶段，学生体育成绩的评定方式都是客观评价的达标，只是标准的内容更加的符合中国的国情。这就是中国特色的体育教学评价的开始时期。这一时期的最大的转变就是锻炼标准是依据国家的实际情况制定的评价标准。

（三）初步发展阶段

1978年，教育部重新修订颁布了《中学体育教学大纲》（试行草案）》。颁布了《全日制十年制中小体育教学大纲（试行草案）》，其中规定了考核项目和标准，在考核项目中增设素质项。这时就开始了体育课的教学质量评价和学生体育成绩评价两个内容。在体育教学质量评价方面主要采用一般分析和专题分析两种方式。对于提高教学质量有很大的帮助作用。1987 年，颁布了《体育教学大纲》。在大纲中将学生体育成绩的考核制定明确的评定标准和比例。学生的体育成绩有出勤率和课堂表现、体育基础知识、身体素质和运动能力、运动技能和技巧四个方面进行评价。按满分 100 分的比例来进行分配其中身体素质和运动能力最高占 40 分，其次是运动技能和技巧占 30 分，另外体育基础知识占 20 分，而出勤率和课堂表现也分配了 10 分的权重。这样就督促了学生的在体育参与的导向。而且还制定了评分表。可以说这是我国在体育教学评价方面的一个非常重大的改革，它改变了原来的技能为主的评价，正式的由单一指标朝着综合指标评价的巨大飞跃。在教学质量改革的方面，也由深刻的变革，对教师的教学质量评价提出了要求，明确了标准，使得教师的教学有了改进的方向，促进了教学质量的进一步提升。

（四）综合评价阶段

1992 年《九年义务教育全口制中小学体育教学大纲（试用》学生的体育成绩继承了 1987 年，颁布了《体育教学大纲》的出勤率和课堂表现、体育基础知识、身体素质和运动能力、运动技能和技巧四维结构考核模式。1993 年颁布的九年义务教育《体育教学大纲》要求采取结构考核和综合评定的方法，考核包括预先考核、平时考核、定期考核和总成绩评定四种。在 1993 年的四种考核模式中预先考核就是指的诊断性评价，这个不算最终成绩。平时考核是对于学生的学习态度、出勤率等进行客观的评定。定期考核就是在过程中进行期中考试、月考、季度考试等考核。而总成绩评定是由终结性评价和前边平时考核、定期考核的综合评定，考核等内容是按照 1987 年，颁布了《体育教学大纲》的出勤率和课堂表现、体育基础知识、身体素质和运动能力、运动技能和技巧四维结构考核模式的分数比例进行。项目和标准都是以《国家体育锻炼标准》为标准，采用达标使的评定方法。可以说是诊断性评价、过程性评价和终结性评价的中国特色版本。1996 年《全口制普通高中体育教学大纲（供试验用)》仍采用四方面构成的"结构考核"。在这个大纲中提出了考核的新标准，对于无故旷课的学生或者病事假的学生进行了规定，如无故旷课四次和请事假超过三分之一就要不计算体育课成绩了。还要将出勤率和课堂表现纳入学籍管理范畴，对于由特殊表现的学生，班主任按照体育教师写的评语作为参考进行操行评定。

（五）教学评价大讨论阶段

春秋战国时代的百家争鸣和五四运动时期的百花争艳都促进了思想的繁荣，在体育教学这一个小领域里 1977 年开始的教学实验，也引发了人们对于体育教学评价的大讨论，在这个过程中大家各抒己见，给体育教学评价提供了很多启示。所有这个阶段我们称之为教学评价大讨论阶段。1997 年在山西、江西和天津，全面对高中新大纲进行实验，这个时候人们都对于体育教学评价提出了自己的见地。在试验中，提出了一种以体育保健基本理论知识、基本运动能力和运动技能的全新的结构考核模型。在这个模型中，体育保健基本理论知识占总分的百分制的 20 分，基本运动能力和运动技能占总分百分制的 80 分。在这个评分的架构里，直接剔除了出勤率和课堂表现的分数占比。这是一种全新的提法。

除此之外针对《大纲》对考核项目及标准的规定，很多学者提出了自己的观点。其中具有代表性的有以下几个：

第一内容、渠道和方式三维考核评价模式，这种评价模式对于考核内容、考核渠道和考核方式提出了具体的指标。考核内容上建议应该由情感、技能和知识三维目标构成。考核渠道是由教师、学生和学校三个渠道进行评测。在考核方式上提出面试、笔试和平时观察等方式。

第二身体检测、心理测验、体育课成绩、《国家体育锻炼标准》达标四大模块。其中身体检测包括体质评价、身体形态、生理机能、运动素质等四大方面。

第三在教学评价方面强调评价领域中的他评、互评和自评相结合，强调注重形成性评价，发挥评价的教育功能。

第四强调应降低运动技术和运动成绩的考核比重，成绩评定的方法就是合格与不合格，而且还应区分健康必备的身体素质和竞技能力必需的身体素质。

第五强调体育课成绩考核中身体素质测试应占较大比重，身体素质测试应成为学生体育成绩的主要组成部分。以上的几种观念都是在自己的研究视角出发，对于我国体育教学评价提出了自己的看法，给我们体育教学评价提供了一定启示。针对体育课成绩考核方面存在的问题所进行的探索性研究主要集中在如下方面：第一就是考核的内容方面，建议可以根据自己的爱好、特长自由选择考核项目。主张在考核内容方面取消和健康无关的素质考核。建议将身体形态和体育成绩利用回归方程进行计算，用诊断性评价、预期成绩和实际成绩进行比较。这个能够非常客观的看出学生的进步情况。第二在身体素质和运动能力的评级方面，主张采用进步度进行评价，改进身体素质和运动能力的评分表者评分次数，主要关注学生的提高成绩，提高成绩等于诊断性评价和终结性评价差。也有主张按照身体素质和运动能力部分成绩 =（统一标准项目成绩＋相对标准项目成绩－项目总和数）× 40% 进行计算，这样能够在体现个体差异方面更为合理。总之，在当时的大环境下，相关学者各抒己见，整个研究领域生动活泼，一片繁华景象。

（六）体育教学评价的现阶段

进入 21 世纪，我国修订了《九年义务教育和普通高级中学体育教学大纲》，并相继颁布了《体育与健康教学大纲》和《体育与健康课程标准》。2000 年《九年义务教育全口制中小学体育与健康教学大纲（试用修订版）》。2001 年教育部制定的《体育与健康课程标准（实验稿）》2002 年由教育部颁发的《基础教育课程改革纲要（试行）》。2011 年《义务教育体育与健康课程标准（2011 年版）》。2017 年颁布《高中体育与健康课程标准（2017 年版）》一系列的指导性文件，使得体育教学评价也有了前所未有的改变。在这一时期，体育教学在指导思想出现了改变，改变为以健康第一为指导思想。所以在教学评价方面也是按照健康第一的思路进行评价。在学习领域中也开始发生变化。将运动参与、身体健康、心理健康和社会适应和运动技能五大领域逐步的进行了明确的划分。使得体育教学评价的教育功能进一步强化。在 2000 年《九年义务教育全口制中小学体育与健康教学大纲（试用修订版）》中指出评价方式要结合教师观察评定学生的动作质量成绩，用测验来衡量学生的身体素质和运动能力，用学生自评和互评作为最终成绩测参考，最终形成一个以平时成绩、测试成绩、评价成绩共同组成的综合性评价。2001 年教育部制定的《体育与健康课程标准（实验稿）》中对于体育教学评价提出改革建议，认为在学生成绩评价范围上在学生体能、基本知识和基本技能的考核基础上，增加学生的学习态度、合作精神和情意表现等。在评价过程中要让学生参与到评价中来。强调要弱化甄别和选拔的意识，增强评价对于教育和激励等方面的功能。要过程性评价和终结性评价相结合，不能只是重视终结性评价而忽视过程性评价。2002 年由教育部颁发的《基础教育课程改革纲要（试行）》明确将评价改革作为课程改革的目标之一，并提出了评价改革的方向。提出关注学生的学业成绩，而且要发现和发展学生多方面的潜能，了解学生发展中的需求，帮助学生认识自我，建立自信。发挥评价的教育功能，促进学生在原有水平上的发展。建立促进教师不断提高的评价体系。强调教师对自己教学行为的分析与反思，建立以教师自评为主，校长、教师、学生、家长共同参与的评价制度，使教师从多种渠道获得信息，不断提高教学水平。建立适合当前课改实际的体育课程评价体系，力求突破传统的注重终结性评价而忽视过程性评价的状况，强化评价的激励性和发展功能，把学生的学习态度、体能、知识与技能、情意表现与合作精神，通过学习过程的评价（包括教师评价和学生评价）表现出来，充分体现以学生为主体，以健康为中心的教育思想，为学生的终身体育服务。2011 年《义务教育体育与健康课程标准（2011 年版）》在评价内容上分为体能、知识与技能、态度与参与、情意与合作五大内容模块，体能方面规定要更加《国家学生体制健康标准》确定体能测试指标。在知识与技能方面主要是评价学生掌握知识和技能的程度以及其应用能力。态度与参与主要对学生的出勤率、课堂表现、学习兴趣、积极主动的探究问题、课外运用所学知识与技能的表现进行评价。情意与合作方面主要评价学生的情感表现、意志品质、人际交往和合作行为等。在各个评价内容模块式学校可以根据教学实际和学生的学习需求进行权重分配。在评价方法上采用定性评价和定量评价相结合、形成性评价和终结性评价相结合、相对性评价和绝对性评价相结合的方式。在评价的主体方面建议在采用教师评价为主要作用的评价方式，另外要关注学生的互评和自评，还要发挥其他与学生的体育与健康学习有关人员的评价。2017 年《高中体育与健康课程标准（2017 年版）》在评价方法上依旧是综合评价，评价内容上要包含运动技能、运动认知、体能、锻炼习惯、心理状态、适应能力、体育品格、体育精神、体育道德等。提出应对一些无法量化的评价内容，可以通过行为观察和记录等。把隐私性表现为转化为显性表现，提高情感态度价值观的可观测性和可操作性。从新中国的成立，我国体育教学评价方面走出了一条指导体育教学不断前进的道路，从开始的单纯的运动技术考核，这种考核的结果就是全民运动员，到大学的毕业学生都要达到运动员的专业水平，其实是有问题的。竞技体育运动的发展和学校体育运动的发展是有很大的区别的。总体来说竞技体育的高精尖的水平追求不适合健康第一的指导思想。后来到 80 至 90 年代进行一场结构性考核。这个过程是一个非常重要的时期，也是一种尝试的过度期，打破了单一评价，尝试了多元综合评价。2000 年开始将学习态度等也纳入到了评价内容，一直到今天，我国体育教学评价早已经从重视终结性评价，采用定性评价和定量评价相结合、形成性评价和终结性评价相结合、相对性评价和绝对性评价相结合的方式进行评价了。在评价功能上也变成了诊断、反馈、激励、引导，变为了观察、反馈、激励引导和诊断功能。这些都反映出我国的教学评价是一步一个台阶。

三、目前我国体育教学评价的基本特征

经过对于我们在体育教学评价方面的进展情况的了解，对于我国在教学评价的可喜成果是有目共睹的，这些变化都是相关学者结合我国的实际情况精心的实验再推广的，经过多年的实践，基本上形成了适合我国国情的体育教学评价的实践模式。当前我国的体育教学评价呈现出特征有以下几个方面：

（一）体育教学评价内容的全面性

基于教学评价内容的全面性，可以从以下几个方面看出来，第一我们国家的体育教学评价。不仅仅是对于学生的学习成绩进行评价，而且对于教师的教学也进行评价，一边促进这学生的全面发展，另外是再从整体教学质量上提高体育教学的水平，从而达到提高学生运动能力的目的。第二个说体育教学内容的全面上，是指的评价的指标上，在评价学生的学习成绩的方面评价的指标包括了几乎影响学生学习成绩的各个方面，像 2017 年《高中体育与健康课程标准（2017 年版）》在评价方法上依旧是综合评价，评价内容上要包含

运动技能、运动认知、体能、锻炼习惯、心理状态、适应能力、体育品格、体育精神、体育道德等。在体育教学质量的评价上也是包括了教学环境、教学内容、教学环节、教学密度、教学强度、教学手段、方法等等。课件我国在体育教学评价方面内容的全面性。

（二）体育教学评价方法的多样性

我国体育教学评价方法的多样性体现的是评价的客观性。我国不再是单一指标的评价，而是采用在评价方法上采用定性评价和定量评价相结合、形成性评价和终结性评价相结合、相对性评价和绝对性评价相结合的方式。这样综合的评价模式，是更加的客观和公正。另外，我国在体育教学评价方法的多样上是在评价方式上，我国并没有一个统一的评价标准，而是各地各个学校根据自己学校和地方的实际情况，因地制宜，所以各地采取的具体的教学评价方法是不一样的，侧重点的权重不一样，但是无论有多少种评价方法，都是紧紧的围绕着国家课程标准的教学目标开展的。

（三）体育教学评价主体的多元化

我国在体育评价的主体方面是一种多元评价的，在体育课程内部和体育课程外部之分，体育课课程内部的人员包括了课堂中的学生、教师。在课堂之外的参与体育教学评价的外在主体根据具体的人员不同，可以分为学校人员、社会人员和学生家庭人员。学校人员包括校领导和校内同事。像社会人员好似指的在社会上和体育教学评价有关的人员，我们国家在体育教学评价的过程是非常重视学生家庭成员的意见的，因为学生是家庭的一员，学生的成长也是家庭、学校和社会共同努力的结果。在评价方法上也呈现出了教师评价为主，学生自评、同学之间互评的现状。这样的评价方式使得评价的结果更加的客观，也更加的科学。同时学生的自我评价能够有利于学生自我的感知，而学生之间互评又能在这个过程中知道自己在被人心中所处的位置，整体上能够帮助学生更好认识自己、调整自己，不断的使自己做的更好。

（四）日益注重体育教学评价的教育性和发展性功能。

传统的体育教学评价由于在评价指标上比较单一，所以在体育教学评价的功能上也就更有技能评价的价值导向，这样使得体育教学越来越像竞技训练，而距离真正的体育教学却相差很远。虽然当时的教学对于学生技能方面的成长是有一定的帮助的，但是太过于单一。这种单一还体现在评价方式上，都是采用的终结性评价。随着我国体育教学评价的不断改革，当前我国在体育教学评价上更加看重评价的教学功能，其本质就是帮助学生在体育教学课堂上能得到更多发展，而不是为了区分出谁好谁不好。所以在这个过程中我国更重视过程性评价，在体育教学过程中教师及时的发现学生存在的不足，及时给予纠正，使其能够更好的改进和改善自己，从而使得学生在体育课上得到更好的服务。

四、体育教学评价研究与发展对现实的影响和意义

以上研究从我国学校教育的特点和学校体育评价发展历程和现状，根据教育评价理论及不同时期改革的要求，对体育教学评价进行了较为完善的论述，这些论述和观点对学校教学评价产生着积极的影响，对教育评价改革起到了积极的促进作用。具体体现在如下方面：

（一）教学评价职能上的形成性更加明确。

教学评价的职能在不同的社会时期上是不同的，比如筛选和甄别功能，在历史的某些特定阶段是非常重要的，但是随着时代的进步，当前我们发现体育教学评价的功能中形成性评价的意义更为鲜明，体育教学评价变成了一种帮助学生更好的成长和发展的工具，通过体育教学评价更够提高学生的学习成绩、提高体育教学的质量，从而推动体育教育事业的发展，在体育教学评价中社会的评价意义在于影响学校体育教学工作，使得学生更加符合社会的要求。家庭参与学校体育评价的意义在于在教学评价中帮助学生按照价值的要求和意愿去健康成长，还有学生的自我评价、教师的评价等都是在围绕着让学生更好的发展在努力。所以过程中的形成性意义更加的凸显。在此强调过程性评价，而不是否定终结性评价，过程性评价的重要作用的发挥，其最终目的是为了学生在终结性评价中能有一个更好的结果。

（二）评价方法上的主观性受到重视。

通过体育教学评价的研究我们发现，人们从原来的主观性评价转变为客观性评价，再到现在的主观和客观评价详解的阶段。这一个过程，其实是对于主观评价的再认识和再重视。人们承认客观评价的积极意义，但是也不得不承认对于有些学生成绩不是特别好的学生而言，绝对评价会显得更加残酷，从终身体育的角度而言，对于学生没有什么好处。而从主观上对学生的评价，自然有其独特的价值，并不是说主观性评价就不科学，虽然相比客观性评价并不精准，但是从主观性评价的弹性和适用性方面更加广泛。总的来说目的是为了学生的成长，学生的主观性评价能够使得学生自己了解自己，更多的反省和自我激励。教师的主观评价，能够发挥教师的主观能动性，使得学生和评价之间不产生疏远的心理，从而主观评价和客观评价相结合的评价方式又科学、又实用。

（三）评价实施中的参与性与民主性结合。

我国的体育教学评价中几乎囊括了所有的能够参与评价的人。这是由我国的国情和根本民主理念所体现的。所有人都可以进行在自己视野里的进行评价，可以参与评价，也接受不同个体的不同评价的角度和意见。人们能够接纳和尊重不同的人、不同的意见、不同的团体甚至不同的文化价值观念。在这样的环境学生成长起来，就不会变成一个只听某一声音的人。被评价者能够感受参与者的评价意图，从而在脑海中就能容纳多于一种的思维方式，这样的思维方式就更具有包容性和开放性。每一个参与者的观点并不是按照某种特定的模式来进行的，而是依据自己的直观意识决定的。所有有可能每一种都不一样，在这种情况下，学生收货了另一种可能，视野开阔了，思路开阔了，整个人生的道路也就更加开阔了。这一方面反映了现代人教学评价价值观念上的发散性，另一方面也体现了教学评价模式中的民主性。

参考文献

［1］［日］佐藤正夫. 教学原理［M］. 北京：教育科学出版社，2001.

［2］［美］艾伦·C·奥恩斯坦、费朗西斯·P·汉金斯. 课程基础原理和问题（第三版）（M］. 南京：江苏教育出版社，2002.

［3］［英］丹尼斯·劳顿，等. 课程研究的理论与实践［M］. 北京：人民教育出版社，1985.

［4］［美］约翰·D·麦克尼尔. 课程导论［M］. 沈阳：辽宁教育出版社，1990.

［5］李子建、黄显华. 课程：范式、取向和设计［M］. 香港：香港中文大学出版社，1994.

［6］陈有光. 课程论与课程编制［［M］. 福州：福建人民出版社，1998.

［7］廖哲勋、田慧生主编. 课程新论［MJ. 北京：教育科学出版社，2003.

［8］廖哲勋. 课程学［［M］. 武汉：华中师范大学出版社，1991.

［9］施良方. 课程理论—课程的基础、原理与问题［M］. 北京：教育科学出版社，1996.

［10］李定仁、徐继存主编. 教学论研究二十年 1979 - 1999［M］. 北京：人民教育出版社，2001.

［11］全国课程专业委员会秘书处编. 21 世纪中国课程研究与改革［M］. 北京：人民教育出版社，2001.

［12］张华. 课程与教学论［M］. 上海：上海教育出版社，2000.

［13］郭元祥. 教育逻辑学［［M］. 北京：人民教育出版社，2002.

［14］陈侠. 课程论［［M］. 北京：人民教育出版社，1989.

［15］靳玉乐. 新课程改革的理念与创新［M］. 北京：人民教育出版社，2003.

［16］张廷凯. 新课程设计的变革［M］. 北京：人民教育出版社，2003.

［17］丛立新. 课程论问题［M］. 北京：教育科学出版社，2000.

［18］郝德永. 课程研制方法论［M］. 北京：教育科学出版社，2000.

［19］白月桥. 课程变革概论［M］. 石家庄：河北教育出版社，1996.

[20] 白月桥. 素质教育课程构建研究［M］. 北京：教育科学出版社，2001.

[21] 施良方. 学习论—学习心理学的理论与原理［M］. 北京：人民教育出版社，1992.

[22] ［苏］赞科夫. 教学与发展［M］. 文化教育出版社，1980.

[23] ［美］小威廉姆 E. 多尔. 王红宇译. 后现代课程观［M］. 北京：教育科学出版社，2001.

[24] 黄济. 教育哲学［M］. 北京：北京师范大学出版社，1985.

[25] ［美］阿伯特·班杜拉. 社会学习心理学［M］. 长春：吉林教育出版社，1988.

[26] 钟启泉，等. 为了中华民族的复兴为了每位学生的发展（基础教育课程改革纲要（试行"解读［［M］. 上海：华东师范大学出版社，2001.

[27] 瞿葆奎主编. 教育与人的发展［M］. 北京：人民教育出版社，1989.

[28] ［日］羽生义正. 学习心理学：教与学的基础［M］. 长春：吉林教育出版社，1989.

[29] 吴文侃主编. 当代国外教学论流派［M］. 福州：福建教育出版社1990.

[30] 范兆雄. 课程资源概论［M］. 北京：中国社会科学出版社，2002.

[31] ［台］陈李绸. 认知发展与辅导〔M］. 台湾：心理出版社，1992.

[32] 沈政，林庶芝编著. 生理心理学［［M］. 北京：北京大学出版社，1993.

[33] 田本娜主编. 外国教学思想史［M］. 北京：人民教育出版社，1994.

[34] 舒华. 心理与教育研究中的多因素实验设计［M］. 北京：北京师范大学出版社，1994.

[35] 季苹. 西方现代教育流派史论少］. 北京：北京师范大学出版社，1995.